LES

HOTELS HISTORIQUES

DE PARIS.

Imp. Maulde et Renou, r. Bailleul, 9.

LES
HOTELS HISTORIQUES
de Paris

HISTOIRE — ARCHITECTURE

PAR

GEORGES BONNEFONS

PRÉCÉDÉS

DE QUELQUES RÉFLEXIONS SUR L'ARCHITECTURE PRIVÉE

PAR M. ALBERT LENOIR

ARCHITECTE

MEMBRE DE LA COMMISSION DES MONUMENTS HISTORIQUES.

ILLUSTRATIONS

PAR MM. CÉLESTIN NANTEUIL, D'AUBIGNY, BERTALL,
ROUARGUE, BEAUCÉ, H. DUBOIS.

PARIS

VICTOR LECOU, LIBRAIRE,

10, RUE DU BOULOI.

1852

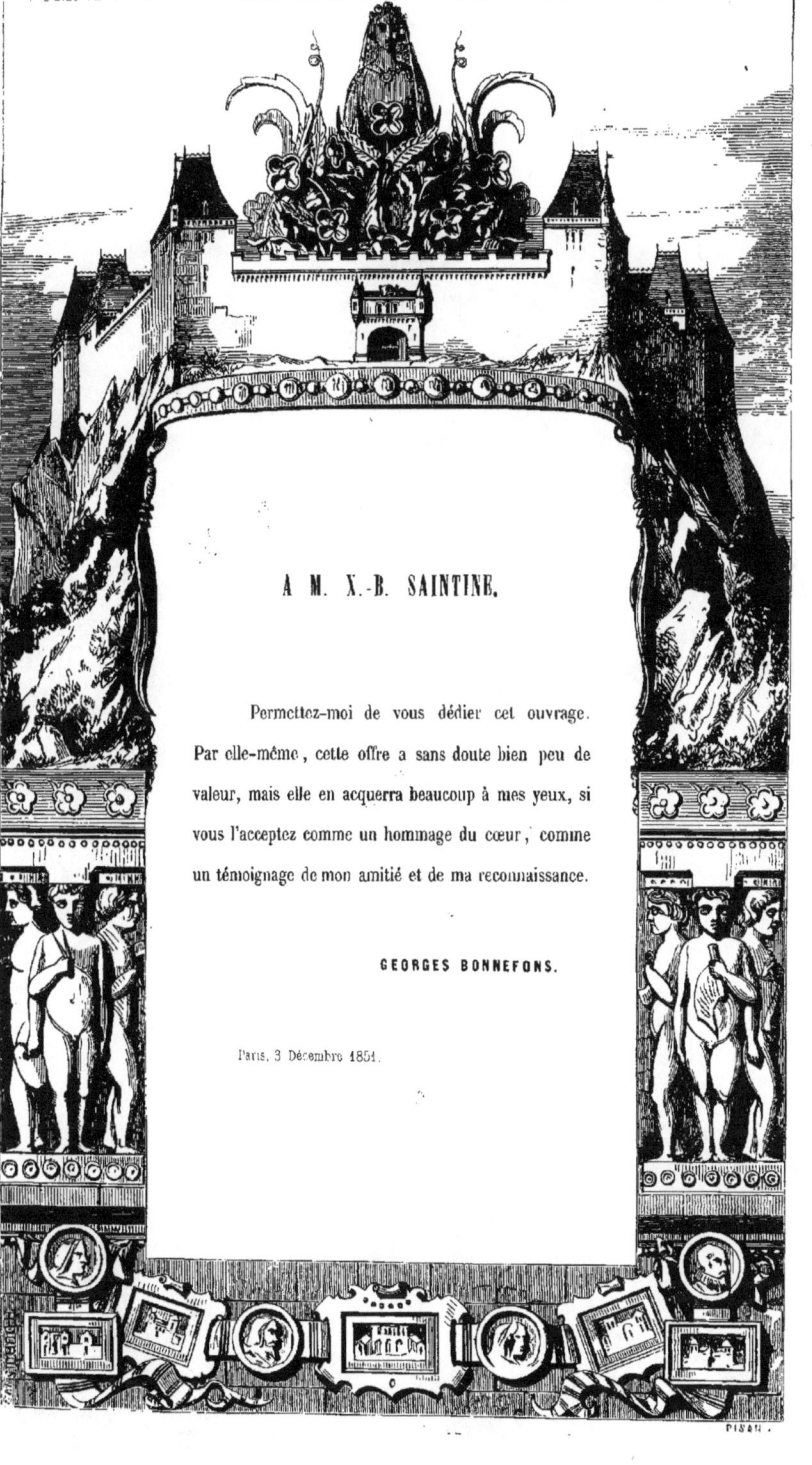

A M. X.-B. SAINTINE.

Permettez-moi de vous dédier cet ouvrage. Par elle-même, cette offre a sans doute bien peu de valeur, mais elle en acquerra beaucoup à mes yeux, si vous l'acceptez comme un hommage du cœur, comme un témoignage de mon amitié et de ma reconnaissance.

GEORGES BONNEFONS.

Paris, 3 Décembre 1851.

AVANT-PROPOS.

C'est la voix des années qui ne sont plus, elles se déroulent devant moi avec tous leurs événements. (Ossian).

Depuis deux siècles, on a certes beaucoup écrit sur Paris [1]; pourtant, dans l'histoire de cette grande cité, existait encore une lacune que nous avons essayé de combler.

Les Hôtels de Paris, dont les historiens n'ont presque pas parlé, ont en effet joué un grand rôle dans les événements du passé. Dans leurs appartements, ont habité tour à tour les per-

---

[1] Les principaux ouvrages sur Paris sont ceux de Corrozet, — de Pierre Bonfons que l'on a fait quelquefois notre homonyme en le nommant Bonnefons, — de Du Breul, — de Malingre, — de Germain Brice, — de Sauval, — de Félibien, — de Jaillot, — de Piganiol de la Force, — de Dulaure, etc. — Voir le titre de leurs ouvrages dans la Bibliographie de Paris, par A. Girault de Saint-Fargeau.

sonnages les plus célèbres et les femmes les plus jolies de chaque époque, laissant derrière eux, comme trace de leur passage, un souvenir de gloire ou d'amour, de honte ou de sang ; — dans leurs salons, se sont improvisés, au moindre caprice des courtisans ou des ennemis de la Royauté, de brillantes fêtes, ou des drames sanglants, dont la Saint-Barthélemy fut le plus terrible épisode ; — dans leurs boudoirs, sont nées la causerie, cette guerre d'esprit, et la Fronde, cette guerre d'ambition dirigée par l'amour ; — dans leurs alcôves, ont été composés les madrigaux les plus galants ; — dans leurs ruelles, sont écloses ces piquantes anecdotes que Tallemant des Réaux et Saint-Simon allaient écouter aux portes ; — dans leurs jardins, se sont promenés plusieurs de nos rois et de nos reines ; — dans leurs cours d'honneur, ont eu lieu des tournois et des carrousels ; — dans la salle de théâtre de l'un de ces Hôtels se sont joués successivement les Mystères de la Passion, les chefs-d'œuvre de Corneille et de Racine, les opéras de Gretry et de Philidor. Partout enfin, dans les anciens Hôtels de Paris, se retrouve quelque vestige du passé ; tantôt un drame, un assassinat, un meurtre ; — tantôt une comédie spirituelle et empreinte de fine raillerie ; — tantôt enfin une scène de la politique des salons, prélude souvent des grands événements de notre histoire.

Les *Hôtels historiques* évoquent tous ces souvenirs ; ils passent en revue toutes les ombres illustres, terribles ou charmantes qui les ont habités ; ils ressuscitent leurs divers maîtres avec leurs habitudes, leurs mœurs, leur esprit ; ils les replacent au milieu des événements auxquels ils ont assisté ; ils leur rendent leurs rêves d'ambition, de gloire ou d'amour ; ils leur donnent en un mot une seconde vie, — non pas cette vie de fantaisie que l'imagination du romancier prête souvent aux héros des temps passés, mais la vie réelle que l'historien doit toujours fidèlement retracer [1]; et si parfois, dans cet ouvrage, les événements entraînent dans le domaine du drame ou du roman, la vérité de l'histoire ne s'y trouve néanmoins jamais altérée.

La partie monumentale des *Hôtels historiques* réveille à son tour de curieux souvenirs; — elle reconstruit au moyen de la tradition toutes ces nobles maisons dans leur état primitif, et initie aux diverses transformations que leur ont imposées la civilisation et les changements introduits par elle dans les mœurs et les habitudes; elle révèle la distribution et l'ornementation de leurs appartements aux différentes époques de notre histoire; — elle fait enfin admirer toutes les richesses artistiques qui se trouvaient réunies dans les galeries des anciens hôtels, et restitue à chaque architecte, peintre ou sculpteur, la gloire qui lui revient par suite de ses diverses productions.

Pour rendre en outre cette résurrection historique des monuments du passé plus complète et plus intéressante, de magnifiques gravures faites d'après d'anciens dessins reproduisent avec une exacte vérité les vues des divers chefs-d'œuvre de Ducerceau, de Philibert Delorme, de Mansard; et un grand nombre d'autres gravures, dues au talent de nos premiers artistes, représentent les scènes les plus dramatiques dont ces Hôtels ont été le théâtre, les portraits et les costumes des principaux personnages auxquels ils ont servi de résidence.

---

[1] Des notes renvoyant aux ouvrages que j'ai consultés, des pièces justificatives mises à la fin de ce volume, viennent à l'appui de mon assertion.

Je saisis aussi cette occasion pour témoigner toute ma reconnaissance aux personnes qui ont bien voulu, dans ce travail, m'aider de leurs lumières, et pour remercier M. SAINTINE de ses bons conseils; M. ALBERT LENOIR, de la préface dont il a doté mon ouvrage, et M. LEROUX DE LINCY, des pièces et documents qu'il m'a communiqués.

Aussi, soit au point de vue anecdotique, soit au point de vue monumental, les *Hôtels historiques* sont le complément nécessaire de toutes les histoires de Paris, et s'adressent aussi bien à l'artiste et à l'archéologue par la reproduction exacte des monuments et le récit des événements du passé, qu'à l'homme du monde par le charme des anecdotes et la richessse de l'illustration.

Tel a été du reste, tel est encore notre but en recherchant tous les souvenirs qui se rattachent aux anciens Hôtels de Paris. Maintenant, dans ce volume, avons-nous su dignement le remplir? C'est à nos lecteurs à décider.

G. B.

Avec Charles VIII, Louis XII, François Ier, Médicis, qui aimaient les arts et qui appelèrent d'Italie les praticiens les plus habiles, on voit pénétrer en France toutes les améliorations dont l'aristocratie italienne jouissait déjà depuis longues années dans ses palais et ses villas. L'exemple donné par nos souverains exerce sur le bon goût général une influence qui était assurée, car dans les monarchies il règne un esprit d'imitation qui porte à se modeler sur les idées du prince, parce qu'imiter c'est plaire, et plaire est le plus grand moyen de fortune qu'emploient les courtisans ; d'eux à la haute bourgeoisie, le contact facile amena bientôt dans nos villes une somme de bien-être, un amour du beau et du bon qui caractérise la renaissance de l'art. C'est alors que disparaissent des habitations princières les tours et leur appareil militaire, pour faire place à des décorations architecturales d'un goût épuré, d'une ordonnance symétrique, exprimant au dehors les distributions régulières de l'intérieur; la sculpture, en outre, vint embellir ces formes nouvelles pour leur prêter son charme et faire entrevoir le luxe des appartements. L'hôtel de Soissons, depuis longtemps détruit, ceux des Guises, de Carnavalet, et plusieurs autres offraient ces heureuses modifications de l'architecture privée du XVIe siècle, et les événements qui s'y passèrent ne leur donnent pas moins d'intérêt qu'à ceux de la précédente période.

Héritier des perfectionnements importés de l'Italie pour ce qui concernait les grandes dispositions architecturales des habitations de la noblesse, le XVIIe siècle chercha plus encore. Renonçant en partie aux trop vastes distributions précédemment imitées des pays chauds et peu convenables à notre climat, il distribua les hôtels d'une manière plus commode, plus convenable à la vie intime, plus en harmonie avec la révolution qui s'opérait alors dans les mœurs; on y conserva quelques grands salons pour les réceptions importantes et les fêtes, mais le reste fut distribué en petits appartements plus appropriés à l'habitation ordinaire, et c'est là qu'on doit chercher l'origine du confortable qui caractérise nos maisons modernes.

Sans nuire à la rigoureuse exactitude des descriptions locales si nécessaires pour bien faire connaître les monuments privés qu'il veut rappeler, l'auteur des *Hôtels historiques* a suivi dans les XVIIe et XVIIIe siècles la marche qu'il avait adoptée pour les périodes précédentes; c'est ainsi qu'en examinant l'Hôtel de Bourgogne, tel qu'il avait été modifié sous le règne de Louis XIV, il suit toute l'histoire de notre théâtre moderne né dans cette habitation célèbre, qui avait commencé par donner asile aux premiers essais dans lesquels on cherchait à faire mieux que les auteurs des *Mystères* et des *Parades* du moyen-âge.

Dans l'histoire de l'Hôtel de Soubise, originairement construit par Olivier de Clisson et les Guises, il suit les faits historiques depuis ceux qui rappellent la vie agitée de ces princes jusqu'aux intrigues du cardinal de Rohan et de Cagliostro, à l'occasion de la célèbre affaire du collier de la reine Marie-Antoinette.

L'Hôtel de Soissons, modeste demeure au XIIIe siècle, et témoin de la mort de Blanche de Castille, se développe sous le règne de Charles VI, qui le donne au duc d'Orléans, son frère. On y voit Valentine de Milan, dans sa vie politique et privée; Catherine de Médicis y paraît plus tard et en fait une habitation vraiment royale; enfin, le prince de Carignan y introduit les agiotages du système de Law.

Le célèbre architecte François Mansard éleva l'Hôtel de la

Vrillière, occupé depuis par la Banque de France; sa belle galerie et ses riches appartements furent enrichis encore, lorsque le comte de Toulouse, fils de Louis XIV, en fit l'acquisition; son héritier, le duc de Penthièvre y maria son fils à la malheureuse princesse de Lamballe.

Une chronologie plus longue se développe, sous les recherches de l'auteur, à l'occasion de l'Hôtel des Fermes, élevé par Françoise d'Orléans Rothelin, princesse de Condé.

Cette brillante habitation, voisine du Louvre, reçut plusieurs fois Henri IV et sa cour; Androuet Ducerceau la refit pour le duc de Bellegarde; Louis XIV y assista aux fêtes du chancelier P. Séguier; elle fut ensuite transformée par l'architecte Le Doux, à la fin du siècle dernier, en Hôtel des Fermiers généraux, et on sait quel sort la Convention nationale fit à ses nouveaux maîtres.

La place du Carrousel, traversée jadis par de nombreuses rues, dont les dernières viennent d'être supprimées, contenait l'église de Saint-Thomas-du-Louvre, puis une rue du même nom, dans laquelle l'architecte Clément Métézeau éleva, sous Louis XIII, l'Hôtel de La Vieuville. Charles d'Albert de Luynes l'acheta en 1620, et l'agrandit; puis il devint l'habitation des ducs de Chevreuse, et fut le berceau de la Fronde; dans ses vastes salons se réunissaient en conseil tous les seigneurs qui avaient déserté le parti de la cour pour se ranger sous les drapeaux de la duchesse de Chevreuse et de madame de Longueville, l'héroïne de cette petite guerre civile. L'hôtel prit alors son nom, qu'il a gardé jusqu'en 1832, époque de sa destruction pour l'agrandissement de la place du Carrousel.

Les brillantes productions de l'architecture civile, dont plus d'un exemple passe successivement sous les yeux du lecteur, et se développe dans ce livre avec tous ses brillants détails, n'excluent cependant pas l'examen des petits hôtels qui, à la fin du siècle dernier, s'élevèrent dans la Chaussée-d'Antin. Celui de mademoiselle Guimard, construit par Le Doux, et décoré de peintures par Fragonard, prend ainsi sa place parmi les hôtels historiques, et par ses proportions modestes, y exprime enfin les idées modernes sur le confort de l'habitation.

Albert Lenoir.

HOTEL SOUBISE.

HÔTEL SOUBISE.

HOTEL SOUBISE.

Pendant toute la durée de la résidence de nos rois aux hôtels Saint-Pol et des Tournelles, la noblesse avait peuplé de riches manoirs toute la portion de Paris qu'on appelait alors le *quartier Saint-Antoine*; mais, après la mort d'Henri II, l'établissement de la cour au palais du Louvre fit quitter à chaque courtisan la demeure de ses ancêtres pour se rapprocher de la puissance royale.

Malgré cet abandon, le quartier Saint-Antoine était cependant destiné à jouer encore un grand rôle dans l'histoire; il devait voir naître dans les salons de ses hôtels le drame de la Ligue et l'épisode de la Saint-Barthélemy; — plus tard au contraire, prenant une physionomie nouvelle et se divisant pour former le quartier du Marais, il devait réunir dans ces mêmes salons l'élite des beaux esprits du dix-septième siècle, des seigneurs les plus galants et des femmes les plus spirituellement jolies de la cour de Louis XIII et de Louis XIV. Que de souvenirs aussi, que d'ombres terribles ou charmantes ce quartier pourrait évoquer? car depuis longtemps, tous ses appartements aux lambris dorés, aux amoureux emblèmes, sont muets. — Ses jardins magnifiques, ses cours si vastes, sont déserts; — presque tous ses hôtels enfin sont détruits ou déshonorés par leur destination actuelle.

Seul peut-être, — parmi les résidences historiques que compte encore le Marais, — l'hôtel de Clisson, des Guise et des Rohan-Soubise n'a pas trop souffert des injures du temps ni du vandalisme des hommes : bien plus, il n'a pas eu à déroger en devenant l'hôtel des Archives nationales. Aussi étale-t-il avec un juste orgueil tous les souvenirs de sa splendeur passée écrits sur la pierre : d'abord, ses deux tourelles que l'on voit dans la rue du Chaume, en face la rue de Braque et qui paraissent dater du temps de Clisson; la porte qui conduisait dans l'intérieur, et qui, retrouvée depuis peu de temps, a été rétablie à sa place primitive avec les armes et la devise du connétable : *Pour ce qui me pleet*; — puis, le bâtiment qui fait l'angle des

rues du Chaume et des Quatre-Fils et qui remonte au temps des

Guise ; — enfin sa magnifique façade, la galerie couverte de sa cour et d'autres constructions élevées sous les Rohan-Soubise.

Ce sont là en effet des vestiges curieux des transformations architectoniques de cet hôtel; mais l'intérêt qui s'y rattache augmente, quand on entend derrière ces murailles la voix des événements dont elles furent témoins, et les lointains échos de l'histoire tour à tour terrible ou galante de cette noble demeure.

En remontant donc le cours des siècles et en s'arrêtant au douzième, on trouve dans Sauval [1] que les Templiers possédaient à l'endroit où fut plus tard bâti l'hôtel de Clisson une maison avec un vaste enclos, nommée le *Grand-Chantier* [2], et qu'ils y avaient établi des boucheries; mais ni lui, ni aucun autre historien ne nous apprend ce qu'elle est devenue après la suppression de l'ordre du Temple, et par suite de ce silence, on peut présumer qu'elle fut comprise dans le séquestre des biens des chevaliers, puis appliquée à payer les frais de leur procès ou abandonnée aux frères de l'ordre de Saint-Jean de Jérusalem.

En 1371 seulement, le Grand-Chantier du Temple fut, suivant Saint-Foix, acheté par le connétable Clisson moyennant quatre mille livres dont le roi Charles V lui avait fait présent [3]; — suivant Pasquier et Piganiol de La Force [4], il fut au contraire donné au connétable par les Parisiens, lorsqu'après leur révolte connue dans l'histoire sous le nom de Journée des Maillotins, « ils se virent réduits par son moyen à venir crier miséricorde au roi dans la cour du palais; et en effet les M d'or couronnées qu'on a vues longtemps sur les murailles et les combles de cet hôtel faisaient connaître qu'on les avait ainsi peintes pour insulter aux Parisiens et leur reprocher leur faute. Elles indiquent aussi la raison pour laquelle sous Charles VI et même après, on nommait cet hôtel l'*Hôtel de la Miséricorde.* »

Saint-Foix réfute cette version, et son opinion paraît plus raison-

---

[1] *Antiquités de Paris.*

[2] Il existe encore aujourd'hui une rue qui porte ce nom, et qui occupe une partie de l'emplacement de l'ancien Grand-Chantier.

[3] *Essais historiques sur Paris.*

[4] *Description de Paris.*

nable. L'hôtel de Clisson, dit-il, ne fut nommé *Hôtel de la Miséricorde* qu'en 1383, c'est-à-dire douze années après l'acquisition que le connétable en avait faite : et si ce dernier nom lui a été donné, c'est que les Parisiens allèrent y crier miséricorde, que Clisson intercéda pour eux et se mit dans la cour du palais aux genoux du roi pour obtenir leur grâce. Quant aux M d'or couronnées, ajoute-t-il, c'était un ornement militaire que les seigneurs mettaient sur les murs de leurs hôtels et qui figurait une espèce de coutelas appelé Miséricorde, que les anciens chevaliers posaient sur la gorge de leurs ennemis, après les avoir terrassés.

Quoi qu'il en soit, — le Grand-Chantier du Temple a appartenu à Olivier de Clisson; il y avait fait bâtir un hôtel, si toutefois on peut appeler ainsi cette espèce de forteresse flanquée de tourelles et percée de meurtrières qui servait de résidence aux seigneurs du quatorzième siècle, et même il aimait beaucoup ce manoir féodal à cause de la proximité de l'hôtel Saint-Pol. Le connétable en effet était alors en très-haute faveur à la cour, et y passait plusieurs heures de la journée avec Charles VI qui se plaisait à entendre les conseils de ce digne frère d'armes de Duguesclin [1]. Cette préférence ostensible du roi devait du reste avoir pour conséquence de susciter au connétable bien des jalousies, bien des haines; elle fut plus tard la cause de sa disgrâce et le 13 juin 1392 elle faillit lui coûter la vie.

Ce soir-là, — il y avait eu grande fête à la cour à l'occasion de la Fête-Dieu, et, après les danses qui s'étaient prolongées jusqu'à une heure du matin, chaque invité avait quitté l'hôtel Saint-Pol. Olivier de Clisson avait fait le dernier ses adieux à son roi bien-aimé, et s'était acheminé vers son hôtel. Sept gentilshommes seulement l'escortaient, et deux valets avec des torches éclairaient la marche, car la nuit était très-noire. Du reste la ville était plongée dans le plus profond silence, et le connétable ne paraissait nullement préoccupé du danger qu'il pouvait courir en regagnant son manoir à pareille heure : il savait pourtant qu'il était entouré d'ennemis, mais il était

---

[1] SAINT-FOIX, *Essais historiques.*

brave et repoussait toute idée de crainte. Il avait même en ce moment-là si peu de défiance qu'il s'entretenait avec son écuyer du dîner qu'il devait donner le lendemain au sire de Coucy, à monseigneur de Touraine et à quelques autres seigneurs. La marche au surplus s'était jusqu'alors accomplie sans le moindre accident, lorsqu'au détour de la rue Culture-Sainte-Catherine les torches s'éteignirent tout à coup, et le même cri : *A mort, à mort Clisson!* fut répété par plusieurs cavaliers.

Au même instant, le connétable se sentit appréhendé par derrière, et la même menace de mort retentit à ses oreilles.

Qui es-tu donc? demanda Clisson à cet assassin.

Je suis ton ennemi Pierre de Craon : tu m'as courroucé tant de fois que cy te le faut amender.

Et les estafiers de sire de Craon se ruèrent sur Clisson et ses gens.

La résistance ne pouvait être longue : l'escorte du connétable était sans armes, et lui-même n'avait pour toute défense qu'un petit coutelas. Un coup qui l'atteignit à la tête le renversa de cheval; et le croyant mort, les assassins se sauvèrent du côté de la porte Saint-Antoine.

Le bruit de cet assassinat arriva bien vite à l'hôtel Saint-Pol. Charles VI qui allait se mettre au lit, *se vêtit aussitôt d'une houppelande; on lui bouta les souliers ès pieds, et il courut à l'endroit où on disoit que son connétable venoit d'être occis*[1]. Il le trouva dans la boutique d'un chaufournier contre la porte de laquelle Clisson était tombé.

Connétable, *comment vous sentez-vous?* lui demanda le roi.

Petitement et foiblement, cher sire.

Et qui vous a mis en cet estat?

Sire, Pierre de Craon.

Ah! s'écria Charles VI, *il me le paiera cher; jamais crime ne sera si fort amendé que celui sera, car la chose est mienne.*

Puis, le roi fit transporter le connétable à l'hôtel de la Miséricorde et ne le quitta que lorsque les médecins lui eurent assuré que ses blessures n'étaient pas mortelles.

[1] Saint-Foix.

Dieu soit loué! dit le roi en partant, *c'est une heureuse nouvelle.*

Charles VI aimait trop le connétable pour laisser ce lâche attentat impuni; mais quand il voulut en tirer vengeance, Pierre de Craon était en lieu sûr : il s'était réfugié chez le duc de Bretagne son complice [1]. Vainement aussi le roi ordonna-t-il au duc de lui livrer l'assassin, et il allait envahir ses états, lorsque le spectre du Mans vint arrêter tous ses projets. Le connétable perdit son seul appui, le jour où Charles VI perdit la raison : et les oncles du roi, maîtres alors du pouvoir, se vengèrent de la haute faveur qu'il avait eue si longtemps à la cour. Tout, jusqu'à la fortune de Clisson, fut à leurs yeux un motif de disgrâce et d'accusation. *Cela ne peut venir de bonne source,* disaient-ils en parlant des dix-sept cent mille livres que le connétable possédait en outre de ses nombreux domaines, *le roi de France n'en a pas autant* [2].

Dès lors, Clisson vit qu'il y avait pour lui danger à rester dans son hôtel, et il l'abandonna pour se retirer à son château de Josselin, où il mourut en 1407, dans l'oubli et presque dans l'exil. Mais tous ses malheurs n'étaient que les précurseurs de ceux qui allaient ensanglanter la France.

Heureusement le ciel veille sur elle. La vierge de Donremy arrive à son secours et vient expier ses exploits sur un bûcher, comme une sainte martyre. L'Italie ensuite voit nos armées victorieuses; mais quand après l'expulsion des Anglais de tout notre territoire, la paix paraît un instant assurée, un ennemi d'autant plus terrible qu'il agit lentement et dans l'ombre met à profit tous les événements pour se populariser et fait naître la guerre civile.

— Cet ennemi qui tiendra pendant tant d'années l'autorité royale en échec, est la fière maison des Guise.

Son chef, Claude de Lorraine, avait pourtant été récompensé de ses services et de son dévouement à son roi par l'érection de son comté de Guise en duché-pairie : mais une voix plus forte étouffa jusqu'au souvenir de cette faveur, et ses descendants n'écoutèrent

---

[1] Froissart.
[2] Ibid.

que celle de leur ambition. A elle ils sacrifièrent tout, — leur roi, — leur pays, — leur honneur même. La religion ne fut pour eux qu'un prétexte pour allumer la guerre civile, et leurs prétentions s'élevèrent jusqu'à une couronne.

— Quelques années après la mort de Claude, l'aîné de ses six fils, François de Lorraine, lui succéda dans son titre de duc de Guise et commença la série des rejetons de cette illustre famille dont l'éclat a rejailli sur l'ancien hôtel de Clisson.

Le 14 juin 1553, François de Lorraine acheta en effet de Philibert Babou de la Bourdaizière, évêque d'Angoulême, pour seize mille livres, l'ancienne demeure du connétable et l'augmenta peu d'années après des hôtels de la Roche-Guyon et de Laval situés vieille rue du Temple, rues du Chaume et de Paradis. Puis il fallut à ce prince, chevalier des ordres du roi, pair, grand maître et grand chambellan de France, une résidence plus somptueuse que l'ancien manoir féodal; et tout en respectant quelques débris de leur gloire passée, il fit construire sur l'emplacement de ces trois maisons seigneuriales un vaste hôtel qui s'appela *l'hôtel de Guise*. Le duc ne l'habita pourtant pas : il était inachevé quand le poignard d'un fanatique protestant, du nom de Jean Poltrot de Merly ou de Méré, vint le frapper mortellement devant Orléans.

Quelques jours après, le peuple chantait dans les rues cette complainte sur la mort du duc :

> Qui veut ouir chanson,
> C'est du grand duc de Guise,
> Et bon, bon, bon, bon,
> Di dan, di dan, bon,
> C'est du grand duc de Guise.
>
> Qui est mort et enterré (*bis*),
> Aux quatre coins du poele,
> Et bon, bon, bon, bon,
> Di dan, di dan, bon,
> Quatre gentilhomm's y avoit.
>
> Quatre gentilhomm's y avoit (*bis*),

Dont l'un portoit son casque,
Et bon, bon, bon, bon,
Di dan, di dan, bon,
Et l'autre ses pistolets.

Et l'autre ses pistolets (*bis*),
Et l'autre son épée,
Et bon, bon, bon, bon,
Di dan, di dan, bon,
Qui tant d'hug'nots a tués.

Qui tant d'hug'nots a tués (*bis*),
Venoit le quatrième,
Et bon, bon, bon, bon,
Di dan, di dan, bon,
Qui étoit le plus dolent.

Qui étoit le plus dolent (*bis*),
Après venoient les pages,
Et bon, bon, bon, bon,
Di dan, di dan, bon,
Et les valets de pied.

Et les valets de pied (*bis*),
Avecques de grands crepes,
Et bon, bon, bon, bon,
Di dan, di dan, bon,
Et des souliers cirés.

Et des souliers cirés (*bis*),
Et de beaux bas d'estame,
Et bon, bon, bon, bon,
Di dan, di dan, bon,
Et des culottes de piau.

Et des culottes de piau (*bis*),
La cérémonie faite,
Et bon, bon, bon, bon,
Di dan, di dan, bon,
Chacun s'alla coucher.

Chacun s'alla coucher (*bis*),
Les uns avec leurs femmes,
Et bon, bon, bon, bon,
Di dan, di dan, bon,
Et les autres tous seuls [1].

Henri de Guise, — le Balafré, — demanda à Charles IX justice du meurtre de son père, et le jugement de Coligny dont l'assassin d'Orléans n'avait été que le vil instrument ; mais le roi ne put se décider à sacrifier l'amiral, et cette irrésolution jointe aux vues ambitieuses du duc coûta la vie à des milliers de victimes.

L'hôtel de Guise, qui venait d'être achevé et dont le talent du Pri-

[1] LA PLACE, *Recueil de pièces intéressantes.* — LEROUX DE LINCY, *Chants historiques de France.* — La chanson de Marlborough a été copiée en grande partie sur celle-ci.

matice et de Jean Goujon avait fait un véritable palais, vit ainsi naître la Ligue dont il fut pour ainsi dire le berceau : il fut témoin des conciliabules mystérieux que tenaient dans ses salons les chefs de ce puissant parti, et ce fut,—par un singulier contraste,—de l'ancien hôtel de la Miséricorde, que partit l'ordre de massacre de la Saint-Barthélemy. Ce fut aussi dans un de ses appartements que le Balafré reçut l'envoyé du roi qui le priait de suspendre cette sanglante exécution, et lui répondit ce mot tristement célèbre dans nos annales : *Il est trop tard.* Cette réponse-là ne caractérise-t-elle pas la fierté de cette puissante maison de Lorraine qui demandait le sang de tout un peuple pour laver une injure personnelle ?

Au milieu de ces lugubres épisodes, une apparition charmante vient cependant à cette époque jeter un reflet d'amour sur l'hôtel de Guise.

Le cardinal de Guise, qui habite avec son frère, est dans son cabinet de travail et achève quelque missive bien importante sans doute, car il a défendu de laisser entrer personne. — Un bruit qu'il reconnaît se fait pourtant entendre à une issue secrète, et aussitôt le cardinal quitte tous ses papiers pour aller ouvrir. — Qui êtes-vous donc, dame mystérieuse, pour oser déranger le farouche ligueur au milieu de ses travaux ? — Quel pouvoir est le vôtre pour que votre venue soit accueillie du plus gracieux sourire et lui fasse oublier tous ses ambitieux projets ? — Otez donc ce masque qui vous cache ? — Ne craignez rien ; les verroux sont tirés et nul ne trahira votre incognito. — Oh ! vous êtes jeune et jolie ; votre teint est éclatant de blancheur ; vos yeux sont tendres et langoureux ; votre taille souple et bien prise ; et, pour couronner tant de grâces réunies, vous avez sur le visage toute la fraîcheur de la jeunesse, et tous vos gestes en ont l'ingénuité. — Viendriez-vous, belle dame, comme la duchesse de Montpensier, conspirer avec le cardinal ? Certes non ; vous n'avez d'ambition que celle qui est naturelle à votre âge ; vous voulez plaire, et vous y réussissez à merveille. Le cardinal se damne près de vous et il oublie même qu'il est trop vieux pour l'amour. Aussi lutinez tous ses papiers où se jouent les destinées de la France ; bouleversez tous ces meubles, tous ces tableaux. Un baiser vous fera tout pardonner. Vous êtes reine ici, et plus tard vous en aurez la puissance, charmante Gabrielle. — Vous avez à vos pieds un cardinal, plus tard un autre amant vous dira :

> Partagez ma couronne,
> Le prix de ma valeur,
> Je la tiens de Bellone,
> Tenez-la de mon cœur [1].

Et cet amant que votre amour aura rendu poëte, sera le roi de France.

— Mais la nuit est close, jolie Gabrielle; son ombre protégera votre fuite. Prenez garde seulement d'inquiéter par votre présence ce gentilhomme qui s'entoure de mystère et se glisse le long des murailles. C'est certes un amoureux. — En effet, une fenêtre que l'on remarque encore aujourd'hui dans le bâtiment qui fait face à la fontaine des Audriettes s'ouvre; une échelle de soie descend du balcon, et ce gentilhomme disparaît bientôt dans la chambre de sa maîtresse. La duchesse de Guise, la belle Catherine de Clèves, a donc une intrigue amoureuse et conspire contre l'honneur de son mari. Pourquoi pas? Doit-elle, jolie comme elle l'est, — parce que le duc ne pense plus qu'aux affaires de la Ligue, — renoncer à trente ans à toutes les illusions? doit-elle enfin cesser d'être femme? sa vertu n'accepte point un pareil sacrifice. Elle veut être aimée, et le comte de Saint-Mesgrin est, parmi tous les grands seigneurs de la cour, l'heureux galant de son choix. — Idée bizarre qui a fait d'un des mignons d'Henri III l'amant de la femme du chef de la Ligue.

La vengeance du Balafré n'en fut du reste que plus terrible. Il fit jeter par la fenêtre l'amant de la duchesse qu'il surprit une nuit avec elle, et quelques jours plus tard le fit assassiner dans la rue Saint-Honoré, au moment où il sortait du Louvre. L'honneur du Balafré se trouva ainsi satisfait et son ressentiment s'arrêta devant le cadavre de Saint-Mesgrin. Il aimait du reste fort peu sa femme, et il ne lui imposa d'autre châtiment que de la voir pleurer son

---

[1] Chanson composée par Henri IV en 1596.

amant et de ternir dans les larmes l'éclat de ses beaux yeux. Mais si la douleur de la duchesse fut grande, bien plus grande encore fut celle du roi qui fit raser, dit-on, les beaux cheveux blonds du comte et les porta en bracelets. La cause de leurs regrets, de leurs larmes, était à peu près la même : Catherine de Clèves avait perdu, à la mort de Saint-Mesgrin, le plus amoureux des amants, — Henri III le plus chéri de ses mignons.

Dans ce même temps, voici venir à l'hôtel de Guise encore une autre femme jeune et jolie; comme Gabrielle d'Estrées, comme la belle Catherine de Clèves, elle semble n'avoir été créée que pour aimer. La duchesse de Montpensier ne pense pourtant nullement aux intrigues galantes : elle a dans les veines du sang des Guise; elle est la digne sœur du Balafré. — Son seul désir, son seul amour à elle, c'est le pouvoir ; son seul rêve, c'est une couronne pour son bien-aimé frère : aussi porte-t-elle toujours une paire de ciseaux d'or pendue à sa ceinture pour changer la couronne du Valois en une tonsure et faire d'un roi un capucin. — Derrière une des fenêtres de l'hôtel de Guise, elle entend avec plaisir le bruit lointain des arquebuses, le fracas des chaînes qui se tendent dans les rues, le tocsin dont le glas annonce peut-être l'agonie de la royauté ; — elle fait les vœux les plus ardents pour la réussite de sa sainte cause, et son visage rayonne de bonheur, quand arrive à l'hôtel de Guise un messager du roi qui s'humilie devant la puissance du Balafré et l'envoie prier de faire cesser tout ce tumulte révolutionnaire.

Le duc satisfait d'avoir fait trembler Henri III dans son Louvre, donna un seul ordre, et Paris rentra dans la tranquillité ; puis, quand il sortit le soir de son hôtel, il fut accueilli par les cris de joie de la population qui répétait unanimement : *Vive Guise, vive Guise*. Son triomphe n'était pas encore assez grand : il lui fallut narguer le roi, en disant à ses partisans : *C'est assez, messieurs, c'est trop, criez un peu : vive le roi*.

Cette journée des barricades lui donna la preuve de sa popularité, et comme le dit Voltaire :

Guise en ses grands desseins dès ce jour affermi,

Vit qu'il n'était plus temps d'offenser à demi,
Et qu'élevé si haut, mais sur un précipice,
S'il ne montait au trône, il marchait au supplice.

Un seul obstacle l'arrêtait encore : il fallait se débarrasser du roi. *Je regarde toujours avec plaisir ce Duguesclin,* disait-il en se promenant dans la vieille galerie où le connétable de Clisson avait fait peindre les principales actions de ce grand capitaine, *il eut la gloire de détrôner un tyran. Oui certes*, lui répondit un gentilhomme qui l'accompagnait, *mais ce tyran n'était pas son roi : c'était l'ennemi de son pays* [1].

Cette réponse inattendue fit réfléchir le duc : Néanmoins la réalisation du projet qu'il méditait depuis si longtemps ne cessa de le préoccuper, et il était à la veille de le voir réussir, quand le roi se vengea de l'arrogance du Balafré, en le faisant assassiner dans un appartement du château de Blois.

Un an après, la maison de Lorraine usa de représailles, si, — comme le prétendent Saint-Foix et la satire Ménippée, — la duchesse de Montpensier arma elle-même le bras du moine Jacques Clément et paya de ses faveurs le meurtre d'Henri III.

— Après la mort d'Henri de Guise, son hôtel cessa d'être le rendez-vous des partisans de la Ligue; — silencieux et solitaire, il vit la douleur et les larmes de sa veuve qui n'aima jamais mieux son mari que lorsqu'il fut mort : puis, — comme tout passe, — sa tristesse diminua de jour en jour; la galanterie reprit le dessus et, trouvant que le roi Henri III avait fait preuve de goût dans le choix de ses mignons, Catherine de Clèves se laissa encore aimer par l'un d'eux, le duc de Bellegarde qui, — soit dit en passant, — fut aussi l'amant de mademoiselle de Guise.

Le Balafré avait pourtant un fils : mais, n'ayant point l'ambition de son père, le duc Charles abandonna à son oncle le duc de Mayenne le soin de continuer la Ligue. Plus tard même quand cette lutte désastreuse se trouva terminée, il chercha le moyen de rentrer en grâce à

---

[1] Saint-Foix. Ce roi était don Pèdre de Castille.

la cour et y devint bientôt en faveur. Son esprit léger, autant que celui de son père avait été grave, se plaisait mieux à dénouer une intrigue amoureuse qu'une conspiration.

Pauvre Marcelle... vos soupirs et vos larmes viennent trop nous le prouver. L'ingrat vous a délaissée pour quelque grande dame; pourtant vous ne pouvez croire encore à son abandon, et vous répétez en pleurant les derniers refrains de votre chanson :

>Il s'en va, ce cruel vainqueur,
>Il s'en va, plein de gloire ;
>Il s'en va méprisant mon cœur,
>Sa plus noble victoire.
>Et malgré toute sa rigueur,
>J'en garde la mémoire.
>Je m'imagine qu'il prendra
>Quelque nouvelle amante ;
>Mais qu'il fasse ce qu'il voudra,
>Je suis la plus galante.
>Mon cœur me dit qu'il reviendra,
>C'est ce qui me contente [1].

Mais votre bon cœur vous trompe, Marcelle : et votre chanson n'aura pas raison, car la faveur du duc augmentera chaque jour à la cour. Bientôt même, il ira conduire madame Élisabeth à son futur époux Philippe IV et ramènera en France une jeune et jolie reine [2]; à son retour enfin, les fêtes et les plaisirs vous feront pour toujours oublier, car ce sera votre amant, avec le duc de Nevers et le comte de Bassompierre, qui commandera les joutes galantes que l'on célébrera à la place Royale en l'honneur de la nouvelle reine Anne d'Autriche.—Son regard se promènera en vainqueur sur cette guirlande de jolies femmes qui ornera cette enceinte, mais sa pensée ne vous y cherchera pas. Pauvre Marcelle... vous en mourrez alors de douleur. Mais un jour viendra, — et il n'est pas loin, — où vous serez cruellement vengée. La faveur l'abandonnera à son tour, comme

---

[1] TALLEMANT DES RÉAUX. — Voir l'*Historiette XXX*.
[2] MADAME DE MOTTEVILLE, *Histoire d'Anne d'Autriche*.

son amour vous a abandonnée, et, devenu l'ennemi du cardinal de Richelieu, par suite de son attachement à la reine Marie de Médicis, le duc recevra l'ordre de se retirer en Italie et y terminera sa vie dans l'exil.

— Son fils, Henri II de Lorraine, viendra à son tour habiter l'hôtel de ses ancêtres. Les fêtes et les plaisirs y régneront sans cesse ; les boudoirs parfumés entendront, comme autrefois, échanger de doux serments d'amour, — serments souvent renouvelés, mais bien rarement tenus, et le jeune duc n'en sera pas avare. N'a-t-il pas du reste tout ce qu'il faut pour plaire ? Il est jeune, *bien fait de sa personne, il a l'âme grande, la parole facile et séduisante, la tournure martiale* [1] : il est enfin brave et galant comme un ancien chevalier. Les belles ne pourront avoir pour lui des rigueurs, et la gloire le suivra dans les tournois et les fêtes comme dans les combats. Peut-être, comme son aïeul, rêvera-t-il aussi une couronne.

D'abord, comme cadet de famille, Henri de Lorraine avait été destiné à l'état ecclésiastique, et à quinze ans il avait été promu à l'archevêché de Reims, qui était presque héréditaire dans sa maison ; mais son caractère aventureux s'accommodait assez mal des habits épiscopaux et de la mître d'or ; et Richelieu qui haïssait le nom si puissant des Guise, lui avait même reproché de ne pas porter assez souvent la soutane. Aussi, lorsque la mort de ses deux aînés, MM. de Joyeuse et de Joinville vint le placer à son tour à la tête de la maison de Guise, le jeune duc renonça de suite à l'Église et vint habiter son hôtel de Paris. Il parut alors en habit de cour avec la fraise, le manteau, les crevés, la chevelure longue ; et, suivant les témoignages contemporains, jamais prince ne le porta avec plus de noblesse ni plus de distinction. Le duc vit du reste l'effet de son changement de costume. Un essaim de jolies femmes vint papillonner autour de lui. Laquelle choisira ce nouvel Amadis ? — Peut-être, voudrait-il les avoir toutes pour maîtresses, mais aucune ne veut de partage dans ses faveurs. Il lui faut faire un choix.

Anne de Gonzague, — cette tendre sœur de l'amante de Cinq-Mars, — est jeune et jolie. Son esprit est romanesque et son cœur

---

[1] Madame de Motteville.

sensible. Le regard du duc s'arrête amoureusement sur elle, et achève la conquête d'un cœur qui était déjà soumis à son empire. Faible victime... cet amour passe comme un rêve. Elle croit se réveiller duchesse de Guise et pousse l'illusion jusqu'à en porter le titre; mais un double bruit vient bientôt frapper douloureusement son cœur. — Guise, apprend-elle, est condamné à avoir la tête tranchée pour s'être ligué avec le comte de Soissons contre le cardinal. — Guise ne l'aime plus, car il a épousé publiquement en Flandre, le 11 novembre 1641, la belle Honorine de Glimes, veuve du comte de Bossut. Mais avec l'esprit volage du duc, cette union ne devait être qu'un éphémère passe-temps : en effet, après avoir dépensé 50,000 écus appartenant à sa femme, Henri de Lorraine, pour nous servir de l'expression pittoresque de madame de Motteville, *s'en dégoûta*.

Deux années après la condamnation du duc, son ennemi le cardinal qui prêchait aux autres ce qu'il ne pratiquait guère descendit dans la tombe, et Henri de Lorraine rentré en grâce reparut à la cour de la régente. Une femme y faisait alors grande sensation par sa beauté : c'était madame de Montbazon. — Peut-être, comme tous les autres seigneurs de la cour, le duc de Guise vint à son retour de Flandre lui adresser ses amoureux hommages. — Peut-être, au contraire, madame de Montbazon rechercha les faveurs du duc; car, chez cette dame dont la vie fut une suite continuelle de galanteries, et qui *fut*, dit le cardinal de Retz, *la personne du monde qui conserva dans le vice le moins de respect pour la vertu*, il put y avoir un peu de vanité à devenir la maîtresse du petit-fils du Balafré. N'importe : Henri de Guise attacha à cette passion assez de prix pour risquer sa vie pour sa belle dans un duel avec le comte de Coligny, et voici quel en fut le ridicule motif :

Madame de Montbazon avait trouvé un soir dans son salon une lettre d'amour et avait prétendu qu'elle était adressée par le comte à madame de Longueville. De là suivirent de nombreuses et inutiles explications, car celle-ci voyant dans ce propos une atteinte portée à sa vertu, força le comte à demander une réparation. Le duc, en brave chevalier, ne sut s'y refuser, et le duel eut lieu sur la place Royale, presque sous les yeux de madame de Longueville qui s'était cachée derrière une fenêtre de l'hôtel de Rohan [1]. Sa susceptibilité injustement alarmée coûta ce jour-là la vie au comte de Coligny.

Madame de Montbazon occupa ainsi quelque temps les loisirs galants du duc; mais il n'aimait en elle, que ce qu'elle aimait aussi tout bas, — sa beauté. Pour lui, c'était un chef-d'œuvre qu'il admirait avec l'enthousiasme de l'artiste, mais auquel il manquait cette émanation divine, qui, seule, peut rendre la femme parfaite. Madame de Montbazon n'avait point d'esprit, et Pygmalion aurait-il aimé sa Galatée si, après l'avoir animée, il ne l'eût pas trouvée spirituelle!

Une des filles d'honneur de la reine-mère, mademoiselle Gabrielle de Pons, avait au contraire l'esprit fin et délicat. Elle était belle comme madame de Montbazon, — sensible comme mademoiselle de Gonzague: mais, fière dans ses amours, elle ne dérogeait jamais en prodiguant ses faveurs, et si parfois la coquetterie ou un capricieux désir de plaire cherchait à l'emporter, elle avait assez de force pour faire taire son cœur. La maison d'Albret ne pouvait craindre de mésalliance en s'alliant à celle des Guise: aussi un jour le duc dit à Gabrielle qu'il l'aimait; elle répondit de même, et madame de Montbazon fut pour toujours oubliée. Henri ne se souvint même pas, — qu'il y avait de par le monde une femme qui était la sienne, et promit à mademoiselle de Pons de l'épouser. La mémoire lui revint pourtant après, et il résolut d'aller à Rome faire casser son mariage. De nouveaux serments d'amour s'échangèrent le jour des adieux, et Gabrielle alla passer ce temps de douloureuse absence au couvent de la Visitation. Mais plusieurs mois se passèrent, et le duc attendit à Rome la rupture de son mariage sans pouvoir l'obtenir du pape.

Pendant ce temps une révolte avait éclaté à Naples: Masaniello le pêcheur, un instant l'idole du peuple, avait succombé sous les coups d'un assassin. Le duc, ambitieux comme son aïeul, mais l'esprit plus aventureux et plus chevaleresque que lui, entrevoit au milieu de l'agitation que cause ce meurtre l'espoir d'une couronne, et elle ornerait si bien le front de sa belle maîtresse! N'est-il pas, du reste, un descendant d'Iolande d'Anjou, fille de René roi de Naples, et ses

---

[1] Madame de Motteville.

droits n'ont-ils pas un semblant de légitimité? Il lui faut seulement payer d'audace. Une felouque démâtée qui porte Guise et sa fortune entre à Naples après avoir essuyé le feu des galères espagnoles. Le duc y est accueilli par des cris d'allégresse; mais il trouve l'hospitalité du capitaine général Gennaro Annèse par trop primitive; il se voit forcé de partager son lit et son repas, l'un aussi dur que l'autre est frugal. — Mais patience... le palais de Fernand Caracciolo qui servira au duc de résidence, le dédommagera de cette nuit si longue [1]; alors il aura des courtisans comme un roi : il sera un instant aussi puissant, et si ce *pauvre M. le cardinal*, comme l'appelait la reine [2], lui avait envoyé des secours et de l'argent, il en aurait eu certainement le titre. Mais la puissance, dans les temps de révolution, a des revirements subits et de tristes lendemains. Henri de Guise passa d'un palais dans une prison. Une seule pensée pourrait adoucir sa captivité à la tour de Ségovie, et cette pensée, c'est le souvenir de Gabrielle qui l'aime toujours et attend impatiemment son retour; mais l'ingrate n'a point tenu les serments échangés au départ. Pendant que le duc allait lui conquérir une couronne, elle l'oubliait auprès d'un de ses amis, du nom de Malicorne. Ah! mademoiselle de Pons, qu'est donc devenue votre fierté? — et comment avez-vous pu troquer le nom si grand de Guise contre celui de Malicorne? Les absents ont toujours tort, n'est-ce pas, et voilà votre seule excuse.

Le duc repassa les Pyrénées, et après une si longue absence, reprit possession de son hôtel du Marais; mais le temps des volages amours était passé pour lui, et sa passion pour les entreprises aventureuses n'attendait plus qu'un nouvel échec [3] pour s'éteindre entièrement. Un jour enfin, le duc ne sachant plus que faire, pensa à se remarier [4]; il épousa la seconde fille de Monsieur, et quelque temps après Louis XIV le nomma son grand chambellan.

Favori dès lors du roi, Guise partagea son goût pour les fêtes, et

---

[1] *Mémoires du duc de Guise.*
[2] *Mémoires du cardinal de Retz.*
[3] Il échoua dans une deuxième expédition contre Naples.
[4] Son premier mariage, fait sans publications de bans, avait été déclaré nul pour clause de clandestinité. (TALLEMANT DES RÉAUX, *hist.* CCXXXII, note de M. MONMERQUÉ.)

n'exerça plus son esprit romanesque que dans des joutes et des tournois. Il fut ainsi chargé d'organiser une course de bagues qui eut lieu en 1656 près du Palais-Royal.

Au jour indiqué, les fenêtres et les balcons se remplirent des plus jolies femmes de la cour, et leurs galants n'eurent pas assez d'esprit pour se faire écouter, car toute l'attention était concentrée sur le jardin du Palais-Royal d'où les chevaliers devaient partir. Enfin, quand le signal fut donné, quatorze pages du roi vêtus de toile d'argent et rubans flottant au vent, parurent dans la lice; après eux entrèrent six trompettes, le premier écuyer et douze autres pages dont les deux derniers portaient la lance et l'écu d'or du roi avec cette devise : *Ne piu, ne pari* (ni un plus grand, ni un égal); puis enfin vint le roi, à la tête de ses chevaliers. Mille applaudissements retentirent alors dans les airs. Louis XIV portait avec tant de grâce son costume à la romaine tout brodé d'or et d'argent! Son casque, orné de plumes et d'une aigrette flottante, donnait à sa figure une expression tout à fait guerrière; enfin, à le voir manier si habilement sa monture toute couverte de pierreries et de banderoles, on eût dit un vieil écuyer; et Louis XIV n'avait alors que dix-huit ans.

Les ducs de Candalle et de Guise, les chefs des deux autres troupes, entrèrent ensuite dans l'arène : le premier avait choisi pour ses couleurs le vert et le blanc, et avait pour devise sur son écu une massue avec ces mots : *Elle peut même me placer parmi les astres*. L'autre avait pris le bleu et le blanc, et son écu représentant un bûcher sur lequel était un phénix et un soleil au-dessus qui le rendait à la vie, portait cette inscription : *Qu'importe qu'il tue, s'il ressuscite*. Tous deux enfin, par la grâce de leurs tournures, par l'élégance de leur maintien, étaient dignes de rivaliser avec S. M. Louis XIV ; mais une singularité qui dépeint parfaitement le caractère d'Henri de Guise, et qui rappelait les anciens usages de la chevalerie, attira sur lui tous les regards. Il se faisait suivre par deux Maures qui tenaient à la main un superbe coursier arabe, et cette monture paraissait devoir servir à quelque Abencerrage ou à quelque Zegri, disent les Mémoires du temps [1].

---

[1] Madame de Motteville.

La course alors commença : elle fut brillante, animée et longtemps disputée : mais on devine, sans le nommer, quel en fut le vainqueur, et le soir sans doute la belle Olympe de Mancini reçut l'hommage de cette victoire.

— En 1662, le 5 juin, — une fête plus magnifique, un carrousel eut lieu sur la place qui se trouve entre les Tuileries et le Louvre, et qui par son nom en perpétue encore le souvenir. — Ce jour-là, les combattants formaient cinq quadrilles représentant par leurs costumes cinq nations différentes. Le roi qui prenait grand plaisir à ces parades chevaleresques, commandait les Romains; Monsieur, les Persans; le prince de Condé, les Turcs; le duc d'Enghien, les Indiens; le duc de Guise enfin, les Sauvages de l'Amérique [1]. Les costumes étincelaient d'or, d'argent et de pierres précieuses, car chacun avait cherché à éclipser ses rivaux par le luxe de ses vêtements : mais en entrant dans la lice, qu'un rimeur du temps, dans un accès de mauvaise humeur, appelle un :

> Cirque de bois à cinq croisées,
> Barbouillé d'azur et d'or peint,
> Amphithéâtre de sapin,
> Fantôme entre les colisées
> Hippodrome de Pantagruel.

une ambition plus noble fit place à ce vain désir de parade. Chacun des combattants y rivalisa d'adresse et quand le carrousel fut terminé, l'un deux vint recevoir à genoux un diamant des mains de la reine mère. L'heureux vainqueur était le comte de Sault, fils du duc de Lesdiguières.

Quant au duc de Guise, cette fête fut sans doute une des dernières auxquelles il assista. Ayant eu l'imprudence de boire un jour de l'eau glacée lorsqu'il était en sueur, il fut trouvé le lendemain matin mort dans son lit. Était-ce ainsi que devait mourir celui que le cardinal de Retz nommait avec juste raison *le héros de la fable et de l'histoire*?

[1] MADAME DE MOTTEVILLE.

Un malheur trop souvent en appelle un autre. Le fils d'Henri de Guise succomba peu après, emporté par la fièvre, et en lui s'éteignit le dernier rejeton direct de cette puissante maison de Guise dont l'ambition, un instant si grande, s'était élevée jusqu'au trône de France, et s'était plus tard contentée de vains applaudissements de cour.

La glorieuse destinée de l'hôtel de Guise ne finit cependant pas avec cette noble famille. Il appartint ensuite à Louis-Joseph de Lorraine et à **Marie de Lorraine**, duchesse de Joyeuse; puis, au moment où la mort de cette dernière descendante de la branche de Lorraine-Guise allait le forcer sans doute à déroger en le faisant passer dans des mains roturières, il devint la propriété d'une des maisons les plus illustres de France et quitta son nom pour celui d'hôtel de Soubise.

Mis en vente par les héritiers de la duchesse de Joyeuse, il fut en effet acheté en 1700 par madame de Soubise *à fort grand marché*, dit Saint-Simon, *que le roi aida fort à payer;* et sous ces expressions épigrammatiques du chroniqueur, on devine facilement que madame de Soubise était jolie et que Louis XIV recherchait ses faveurs ou les avait obtenues.

Madame de Soubise avait, en effet, succédé dans le cœur si volage du roi à mesdemoiselles Mancini, à mademoiselle de Lavallière, à ..., à tant d'autres encore; mais fière comme une Rohan, elle avait entouré sa défaite de tant de mystère qu'on l'avait d'abord ignorée; puis on en avait parlé tout bas, puis tout haut, enfin partout: et le bruit en était venu jusqu'aux oreilles de madame de Montespan. Madame de Soubise, pour détourner la colère de la favorite, avait dû alors cesser de paraître à la cour, mais elle n'en avait pas moins continué ses entrevues avec le roi. Seulement, moins aimante qu'ambitieuse, elle voulut profiter de sa faveur qui semblait devoir être éphémère; elle devint *belle fort utilement*, dit encore Saint-Simon, et *travailla aux affaires sérieuses*. Elle se fit donner pour ainsi dire l'hôtel de Guise, cette charmante demeure où elle devait trouver une excuse à sa chute dans les souvenirs de celles moins glorieuses de Gabrielle d'Estrées, de Catherine de Clèves, d'Anne de Gonzague et de mademoiselle de Pons. N'oubliant pas non plus dans les faveurs du roi son complaisant époux, elle le fit prince. Louis XIV devait bien à un Soubise un pareil dédommagement; mais cette faveur fut appréciée par lui à son juste mérite, car il disait à tous ceux qui venaient le féliciter : *Hélas! cela me vient par ma femme; je n'en dois pas recevoir de compliment*[1].

Riche par lui-même et par les prodigalités du roi, puis devenu prince, M. de Soubise trouva que son nouvel hôtel ne répondait ni à sa fortune, ni à sa nouvelle dignité. Il voulut l'embellir et fit venir près de lui, pour opérer cette transformation, les plus grands artistes de l'époque, Coustou, le Lorrain, Carle Vanloo, Restout, Latrémolière, Boucher. Enfin, en 1706, tous les travaux d'embellissement et d'agrandissement commencèrent sous la direction de l'architecte Lemaire.

L'entrée principale de l'hôtel, qui se trouvait du temps des Guise rue du Chaume, fut placée rue Paradis dans un enfoncement en forme d'hémicycle, et la porte où se trouvaient représentées les armes des Rohan-Soubise, fut encadrée de chaque côté par des colonnes corinthiennes dont l'entablement supporta deux statues dues au ciseau de Coustou jeune et de Bourdy. L'une représentait Pallas, l'autre Hercule. Puis, pour donner à cette entrée un aspect tout à fait grandiose, on orna de trophées d'armes sculptés les deux côtés de l'hémicycle qui venait aboutir du côté de la rue du Chaume à une fontaine placée en pan coupé. Elle portait cette inscription :

> Ut daret hanc populo fontem certabat uterque
> Subisius posuit mœnia, prætor aquas [2].

Une cour d'honneur fort spacieuse, autour de laquelle fut construite une galerie couverte soutenue par des colonnes et couronnée par un attique en balustre, conduisit à la nouvelle façade de l'hôtel, qui fut, dit Piganiol, plaquée contre l'ancienne pour en cacher la difformité.

---

[1] MADAME DE SÉVIGNÉ.

[2] Pour donner cette fontaine au peuple, chacun d'eux contribua. Soubise fit faire la construction et le préteur y fit arriver l'eau.

Cette façade fut ornée au rez-de-chaussée de huit colonnes accouplées d'ordre composite entre lesquelles on ouvrit trois larges portes cintrées donnant sur un vestibule. Au-dessus, une même rangée de colonnes, — seulement d'ordre corinthien, — fut superposée sur la première, et cette décoration fut terminée par un fronton dans le tympan duquel le Lorrain sculpta les armes des Rohan-Soubise. Sur les rebords, on posa deux figures à demi couchées; et dans les encoignures, on groupa des génies. Enfin, pour raccorder la façade avec le portique de la cour, on mit sur les colonnes de l'arrière-corps quatre figures de grandeur naturelle représentant *les Saisons* et sorties du ciseau du Lorrain.

L'intérieur de l'hôtel répondit aussi au luxe que faisait attendre une si belle façade.

L'escalier qui venait aboutir dans le vestibule dont il a été parlé plus haut, fut couvert par Brunetti de peintures à l'huile; et l'on y admira des figures, des colonnes et d'autres ornements si habilement peints qu'ils paraissaient de relief.

La galerie où il conduisait réunit douze portraits en pied des princes de la maison de Soubise.

La porte en face cette galerie mena à la charmante chapelle, toute peinte par Nicolo del Abbate. Le plafond représentait *l'Adoration des Mages*; les deux panneaux de la porte d'entrée montraient *deux prophètes*, et les murs latéraux, *les pèlerins d'Emmaüs, une Résurrection,* un *Noli me Tangere*, et *saint Pierre marchant sur les eaux.*

Par la porte située au fond de la galerie et à droite, on arriva à la salle d'assemblée dont les dessus de portes, peints par Restout, reproduisaient *la dispute de Phœbus et de Borée*, et celle de *Pallas avec Neptune.*

Boucher orna de sujets gracieux la chambre à coucher du prince. Natoire jeta sur les boiseries du salon de voluptueux fragments de l'histoire de Psyché. Dans d'autres pièces enfin, La Tremolière peignit *les Grâces présidant à l'éducation de l'Amour, Minerve enseignant à une Nymphe l'art de la Tapisserie;* Carle Vanloo, *Castor et Pollux, Jupiter et Junon, une Vénus à la toilette* et plusieurs autres sujets.

Derrière l'hôtel aussi, M. de Soubise fit dessiner un magnifique jardin orné de statues, qui fut, dit-on [1], une seconde place Royale.

Mais tous ces embellissements étaient à peine achevés, quand madame de Soubise mourut le 3 février 1709 ; et son mari qui la suivit de près dans la tombe, en jouit pendant bien peu de temps.

— Hercule Meriadec, duc de Rohan-Rohan et François-Jules de Rohan héritèrent alors de cette somptueuse demeure, mais ils n'y laissèrent aucune trace de leur séjour, comme ils n'ont laissé aucun souvenir glorieux de leur existence dans l'histoire ; et ce n'est qu'avec Charles de Rohan que l'hôtel Soubise apparaît ensuite dans toute sa richesse et toute sa magnificence.

Le prince de Soubise y donna des fêtes splendides : il s'entendait mieux du reste aux plaisirs qu'à commander une armée, et plût au ciel, pour la France comme pour lui, qu'il se fût contenté de dépenser royalement sa fortune sans aller chercher sur les champs de bataille une gloire qui lui échappa presque toujours : il ne serait pas devenu la risée de tous par sa défaite à Rosbach, et n'aurait pas déchaîné contre lui toute la verve satirique des rimailleurs du temps :

> Soubise (dit l'un) agira prudemment
> En vendant son hôtel dont il n'a plus que faire,
> Le roi lui donne un logement
> A son École militaire.

> A Rosbach (dit un autre) le Prussien si fier
> Pouvait-il jamais espérer
> Me vaincre en bataille rangée,
> Moi qui ne m'y rangeai jamais.
> Je m'en épargnai tous les frais
> L'éclair dissipa mon armée,
>   Battu chaud, j'ai bon dos,
>   Poisson soutient Soubise,
> La France a payé nos sottises.

L'amitié de Mme de Pompadour en effet, et la faveur de Louis XV

---

[1] *Guide du voyageur à Paris*, par THIERRY (1787).

consolèrent le prince de ces plates railleries : puis la victoire de Lutzelberg vint pallier l'effet de l'échec de Rosbach. Elle lui valut même le bâton de maréchal, — nouveau sujet d'épigrammes, car cette victoire, disait-on, ne méritait point une récompense puisque la défaite n'avait point entraîné une disgrâce.

Le prince de Soubise fit, cette fois encore, peu d'attention aux chansons ; il les oublia même au milieu des fêtes qu'il donna alors dans son hôtel du Marais.

« Le bal masqué de M. le maréchal prince de Soubise, dit Bachaumont dans ses Mémoires, a eu lieu cette nuit avec toute l'affluence qu'on pouvait désirer. On y comptait quatre mille masques de toutes espèces il est vrai, et ce mélange ne contribuait pas peu à augmenter la rareté du spectacle. Il se formait une circulation continuelle du rez-de-chaussée au premier étage, et du premier au rez-de-chaussée, qui se communiquaient également par les deux escaliers. Tous ces appartements étaient illuminés, de sorte qu'on dansait dans dix-huit ou vingt pièces grandes ou petites. Sur les quatre heures, un grand jeu a commencé. Le spectacle des Furies a succédé à celui des Grâces et des Amours La rage des acteurs a été telle qu'on jouait encore à midi, quoique ce fût le jour d'une grande fête de la Vierge. »

Malgré toutes les représailles satiriques exercées contre le maréchal, Louis XV ne lui ôta jamais son amitié : et parmi tous les courtisans qu'il avait accablés de faveurs, le prince reconnaissant fut peut-être le seul qui accompagna le corps de son roi à Saint-Denis.

Son seul champ de bataille fut dès lors l'Opéra. Là, grâce aux cent mille livres qu'il y dépensait par an, il n'éprouva que de bien rares échecs, et la Guimard fut, comme on le sait, parmi toutes les déesses de ce théâtre, celle qui participa le plus longtemps à ses largesses. Il lui donnait 6,000 livres par mois, sans compter toutes les ruineuses fantaisies qu'elle entassait dans sa petite maison de Pantin, et sans parler du magnifique hôtel qu'il lui fit construire dans la rue de la Chaussée-d'Antin [1].

Le 12 juillet 1780, l'hôtel Soubise dut sans doute cacher derrière

---

[1] Voir l'hôtel de la Guimard.

ses fenêtres quelques divinités de l'Opéra, curieuses d'assister à la fête que donnait ce soir-là le maréchal à l'occasion du mariage de madame Rohan Guemenée avec le prince Rohan-Rochefort.

« Elle consistoit [1] dans un feu d'artifice, dans une pantomime et dans une illumination à son hôtel. Le premier de la composition du sieur Briel a été exécuté dans le jardin au-dessus du bassin : ce qui a formé matière à des feux sur l'eau toujours plus agréables. La pantomime imitée de celle de Torré, représentoit la fable de Vulcain, de Mars et de Vénus : ce qui est un choix assez bizarre pour un hymen... L'illumination en feux de couleur qui ornoit galamment sa cour trèspropre à ce genre de décoration, l'hôtel et le jardin, a terminé le coup d'œil qui a attiré tout Paris. »

Un soir, — deux années plus tard, — le maréchal ne parut pas au foyer de la danse de l'Opéra et il fallait qu'il fût arrivé un grand événement pour le faire déroger à son habitude favorite. En effet, la maison de Rohan venait de recevoir un terrible affront. Le gendre du maréchal, le prince de Guemenée, avait fait banqueroute de vingt-cinq à trente millions. C'était une banqueroute de prince, un de ces événements qui précipitent les révolutions. Le maréchal s'en consola pourtant; les petits soupers recommencèrent, et comme le Marais était bien éloigné de l'hôtel de la Guimard, il quitta souvent son somptueux palais pour une petite maison de la rue de l'Arcade.

En 1786, l'hôtel Soubise vit entrer dans sa cour un carrosse sans armoiries. *Un homme assez mal tourné*, dit madame de Créquy [2], *mal habillé de taffetas bleu galonné sur toutes les coutures et coiffé de la manière la plus ridiculement bizarre avec des nattes poudrées et réunies en cadenettes*, en descendit. Cet homme qui passait alors pour un demi-dieu et qui, comme le comte de Saint-Germain, n'était qu'un aimable charlatan et un habile sorcier, était Joseph Balsamo, le fameux Cagliostro.

Il venait sans doute apprendre au maréchal que le cardinal de Rohan était déchargé de toute accusation dans l'affaire du collier, —

---

[1] *Mémoires secrets.* — 14 juillet 1780.
[2] *Souvenirs de la marquise de Créquy.*

ou peut-être il lui apportait quelque fiole de cet élixir vital, qui comme l'eau de Jouvence de la belle Ninon, devait avoir la puissance de rajeunir.

Le maréchal n'en fut pas moins frappé d'apoplexie dans le mois de juillet de l'année suivante, et mourut presque subitement dans sa maison de la rue de l'Arcade.

« Il a été enterré, rapportent les Mémoires du temps [1], jeudi à la Merci, sépulture de sa famille. Le convoi qui a traversé tout Paris à l'entrée de la nuit, formoit un spectacle, et a mis en mouvement le peuple et les habitants de cette capitale. Le prince de Condé, gendre du défunt, le duc de Bourbon son petit-fils et le duc d'Enghien, son arrière-petit-fils, étoient à la cérémonie où l'on assure avoir vu rire le prince de Condé. Tout se ressentoit au surplus de l'indécence du maréchal qui, concentré dans les filles depuis longtemps, avoit quitté son palais de représentation pour se livrer entièrement au libertinage et à la crapule, dans un vuide-bouteille à l'extrémité de la ville. »

Son hôtel appartint ensuite à sa deuxième fille, mariée au prince de Rohan-Guemenée; puis, lors de la Révolution de 89, il suivit le sort des biens des émigrés en devenant la propriété de la nation, et un décret du 6 mars 1810 lui donna la destination qu'il conserve aujourd'hui, celle de servir de dépôt aux Archives nationales.

Depuis cette époque, l'hôtel Soubise a subi bien des changements, bien des mutilations. Des travaux d'appropriation à sa destination actuelle ont dénaturé ses appartements; de nouveaux bâtiments se sont élevés sur l'emplacement du jardin; cependant au milieu de toutes ces constructions nouvelles, de cette restauration complète, on retrouve encore de vivants souvenirs des hôtels de Clisson, de Guise et de Soubise.

Enfin 1830 et 1848, — ces deux révolutions qui marquèrent le commencement et la fin d'un règne, — passèrent sur l'hôtel Soubise sans y laisser de trop grandes traces de destruction. La première effaça seulement du fronton les armes des Soubise et détruisit les statues de la porte d'entrée. La seconde fit mettre sur ses murailles cette noble

---

[1] *Mémoires secrets ou journal d'un observateur.*

inscription, *Propriété nationale*, qui devrait se trouver sur les monuments du passé si elle pouvait les préserver de la spéculation comme de l'émeute.

Le silence de l'hôtel des Archives ne fut plus ensuite troublé qu'une seule fois depuis la révolution de Février. Ce jour-là deux voitures y apportèrent des coffres, des portefeuilles, des papiers signés et scellés avec soin. Elles venaient des Tuileries, et ces papiers étaient ceux de la Royauté déchue.

HOTEL BARBETTE.

HOTEL BARBETTE[1].

Courtille [2], était un vieux mot fort usité autrefois pour signifier un jardin ou enclos cultivé; et Paris au treizième siècle, en comptait un grand nombre dans ses alentours. Les Courtilles étaient les promenades du temps; on y allait comme depuis on a été au Pré-aux-Clercs et au Cours-la-Reine. Elles étaient aussi des lieux publics de plaisirs champêtres, et l'on venait y boire du vin du cru [3].

Plus tard, quand la ville recula ses limites, les Courtilles furent successivement comprises dans son enceinte, et ont formé en grande partie les faubourgs. Ainsi, sur l'emplacement occupé aujourd'hui,

---

[1] La gravure représentant cet hôtel a été faite d'après un dessin de M. Pernot que nous laissons responsable de son authenticité. (Voir son ouvrage sur le *Vieux Paris*.)

[2] SAUVAL, *Antiquités de Paris*. — L'étymologie du mot *Courtille* venait de *Courti* dont se servent les Picards pour signifier la même chose. De là, ont été formés les mots de *Courtillia, Cortilia, Curtillia et Curtillerii*, qu'on trouve dans les vieux titres pour signifier des jardins et des jardiniers.

[3] SAUVAL, *Antiquités de Paris*. — Presque toutes les courtilles étaient plantées en vignes.

par le faubourg Saint-Antoine et le faubourg du Temple, par le quartier du Marais et celui du Temple, se trouvaient quatre grandes Courtilles :

Celle du Temple [1],

Celle Saint-Martin,

Celle au Boucelais,

Et enfin la courtille Barbette qui doit seule nous occuper ici.

Elle était située entre les Coultures ou Cultures [2] Sainte-Catherine, du Temple et Saint-Gervais, et appartenait aux chanoines de Sainte-Opportune : quant à son nom, elle le devait à Étienne Barbette qui, en 1298, s'y était fait construire une maison de plaisance ; car telle fut dans l'origine la destination de cet hôtel qui, par une rare exception, a su conserver jusqu'au jour de sa destruction le nom de son premier propriétaire.

— Étienne Barbette, comme on le sait, était à cette époque prévôt de Paris, maître des monnaies et l'un des principaux confidents de Philippe le Bel : aussi en 1306, lorsque ce roi altéra la valeur du numéraire, le peuple en rejeta en grande partie le blâme sur son conseiller et se vengea en pillant et dévastant l'hôtel Barbette. La Courtille Barbette ne fut pas non plus épargnée : presque tous les arbres en furent arrachés [3].

— Plus tard, l'hôtel Barbette devint la propriété de Jean de Montagu, alors souverain maître de France et vidame de Laonois ; et, en 1403, il fut acheté par Isabeau de Bavière.

« L'appartement de la reine, dit Sauval, y consistoit par bas en deux salles, l'une grande, l'autre petite ; au-dessus se trouvoit une autre grande salle, une chambre attachée à un grand retrait et un petit ; entre cela une chambre, une autre aux eaux roses, une de parade,

---

[1] La grande rue de Belleville et la partie du faubourg du Temple qui touche à la barrière, ont seules conservé le nom de Courtille, qu'elles justifient du reste par le grand nombre de jardins et de cabarets qu'elles contiennent.

[2] PIGANIOL DE LAFORCE, *Description de Paris*. — Les cultures étaient des terres ensemencées, dans l'intérieur de la ville.

[3] DULAURE, *Histoire de Paris*.

[4] PIGANIOL, *Description de Paris*.

une chambre blanche, deux chapelles, l'une grande, l'autre petite, un comptoir, des bains et des étuves. »

Cet hôtel enfin était *le petit séjour de la reine*[1], qui aimait beaucoup cette résidence. Là du moins, elle n'avait pas devant les yeux le spectacle presque continuel de la démence de son époux, et elle pouvait s'abandonner sans contrainte à la passion qu'elle éprouvait pour son beau-frère; car, « tandis que la fille d'un marchand de chevaux très gaye et très jolie, tenoit à l'hôtel Saint-Paul auprès de Charles VI la place de la reine, le duc d'Orléans tâchoit de désennuyer cette princesse à l'hôtel Barbette[2] ». Là encore se décidaient les affaires de l'État avec lesquelles la reine et son amant jouaient, comme le pauvre roi avec ses cartes.

Souvent aussi, l'hôtel Barbette resplendissait au milieu de la nuit de l'éclat de mille lumières, et les cris de l'orgie arrivaient jusqu'au peuple, comme pour insulter à sa misère. Mais pouvait-il se plaindre ? Le roi lui-même manquait du nécessaire, et le Dauphin était à peine vêtu[3]. N'étaient-ce pas là les symptômes de l'anarchie dans laquelle allait tomber la France.

Peu importait du reste à cette reine hautaine, prodigue, galante et justement odieuse. Ses plaisirs ruineux, son luxe insolent et son insatiable ambition étaient ses seules préoccupations; et sa liaison avec son beau-frère n'avait eu dans le principe qu'un but politique. Plus tard seulement, elle avait dégénéré en un véritable amour, car elle en était, dit-on, fort éprise.

Un soir, — c'était le mercredi 23 novembre 1407, — la reine venait de faire achever sa toilette, et, il faut l'avouer, elle était ainsi bien belle. Sa robe traînant à terre, était enrichie d'or et de perles; et sa coiffure s'élevait, en *cornes merveilleuses, hautes et larges en-*

---

[1] Saint-Foix, *Essais historiques sur Paris*. — Nom qu'on donnait aux petits hôtels qu'avaient les princes et seigneurs aux portes de Paris.

[2] Saint-Foix. *Essais historiques sur Paris*. — « Les amours du beau-frère et de la belle-sœur n'avoient été que trop publiques. On disoit même qu'elle en avoit eu un fils. »

[3] *Histoire de Charles VI*, par un religieux anonyme de Saint-Denis, traduite par le Laboureur.

chassées de pierreries[1]; enfin, dans toute sa parure, il y avait une recherche de luxe et de coquetterie, qui laissait deviner un violent

désir de plaire. Isabeau attendait en effet ce soir-là son amant à souper. Mais l'heure habituelle était depuis longtemps passée, et l'inquiétude commençait à s'emparer d'elle, car elle le savait entouré d'ennemis.

Le duc d'Orléans, *ce grand desbaucheur des dames de la cour et des plus grandes*[2], arriva pourtant à l'hôtel Barbette, et entra dans la chambre de la reine. Il avait l'air fier et noble, le regard vif et pénétrant, mais d'une douceur irrésistible, quand il s'arrêtait sur une femme. Un sourire presque continuel venait aussi cor-

---

[1] Jouvenel des Ursins, *Histoire de Charles VI*.
[2] Brantôme, *Vies des dames galantes*. Disc. 1er.

riger la sévérité de son visage. Le duc enfin était un des seigneurs les plus spirituels de la cour, comme un de ses plus brillants cavaliers.

Isabeau, par un sentiment naturel dans le cœur de la femme qui aime, se jeta dans les bras du duc et l'arrosa de ses larmes.

— Pourquoi ces pleurs, lui dit-il, en la regardant avec bonheur, pourquoi cette tristesse?

— Je craignais, Louis, qu'il ne vous fût arrivé quelque malheur, répondit-elle : maintenant même, que vous êtes près de moi, je ne sais ce que j'éprouve; mais un frisson glacial parcourt tous mes membres. Je tremble... Oh! dites-moi que je suis folle de m'alarmer ainsi; que votre existence n'est point menacée et que mes pressentiments me trompent.

— Quelques bruits sans doute inventés à plaisir pour qu'ils arrivent jusqu'à vous, dit le duc, ont seuls causé vos craintes; mais pour vous rassurer, sachez que je suis toujours sur mes gardes et que je vous aime. Ne pleurez donc plus, ma mie, continua-t-il en lui prenant le bras, — les larmes sont comme le temps; elles rident le visage.

Et les deux amants entrèrent dans une grande salle voisine, où ils furent bientôt rejoints par les dames d'honneur de la reine et les gentilshommes de la suite du duc. Là, se trouvait servi un de ces soupers dont la description paraîtrait fabuleuse, tant les mets en étaient rares et raffinés; tant enfin l'art avait su créer de merveilles d'or et d'argent pour orner ce festin [1].

Le duc prit place à côté de la reine, et remplissant une coupe de vin de Chypre :

— A la santé de notre belle souveraine, s'écria-t-il.

Au même moment, la porte de la salle s'ouvrit et l'on annonça un valet de chambre du roi, nommé Schas de Courte Heuse.

— *Monseigneur*, dit-il en s'adressant au duc, *le roi vous mande que sans délai vous veniez devers lui, et qu'il a à parler à vous hastivement et pour chose qui grandement touche à lui et à vous* [2].

---

[1] JOUVENEL DES URSINS, *Histoire de Charles VI.*
[2] VILLARET, *Histoire de France.*

— Je pars, répondit le duc : et bientôt je reviens, dit-il à la reine.

Mais Isabeau l'entendait à peine. La figure sinistre de ce messager l'avait fait retomber dans les mêmes craintes, et les pressentiments d'un prochain malheur s'étaient de nouveau emparés de son esprit. Elle murmura seulement un adieu; c'était le dernier qu'elle devait dire à son amant, car cet ordre du roi n'avait été inventé que pour faire tomber le duc dans une embuscade.

Lui au contraire, *sans chaperon, après avoir mis sa houppelande de damas noir fourrée*, partit en jouant avec son gant et en ne se faisant accompagner que de deux écuyers montés sur le même cheval, d'un page nommé Jacob de Merre et de trois valets de pied qui marchaient devant avec des torches. Mais à peine fut-il à cent pas environ de l'hôtel Barbette, qu'il fut assailli par dix-huit hommes armés qui se précipitèrent sur lui :

— Arrière donc, manants, leur cria-t-il, je suis le duc d'Orléans.

— Nous le savons, répondit le chef de la troupe, nommé Raoul d'Ocquetonville, et c'est toi que nous attendions.

Au même moment, ce gentilhomme coupa avec sa hache d'armes la main dont le duc tenait la bride de sa mule; et, d'un autre coup, lui fendit la tête. Le duc chancela, puis tomba sur le pavé. Alors Raoul prenant la torche d'un des valets qui se défendait en vain souleva le corps de sa victime :

— Il est bien mort, dit-il en le regardant.

Et il le rejeta à terre.

— Alors éteignez tout et sauvez-vous, dit un homme caché sous un capuchon et qui sortait d'un hôtel voisin, appelé l'hôtel Notre-Dame[1].

---

[1] VILLARET, *Histoire de France*. « Telles furent, dit-il, les circonstances de ce meurtre d'après les dépositions des témoins oculaires qui furent alors interrogés. » — MARTIAL DE PARIS, dans ses *Vigiles de Charles VII* (Manuscrits de la Bibliothèque Nationale, folio 3), fait ainsi la relation de cet événement :

> Ce an (1407) la veille saint Clément
> Sur la nuyt qu'on ne voyait goutte
> Le duc d'Orléans chaudement
> Eut quatre coups mortelz de routte,

Le lendemain, le même homme priait sur le cadavre du duc déposé à l'église des Blancs-Manteaux, lui donnait l'eau bénite et l'accompagnait à sa dernière demeure, la chapelle d'Orléans que le duc avait fait construire aux Célestins pour être le lieu de sa sépulture; cet homme enfin qui devait voir quelques jours après son hypocrisie démasquée, était le duc de Bourgogne son cousin germain.

Deux années après, Jean de Montagu, l'ancien propriétaire de l'hôtel Barbette, fut aussi l'une de ses victimes. Devenu surintendant des finances, puis premier ministre, il fut accusé de péculat, quoique son seul crime fût d'être l'ennemi du duc de Bourgogne, et condamné au dernier supplice. « Le 17 d'octobre, dit un journal du temps [1], le sire Jean de Montagu fut conduit du petit Châtelet aux halles, haut assis dans une charette, vêtu de sa livrée, à sçavoir, d'une houppelande mi-partie de rouge et de blanc, le chaperon de même, une chausse rouge et l'autre blanche, des éperons dorés, les mains liées, deux trompettes devant lui, et après qu'on lui eut coupé la tête, son corps fut porté au gibet de Paris, et y fut pendu au plus haut, en chemise, avec ses chausses et ses éperons dorés. »

Quant à Isabeau de Bavière, après la mort du duc d'Orléans, elle avait abandonné l'hôtel Barbette et s'était réfugiée au château de Vincennes, où elle avait bientôt oublié, au milieu de nouvelles amours, la douleur momentanée que lui avait fait éprouver la perte de son beau-frère. Mais la reine portait malheur à tous ses amants, car celui qui remplaça le duc, fut jeté à la Seine dans un sac qui portait cette inscription si connue : *Laissez passer la Justice du Roi.*

> Auprès de la porte Barbette
> Qu'il ne s'en doubtoit nullement;
> Si fut sa sépulture faitte
> Et mourut bien piteusement.
> Le lendemain y eut grand dueil,
> Et fut à Paris inhumé
> En grant service et appareil
> Ainsi qu'il est accoustumé.

Voir aussi à ce sujet l'ouvrage de M. Aimé CHAMPOLLION-FIGEAC : *Louis et Charles d'Orléans. — Leur influence sur les arts, la littérature et l'esprit de leur siècle.* Paris, 1844, in-8°.

[1] *Journal de Paris*, sur les règnes de Charles VI et Charles VII.

Elle-même expia, par un exil à Blois et à Tours, ses scandaleuses intrigues, et le désir de se venger lui fit plus tard implorer le secours de l'assassin de son amant.

Le 14 juillet 1418, la reine et le duc de Bourgogne rentrèrent dans Paris; « ils y firent, disent les historiens, une entrée triomphante; on jetoit des fleurs sur eux et sur leur passage : on n'entendoit de tous côtés qu'un cri général d'allégresse et d'acclamations; la joie brilloit sur tous les visages. Enfin la reine parut sur un char, ornée de toutes les brillantes superfluités dont elle se faisoit l'honneur d'avoir inventé le luxe ruineux. » Et à ce moment la foule redoubla ses cris de joie. Pourtant le retour d'Isabeau n'était pour la France que le commencement d'une nouvelle ère de désastres et de malheurs.

— Jetons un voile sur ce passé, et arrivons au commencement du seizième siècle, à cette époque glorieuse de la renaissance des lettres et des arts, en même temps qu'elle fut l'un des plus beaux règnes de la galanterie.

Par une matinée de l'année 1521, une jeune femme négligemment appuyée sur la balustre d'une des fenêtres de l'hôtel Barbette, semblait plongée dans une de ces douces rêveries où l'âme aime à s'oublier. Parfois son regard plein de douceur s'animait, et un gracieux sourire courait sur ses lèvres. Alors peut-être rêvait-elle d'amour? Parfois au contraire cette joie éphémère paraissait s'être évanouie, et une larme venait mouiller ses yeux. Alors sans doute, sa pensée la ramenait à la triste réalité. Elle, si belle, si jeune, était la femme du vieux comte de Brezé, l'un des seigneurs les plus laids de la cour, et dont un poëte de nos jours a esquissé ainsi le portrait: il était, dit-il[1] :

> ..... Affreux, mal bâti, mal tourné,
> Marqué d'une verrue au beau milieu du né,
> Borgne, disent les uns, velu, chétif et blême.

Jamais en effet, le hasard, dans ses bizarreries, ne s'était plu à réunir deux plus grands contrastes : car, autant il y avait de laideur

---

[1] Victor Hugo, *le Roi s'amuse.*

et de difformité dans la personne du comte, autant celle de sa femme était douée de grâce et de beauté. La chevelure de Diane de Saint Vallier était noire comme l'ébène, et se relevait sur le haut de la tête en boucles et nattes ondulées; son front était large et élevé; son visage et ses traits avaient la pureté grecque unie à la grâce française; son teint était d'une blancheur de perle légèrement veloutée de rose. Diane, dit Saint-Foix [1], avait encore les dents, la jambe et les mains admirables; la taille haute et la démarche noble. C'était enfin un parfait chef-d'œuvre de la nature, et il inspira souvent alors le pinceau du Primatice et le ciseau de Jean Goujon.

Soudain, une cavalcade qui débouchait de la rue des Rosiers pour se rendre au palais des Tournelles vint interrompre sa rêverie; et en passant sous les fenêtres de l'hôtel Barbette, l'un des cavaliers frappé de la beauté de la comtesse, ralentit le pas de sa monture pour pouvoir la contempler plus longtemps. Ce cavalier, auquel sa barbe taillée et relevée en pointe donnait l'air espagnol, portait une simple toque de velours noir à plumes, un pourpoint en étoffe de soie et des chausses sans braguettes; dans tout son costume, du reste, aucun ornement distinctif ne pouvait le faire reconnaître. C'était le roi François Ier, le seigneur le plus galant de sa très-galante cour.

— Quelle est donc cette perle de beauté, demanda-t-il à l'un des gens de sa suite, en lui désignant du regard la fenêtre de l'hôtel Barbette? Foi de gentilhomme, elle manque à notre cour.

— C'est la comtesse de Brezé, sire, lui répondit-on; la belle Diane que son mari cachait dans son château de Normandie pour la dérober à tous les regards; il a si peur qu'on ne lui ravisse un si charmant trésor.

Il a certes bien raison, pensa le roi.

Puis, pendant quelques instants, François Ier parut soucieux. Qui sait: sans le doux sourire dont l'accueillit la duchesse d'Étampes à son retour au palais des Tournelles, peut-être serait-il ce jour-là devenu amoureux de la comtesse de Brezé. Seulement, l'impression que lui avait causée la vue de Diane, ne s'effaça point de son esprit;

---

[1] *Essais historiques.*

elle s'y grava au contraire profondément, et deux années après, l'amour qui couvait au fond de son âme, se révéla tout entier, quand la comtesse parut à la cour. Contre la passion d'un roi, la vertu est une arme bien faible. Diane pourtant résista longtemps, et peut-être n'aurait-elle jamais succombé, sans ce marché infâme, indigne d'un souverain, et même de tout galant homme, dans lequel la grâce du comte de Saint-Vallier fut au prix du déshonneur de sa fille. Diane sauva son père : voilà l'excuse de sa faute, comme celle du roi aurait pu être dans un véritable amour. Mais pour lui qui, suivant l'expression de Brantôme, *aimait trop*, ses passions n'étaient que des caprices et la vertu d'une femme, qu'un jouet.

Aussi Diane, peu de temps après oubliée, délaissée, fut forcée de quitter la cour par ordre de sa rivale, la duchesse d'Étampes, qui avait repris tout son empire sur le cœur du roi; mais l'ancienne favorite emporta le pressentiment d'un prochain retour, quand elle vit une larme du jeune duc d'Alençon accompagner les adieux qu'il lui adressa. Pour la première fois alors, elle s'aperçut de la force du sentiment que le prince éprouvait pour elle, et qu'elle avait traité d'enfantillage, car le duc n'avait à cette époque que quinze ans; mais la beauté de Diane avait éveillé avant le temps dans cette jeune âme l'amour qui y sommeillait. Cette séparation ne fit encore que le rendre plus vif; et le château d'Anet, l'hôtel Barbette, furent les premiers témoins de cette tendre passion, à laquelle la mort du vieux comte de Brezé vint ôter la dernière entrave, et qui devait donner quelques années plus tard à cette reine de beauté une royauté plus puissante que celle d'une reine de France.

En effet, le duc d'Alençon était devenu le roi Henri II; et Diane, la duchesse de Valentinois. Mollement bercée dans une litière aux armes de France, la favorite était alors suivie d'une foule de courtisans; et cette race vile qui tourne à chaque instant du côté de la puissance, l'accompagnait chapeau bas, sollicitant un de ses regards, implorant un de ses sourires. Vous dûtes trembler à votre tour, belle duchesse d'Étampes, quand vous vîtes votre rivale être la maîtresse du roi; vous dûtes verser des larmes amères, en recevant l'ordre de vous retirer dans vos châteaux, et dire :

Qu'est devenu le temps que j'estois estimée !
Des princes comme du roy, j'estois la mieux aimée [1] !

Votre règne était passé : celui de la duchesse de Valentinois n'était qu'à son aurore. Peintres, architectes, sculpteurs, artistes enfin, tous lui apportaient l'hommage de leur talent ; et le génie, à la vue d'un si parfait modèle, trouvait de sublimes et suaves inspirations. Anet, Chambord, Chenonceaux, sortaient des mains de Philibert de l'Orme, de Jean Goujon et Jean Cousin, transformés en palais enchantés dignes de recevoir leur belle châtelaine. Partout enfin se faisait sentir sa protectrice influence. L'hôtel Barbette seul, au milieu de toutes ces magiques métamorphoses, conserva toujours sa lourde et primitive architecture ; car la duchesse de Valentinois voulut laisser intact ce vivant souvenir des premières amours de la comtesse de Brezé avec le duc d'Alençon. Peut-être même faut-il attribuer à un retour vers ce passé la réponse pleine de fierté qu'elle fit un jour au roi qui voulait reconnaître une de ses filles :

Sire, lui dit-elle, j'étais de naissance à avoir des enfants légitimes de vous; j'ai été votre maîtresse parce que je vous aimais; je ne souffrirai jamais qu'un arrêt me déclare votre concubine [2].

Les fêtes aussi, et les joutes d'amour en l'honneur de la royale maîtresse, recommencèrent plus brillantes que sous le règne de la duchesse d'Étampes : mais, par malheur, le roi devait être la première victime de sa galanterie. — Entendez-vous ces fanfares, ces cris d'allégresse ? Il y a grand tournoi au palais des Tournelles, et le roi portant au bras les couleurs de sa maîtresse, vient d'entrer dans la lice. Il salue avec une grâce vraiment chevaleresque toutes les dames de sa cour, mais son regard ne se repose que sur une seule, la duchesse de Valentinois, dont la présence lui commande des prodiges de valeur. Bientôt après, entrent dans l'enceinte les trois autres tenants du tournoi, le prince de Ferrare, le duc de Guise et le duc de

---

[1] Leroux de Lincy, *Chants historiques de France*. — Chanson sur la duchesse d'Étampes, 1547.

[2] Saint-Foix, *Essais historiques*.

Nemours. Les fanfares se font entendre de nouveau; c'est le signal du combat. Les lances se croisent, se heurtent, se brisent, et chacun des combattants sous les yeux de sa maîtresse cherche à terrasser son adversaire. Le roi déjà est sorti vainqueur de cette lutte, et des applaudissements ont salué sa victoire quand il aperçoit à terre deux lances entières. Il en fait porter une à un capitaine de ses gardes, le duc de Montgommery, et lui dit qu'il veut la rompre en l'honneur des dames. Emporté par sa galanterie, Henri II oublie les fatigues d'un premier combat, repousse les conseils du duc lui-même et le force à la défensive. Quelques instants après, dans l'impétuosité du choc, la lance du duc pénétrait sous la visière du roi, et lui perçait le front au-dessus de l'œil gauche.

Le lendemain, 11 juillet 1559, Henri II était à la dernière extrémité, et Catherine de Médicis, dont la puissance avait été anéantie par celle de la duchesse de Valentinois, lui envoyait l'ordre de se retirer dans un de ses châteaux.

Comment! le roy est-il mort, demanda la duchesse au messager de la reine.

Non, madame, répondit-il, *mais il ne peut guières tarder.*

Tant qu'il luy restera un doigt de vie donc, dit-elle, *je veux que mes ennemis sachent que je ne les crains point, et que je ne leur obeyray tant qu'il sera vivant. Je suis encore invincible de courage, mais lorsqu'il sera mort je ne veux plus vivre après luy; et toutes les amertumes qu'on me sauroit donner ne me seront que douceurs au prix de ma perte; et par ainsi, mon roi vif ou mort, je ne crains pas mes ennemis* [1].

Le soir même, elle se retira à son château d'Anet, où sept ans après la mort du roi, elle quitta la vie sans regret.

« Six mois auparavant, je la vis, dit aussi Brantôme, si belle encore que je ne sache cœur de rocher qui ne s'en fût ému, quoique quelque temps auparavant, elle se fût rompu une jambe sur le pavé d'Orléans, allant et se tenant à cheval dextrement et dispostement comme elle avoit jamais fait; mais le cheval tomba et glissa sous elle;

[1] Brantôme, *Vie des dames galantes*, Disc. VI.

il auroit semblé que cette rupture et les maux qu'elle endura, auroient dû changer sa belle face; point du tout; sa beauté, sa grâce et sa belle apparence étoient toutes pareilles qu'elles avoient toujours été. C'est dommage que la terre couvre un si beau corps!... Elle étoit fort débonnaire, charitable et aumônière. Il faut que le peuple de France prie Dieu qu'il ne vienne jamais favorite de roi plus mauvaise que celle-là, ni plus mal-faisante. »

Après la mort de Diane, les duchesses d'Aumale et de Bourbon, ses deux filles, vendirent l'hôtel Barbette qui fut alors démoli; et sur son emplacement on perça trois rues nouvelles, — la rue de Diane qui changea son nom pour celui des Trois-Pavillons, — la rue du Parc-Royal, — et la nouvelle rue Barbette.

En effet, dans le quartier du Marais aujourd'hui si déchu, l'accroissement de la population nécessitait déjà de nouvelles voies de communication, et Paris commençait à vouloir justifier ce qu'avait dit de lui Charles Quint :

LUTETIA NON URBS, SED ORBIS.
PARIS N'EST PAS UNE VILLE, C'EST L'UNIVERS.

HOTEL DE BOURGOGNE.

HOTEL DE BOURGOGNE.

HOTEL DE BOURGOGNE.

HOTEL D'ARTOIS. — HOTEL DE BOURGOGNE.

    Le 6 juin 1606 est une date célèbre dans l'histoire du théâtre. Ce jour-là naquit Pierre Corneille, le père de la tragédie et même de la comédie, auxquelles l'hôtel de Bourgogne servit pour ainsi dire de berceau : ce jour-là fut l'aurore de ce brillant dix-septième siècle, qui devait voir l'art théâtral grandir tout à coup, et le génie de la scène se personnifier dans la plus imposante trinité littéraire qui ait jamais existé : *Corneille*, *Molière*, *Racine*. Mais, pour pouvoir juger de la distance qu'il avait à franchir pour arriver à la hauteur où l'ont porté *le Cid*, *le Misanthrope* et *Phèdre*, il faut prendre cet art à sa naissance, et suivre ses progrès successifs à travers tous ses enfantements grossiers et informes pour la plupart ; il faut enfin parcourir toute l'histoire du théâtre qui, pendant plus de deux siècles, est aussi celle de l'hôtel de Bourgogne.

    Avant l'établissement de son théâtre, cet hôtel a pourtant une autre célébrité à revendiquer. Il servit de résidence au frère de Saint-Louis, Robert d'Artois, qui lui donna ce dernier nom : puis, il appartint à Marguerite femme de Philippe de France, comme héritière des derniers comtes d'Artois, et à Jean sans Peur, qui y cacha les assassins du duc d'Orléans [1]. Cet hôtel ou plutôt cette forteresse était en effet un refuge bien sûr, car fermée par une muraille crénelée et garnie de tours, elle aurait pu soutenir un long siége. Néanmoins Jean sans Peur, qui ne méritait guère ce surnom, dit Saint-Foix, craignait sans cesse depuis le meurtre de son cousin qu'on ne vînt attenter à sa vie même dans son hôtel, et il avait fait bâtir dans la tour carrée [2], qui est la seule ruine qui nous reste de cette citadelle, « une cham-

[1] Voir l'hôtel Barbette.
[2] Elle se trouve dans le jardin d'une maison de la rue Pavée-Saint-Sauveur, n° 3. Elle a 15 pieds de largeur sur 30 de longueur. Sa hauteur est d'environ 8 6 pieds.

bre sans fenêtre dont l'entrée étoit très basse. Il s'y enfermoit le soir, et il n'ouvroit le matin qu'avec toutes les précautions que la frayeur inspire au scélérat [1]. »

Plus tard François Ier, propriétaire de cet hôtel et de plusieurs autres avoisinants qui occupaient tout l'espace compris entre les rues Pavée-Saint-Sauveur, Saint-Denis, Mauconseil et Montorgueil [2], et qui ne servaient, disait-il *qu'à encombrer, empescher et defformer grandement la ville de Paris*, ordonna par un édit du mois de septembre 1543 de les mettre en vente : ils furent divisés alors en treize lots, et sept d'entre eux furent achetés par Jean Rouvet, marchand bourgeois de Paris qui, le 30 août 1548, revendit à la confrérie de la Passion et Résurrection de notre Sauveur et Rédempteur Jésus-Christ « une portion desdits hôtels consistant en une mazure de dix-sept toises de long sur seize de large, à la charge de seize livres parisis de cens et rente foncière envers le Roi par chacun an perpétuellement à toujours ; et envers lui, Rouvet, de deux cent cinquante livres de rente annuelle, rachetable pour quatre mille cinq cents livres tournois ; et à la charge encore de bâtir le lieu suffisant pour perception annuelle desdites charges. De plus, ladite confrérie promit et s'engagea de faire construire et édifier de neuf une grande salle et autres édifices et bâtiments pour le service de ladite confrérie, et qu'en ladite salle il y auroit plusieurs loges dont ledit Rouvet en aurait une à son choix pour lui, ses enfants et amis, leur vie durant, sans aucune chose en payer ni diminuer de ladite rente [3]. » Le théâtre fut construit peu de temps après, ajoute Piganiol de La Force, et pour marquer sa destination, les confrères firent « encastrer sur la grand'porte qui est rue Françoise, un écusson qu'on y voit encore, dans lequel sont en bas-relief les instruments de la Passion de Jésus-Christ. » Dès lors l'histoire de l'hôtel de Bourgogne se perd dans celle de son théâtre où l'on vit successivement : « les confrères de la Pas-

---

[1] Saint-Foix, *Essais historiques sur Paris*.
[2] La première partie de cette rue s'appelait autrefois rue au Comte ou à la Comtesse d'Artois, à cause de son voisinage avec l'hôtel d'Artois ou de Bourgogne.
[3] Piganiol de La Force, *Description de Paris*.

sion jouer *leurs Mystères* : les Enfants sans souci et d'autres acteurs, leurs *Farces*, *Sotties* ou *Moralités* : les Comédiens Français, les pièces de *Rotrou, Corneille* et *Racine* : les Comédiens Italiens, *des pièces de tout genre.* »

I

LES CONFRÈRES DE LA PASSION.

Avant eux, les exhibitions scéniques, qui n'étaient, il est vrai, que de grossières parades, avaient lieu dans la rue, sur les places publiques ou au coin des carrefours. Les *Farceurs* et les *Jongleurs*, — qui furent le type de ces comédiens ambulants qu'on retrouve dans les fêtes publiques, — donnaient ainsi, sous le règne de Charlemagne, leurs représentations en plein air : puis, quand l'indécence de leurs jeux les fit chasser de France, parurent les *Troubadours* et les *Trouvères*. Poëtes et acteurs tout à la fois, ils allaient dans les villes ou les châteaux débiter *leurs contes* et *fabliaux*, chanter leurs *lais* et *pastourelles*; improvisateurs aussi, ils étaient conviés à toutes les fêtes pour y célébrer la gloire des seigneurs, la beauté de leurs dames, ou y raconter les exploits de quelque héros de la chevalerie. Plus tard enfin, au retour des Croisades, les tendres chansons des Trouvères firent place aux cantiques des pèlerins qui racontaient les miracles dont ils disaient avoir été témoins lors de leur séjour dans la Terre-Sainte ; et l'affluence du peuple à venir les écouter fut alors tellement grande qu'ils songèrent à se réunir en société pour représenter au moyen de quelques décorations et d'un dialogue des pièces tirées de l'Écriture Sainte. Ainsi fut fondée sous Charles VI la confrérie de la Passion et Résurrection de notre Sauveur et Rédempteur Jésus-Christ, qui établit d'abord son théâtre au bourg de Saint-Maur[1], et vint s'installer

---

[1] Ce fut l'établissement du premier théâtre.

ensuite à Paris [1], à l'hôpital de la Trinité, puis à l'hôtel de Flandre, et en 1548 à l'hôtel de Bourgogne.

Leurs pièces qui s'appelaient *Mystères*, étaient la mise en action de divers passages de l'ancien et nouveau Testament. Elles se divisaient en plusieurs parties ou journées, sans compter quelquefois un prologue et un épilogue : quant au théâtre sur lequel elles étaient jouées, « il était sur le devant, de la même forme que ceux d'aujourd'hui, mais le fond était différent. Plusieurs échafauds le remplissaient. Le plus élevé représentait le Paradis. Celui de dessous, l'endroit le plus éloigné du lieu où la scène se passait : le troisième en descendant, le palais d'Hérode, la maison de Pilate et ainsi des autres jusqu'au dernier, suivant le mystère qu'on représentait.

« Sur les côtés de ce même théâtre, étaient des espèces de gradins en forme de chaises sur lesquels les acteurs s'asseyaient lorsqu'ils avaient joué leur scène (car on ne peut autrement nommer chaque action de ces pièces pieuses) ou qu'ils attendaient leur tour à parler, et jamais ils ne disparaissaient aux yeux des spectateurs qu'ils n'eussent achevé leur rôle. Ainsi lorsque le mystère commençait, les spectateurs voyaient tous ceux qui devaient y jouer. Les auteurs et les acteurs n'y entendaient pas plus finesse, et les derniers étaient censés absents, lorsqu'ils étaient assis.

« A l'endroit où l'on place à présent une trappe pour descendre sous le théâtre, l'Enfer était représenté par la gueule d'un dragon qui s'ouvrait et se fermait, lorsque les diables sortaient ou y entraient »

Enfin « une espèce de niche avec des rideaux devant, formait une chambre, et cette chambre servait à cacher aux spectateurs certains détails qu'on ne pouvait leur représenter, tels que l'*accouchement de la Vierge*, etc [2]. »

Sur la scène, on voyait paraître Dieu le Père, Dieu le Fils, Dieu le Saint-Esprit, la sainte Vierge, saint Joseph, les Anges, les Séraphins, ou bien Lucifer, ses principaux officiers, ses sujets et autres person-

---

[1] Par lettres de charte de 1402, Charles VI permit aux confrères de la Passion de donner des représentations en public et de s'établir à Paris (*Histoire du Théâtre-Français*, par les frères PARFAIT).

[2] *Histoire du Théâtre-Français*, par les frères PARFAIT.

nages réels ou mythologiques : alors commençait entre eux un dialogue, et le langage qu'on leur prêtait fut convenable dans les premiers mystères ; mais pour exciter le rire des spectateurs, il devint ensuite grossier et contraire à l'honnêteté des mœurs en même temps qu'à la pureté de la religion. Dieu le Père, par exemple, se laissait apostropher par un de ses Anges en ces termes :

> Père Eternel, vous avez tort
> Et devriez avoir vergogne,
> Votre fils bien-aimé est mort
> Et vous dormez comme un ivrogne.

DIEU LE PÈRE.

Il est mort ?

L'ANGE.

Oui, foi d'homme de bien.

DIEU LE PÈRE.

Diable emporte qui n'en savait rien.

Et le dialogue continuait quelquefois ainsi pendant sept mille vers, comme dans *le mystère de l'Apocalypse par Louis Chocquet*[1].

Le passage cité plus haut est du reste un des plus châtiés, et il est rare de rencontrer dans tous ces mystères quelques inspirations heureuses, quelques tirades où la gracieuse naïveté du style fasse pardonner la pauvreté de l'idée, comme par exemple, dans *le Mystère de la Nativité* où Joseph, s'adressant à Marie, lui dit :

> Suave et odorante rose
> Je sçay bien que je suis indigne
> D'épouser vierge tant bénigne,

---

[1] Il fut joué en 1541. *Table chronologique* des frères PARFAIT.

Nonobstant que soye descendu
De David, bien entendu ;
M'amie, je n'ay gueres de biens.

MARIE.

Nous trouverons bien les moyens
De vivre, mais que y mettons peine ;
En tixture de soie et laine
Me cognoys

JOSEPH.

C'est bien dit, m'amye.
Aussi de ma charpenterie
Je gagnerai quelque chosette.

Le grand succès que les Mystères obtinrent alors, fait juger du goût et des mœurs de l'époque : la licence y fut même portée à un si haut point que le Parlement n'en autorisa plus la représentation qu'à certaines conditions contenues dans cet arrêt du 17 novembre 1548.

« Il est défendu aux Confrères de jouer les Mystères de la Passion de notre Sauveur, ni autres mystères sacrés sous peine d'amende arbitraire : leur permettant néanmoins de pouvoir jouer autres mystères prophanes, honnestes et licites, sans offenser ni injurier aucunes personnes : et défend la dite cour à tous autres de représenter dorénavant aucuns jeux ou mystères, tant en la ville, fauxbourgs et banlieue de Paris, sinon que sous le nom de la dite confrérie et au profit d'icelle. »

Le Parlement leur avait auparavant imposé ce règlement : « Pour l'entrée du théâtre, ils ne prendront que deux sols par personne : pour le louage de chaque loge, durant le dit Mystère que trente escus : n'y sera procédé qu'à jour de festes non solennelles. Ils commenceront à une heure, finiront à cinq : feront en sorte qu'il ne s'ensuive aucun scandale ni tumulte, et à cause que le peuple sera distrait du service divin et que cela diminuera les aumônes, ils bailleront aux pauvres la somme de dix livres tournois, sauf à ordonner plus grande somme. »

Telle fut l'origine de la censure, des priviléges de théâtre et du droit des pauvres.

Par suite du premier arrêt, les Confrères de la Passion cessèrent leurs représentations : néanmoins leur genre de spectacle paraît leur avoir survécu. On a joué l'année dernière sur le théâtre du Lycée à Barcelone un drame sacré intitulé : *La Passion de Jésus-Christ* [1], et l'on voit encore quelques grossières imitations des anciens Mystères dans nos fêtes et nos foires publiques [2]; mais toutes ces exhibitions ne peuvent donner aucune idée de ceux qui furent joués à l'hôtel de Bourgogne.

Quelques années après, les Confrères louèrent leur théâtre aux Enfants Sans-Souci qui y avaient déjà donné des représentations, et se réservèrent seulement deux loges pour leurs membres ou amis. Ces loges, qui étaient presque sur la scène et étaient grillées, portaient, disent les anciennes chroniques, le nom de *Loges des Maîtres*.

II

LES ENFANTS SANS-SOUCI ET AUTRES COMÉDIENS.

Dans l'origine, *les Enfants Sans-Souci* étaient des jeunes gens de famille gais et oisifs qui se réunissaient pour donner les jours de fêtes des représentations, et Clément Marot fit partie, dit-on, dans sa jeunesse de cette joyeuse Société; mais ensuite ce titre passa à une

---

[1] Dans cette pièce, il y avait 18 chœurs exécutés par 500 chanteurs des deux sexes avec accompagnement de 300 instrumentistes. Les décors, de la plus grande magnificence, représentaient divers lieux de la Terre-Sainte dessinés sur les lieux mêmes. On y voyait aussi 150 palmiers naturels venus de la côte septentrionale d'Afrique.

[2] En 1844, à une foire qui se tenait à Blois, on représentait des scènes de l'Histoire Sainte, telles que le crucifiement de J.-C.

troupe de comédiens qui s'établit d'abord aux Halles et vint en 1552 jouer à l'hôtel de Bourgogne.

Les pièces que représentaient les Enfants Sans-Souci, s'appelaient *Moralités*, *Sotties* et *Farces*.

Les Moralités dont l'invention revenait aux clercs de la Basoche, étaient de petits drames allégoriques où les vices et les vertus se trouvaient personnifiés; parfois aussi elles étaient la mise en action de quelques préceptes de bonne conduite, et l'idée en était souvent ingénieuse, spirituelle même, mais elle était dénaturée par le langage plat et burlesque qui cherchait à la développer. Telle était la Moralité intitulée : *la Condamnation du Banquet*[1] qui, suivant quelques historiens, se trouvait reproduite sur les draperies de la tente de Charles le Téméraire.

La scène représentait deux personnages *Souper* et *Banquet*, accusés par leur convive *Bonne Compagnie* d'avoir donné la mort à *Passe-Temps*, *Je-boy-à-vous*, *Friandise* et *Toujours-disposé-à-s'y-rendre*. Dame *Expérience* paraissait alors à son tribunal avec Averroès et Galien : puis *Remède*, en sa qualité de greffier, lisait l'arrêt suivant :

> Veu le procez de l'accusation
> Qu'on peut nommer populaire action
> Faict de piéça par Bonne Compaignie
> Car elle touche au peuple, et sa mesgnie :
> Veu l'hommice accompli par envie
> Es personnes, premier de gourmandise
> Et d'autres trois qui ont perdu la vie
> Je-boy-à-vous, Je-pleige et Friandise,
> Consequemment confession ouye
> Qu'a fait Banquet, sans quelconque torture
> D'avoir occis, après chière esjouie
> Les quatre mors, qui sont en pourriture,
> Et du Souper confessant sa bature,
> Qu'il perpetra, sans en rien differer.
> Partant disons, sans reprehension :

---

[1] Elle est attribuée à Nicole de la Chesnaye et elle porte la date de 1507, dans la *Table chronologique* des frères Parfait.

> Que le Banquet pour sa faute excessive
> En commettant cruelle occision
> Sera pendu à grand confusion
> Et l'estrangler pour punir sa malice
> Nos gens feront cette execution
> Et le mettront à l'extrême supplice.
> Quant à Souper qui n'est pas si coupable,
> Nous luy ferons plus gracieusement
> Pour ce qu'il sert trop de mets sur table
> Il le convient restraindre aulcunement,
> Poignetz de plomb, pesans bien largement
> Au long du bras aura sur son pourpoint
> Et du Diner pris ordinairement
> De six lieues il n'approchera point [1].

Cette sentence était ensuite exécutée sur le théâtre.

La fameuse danse Macabre était aussi une Moralité, et — si l'on en juge par les peintures que nous en a laissées Holbein et par celles qu'on voit sur divers ponts couverts de la Suisse, comme le Mulhembrucke ou pont du Moulin, à Lucerne, — elle avait une haute portée philosophique. La mort y paraissait sous tous les costumes, y exerçait tous les états, faisait sourire les jeunes filles et frissonner les vieilles : elle montrait enfin que tout dans ce monde est soumis à son empire et qu'elle ne fait grâce ni à la beauté, ni à la puissance, ni à la richesse, ces trois royautés d'ici-bas. — Mais les personnages qui sont figurés dans ces tableaux, ont-ils jamais paru sur la scène? Il est permis d'en douter, et il est plutôt vraisemblable, dit Dulaure [2], de penser qu'un acteur, en montrant au public les toiles où était peinte la danse Macabre, l'initiait à chaque sujet et récitait un dialogue que la mort était censée tenir aux divers personnages qui s'y trouvaient représentés.

—Indépendamment des Moralités, les Enfants Sans-Souci jouèrent aussi un autre genre de pièces : en effet, l'invention leur venant en aide, ils mirent en scène tous les défauts et toutes les sottises des hom-

---

[1] Parfait, *Histoire du Théâtre-Français*.
[2] *Histoire de Paris*.

mes, cette mine malheureusement féconde que Molière devait plus tard si habilement exploiter. Leurs pièces prirent par suite le nom de *Sotties* ou *Sottises*: et quand il s'y trouvait une scène, dite des *Pois pilés* qui obtenait alors un grand succès, elles s'appelaient *Farces*. Eux-mêmes, pour avoir toute liberté de parole et de blâme, s'intitulèrent les Représentants de la Sottise et se donnèrent un chef qui porta le titre de *Prince des Sots*. Son capuchon surmonté de longues oreilles d'âne le distingua de ses sujets, et certains priviléges lui furent en outre accordés dans les fêtes publiques. Ce fut aussi en son nom qu'on fit l'annonce des représentations. — « Sots lunatiques, criait par les rues un impertinent acteur.

> . . . . . Sots étourdis, sots sages,
> Sots de villes, sots de chateaux, sots de villages,
> Sots rassotez, sots niais, sots subtils,
> Sots amoureux, sots privez, sots sauvages,
> Sots vieux, nouveaux et sots de tous âges,
> Sots barbares, étranges et gentils,
> Sots raisonnables, sots pervers, sots retifs,
> Votre prince sans nulles intervalles,
> Le mardi gras jouera aux Halles.

Leurs pièces, qui n'étaient que de grossières satires, n'attaquèrent d'abord que les défauts de l'espèce humaine : mais elles dévièrent ensuite de leur but primitif pour servir d'arme à la politique. Jules II ayant ainsi renouvelé les prétentions de ses prédécesseurs sur le temporel des rois, il fut composé sur ce sujet une Sottie où le pape était personnifié *par le Prince des Sots* et la Cour de Rome *par une Mère sotte*. Elle paraissait sur la scène vêtue d'habits pontificaux, mais elle portait en dessous des vêtements de Mère sotte et venait dicter de la manière suivante sa volonté :

> . . . .
> Je me dis Mère sainte Église
> Je veux bien que chacun le note,
> Je maudis, j'anathématise ;
> Mais sous l'habit pour ma devise

> Porte l'habit de Mère sotte.
> Bien sçais qu'on dit que je radotte
> Et que suis folle en ma vieillesse.
> Mais grumeler veux à ma porte
> Mon fils le prince en telle sorte
> Qu'il diminue sa noblesse.

A la fin de la pièce, il était décidé que

> Mère sotte selon la loi
> Sera hors de sa chaire mise.

Cette *Sottie*, à cause de son succès, causa grand scandale. L'Église lança contre les comédiens la peine de l'excommunication, qui devait plus tard faire refuser une sépulture à la cendre de Molière. Le Parlement aussi se déclara contre eux, et leur fit défense de jouer de pareilles pièces sous peine de la *hart* [1]. Dès lors les *Sotties* cédèrent la place aux *Farces*; et ce genre de pièces, dont une seule, — *le Testament de Pathelin*, — révéla le sentiment de la véritable comédie, défraya pendant bien longtemps le théâtre de l'hôtel de Bourgogne.

Enfin, parut Jodelle, qui, si l'on s'en rapportait à Ronsard, vint par ses œuvres élever l'art théâtral à un si haut degré de gloire que

> . . . . . Sophocle et Ménandre
> Tant fussent-ils savants, y eussent pu apprendre.

Jodelle n'eut pourtant point d'autre mérite que d'avoir le premier composé en français une tragédie [2]; et Ronsard eût fait de lui un éloge plein de vérité, s'il l'avait borné à ces quatre vers :

> Jodelle le premier d'une plainte hardie
> Françaisement chanta la grecque tragédie,
> Puis, changeant de ton, chanta devant nos rois
> La jeune comédie en langage françois.

---

[1] Hart, vieux mot qui veut dire corde.
[2] Elle était intitulée *Cléopâtre captive*.

Au contraire, dans un autre passage, il nous parle de la *gloire éternelle de cet auteur*. Cette gloire et l'immortalité qu'il promet à ses œuvres n'ont jamais existé que dans l'imagination enthousiaste de Ronsard.

Après Jodelle, d'autres auteurs suivirent la route qu'il avait tracée, et l'on vit paraître sur le théâtre les pièces de Jean de la Taille, de Garnier, de Pierre de la Rivey et quelques années plus tard, celles d'Alexandre Hardy qui s'engagea à donner aux comédiens de l'hôtel de Bourgogne *six tragédies par an*. Cette fécondité ne doit pas du reste étonner, quand on sait que deux mille vers ne lui coûtaient que vingt-quatre heures, et que ses productions sont évaluées à près de huit cents : mais aussi il ne faut pas parler de leur mérite littéraire, car on pourrait peut-être appliquer à ce poëte le reproche que l'Estoile adresse aux comédiens de cette époque d'*être assez bons coustumiers de ne jouer chose qui vaille*.

Malgré de nombreux essais, la tragédie et la comédie ne purent encore bannir de la scène les anciennes pièces : les spectateurs au contraire semblèrent prendre davantage goût aux parades, et le jeu désopilatif de quelques acteurs contribua sans doute beaucoup à en soutenir la vogue.

Jean Pont-Alais excella ainsi *dans la Farce*, et son aventure avec un curé de Saint-Eustache nous donne une idée de son esprit burlesque et de ses vives reparties.

Tous les dimanches, un acteur de l'hôtel de Bourgogne allait tambouriner au carrefour Saint-Eustache et faire pendant les vêpres l'annonce du spectacle qu'on allait donner : aussi le curé, souvent interrompu au moment le plus pathétique de son sermon, envoyait, — *par charité chrétienne*, — les comédiens à tous les diables. Un jour pourtant que le tambour battait plus fort et plus longtemps que de coutume, la patience du curé fut poussée à bout. Il s'élança furieux hors de sa chaire, sortit de son église et vint demander à l'acteur pourquoi il était assez hardi de faire tant de bruit pendant qu'il prêchait. Pont-Alais, — car c'était lui qui ce jour-là faisait la parade, — lui répondit sur le même ton : *Mais qui vous a fait assez hardi de prêcher si haut pendant que je tambourine*[1] ? Le curé, irrité comme

---

[1] *Histoire du Théâtre-Français*, par les frères PARFAIT.

bien l'on pense par une pareille réponse, se précipita sur lui, et après lui avoir crevé son tambour, se mit à courir du côté de l'église. Mais Pont-Alais le rejoignit bientôt, et le coiffa, au grand rire de tous les fidèles, avec son tambour.

Cette plaisanterie par trop impertinente contribua beaucoup à faire vivre le clergé de cette église en mauvaise intelligence avec ses paroissiens, les acteurs de l'hôtel de Bourgogne. — René Benoît, autre curé de Saint-Eustache, leur fit surtout la guerre. Il se plaignit de ce que les fidèles désertaient son église pour aller au théâtre; et quoique cette préférence ne dût pas scandaliser ce prélat, fort peu orthodoxe [1], il n'en intercéda pas moins avec tant d'insistance auprès des commissaires du Châtelet, que défense fut faite aux comédiens d'ouvrir leur théâtre avant la fin des vêpres. Ceux-ci de leur côté firent des réclamations en demandant au Parlement la permission de commencer leurs représentations à trois heures après midi, — heure à laquelle, disaient-ils, les vêpres devaient être terminées. Elle leur fut accordée, et le curé, honteux de sa défaite, chanta les vêpres plus tôt pour qu'on pût y assister. Mais il fut ensuite vengé. En 1588, les prédicateurs et les curés de Paris se liguèrent avec celui de Saint-Eustache et obtinrent la fermeture du théâtre de l'hôtel de Bourgogne. Leur triomphe fut pourtant de courte durée. Une année après eut lieu sa réouverture.

— A cette époque, le Prince des Sots s'appelait Nicolas Joubert, *seigneur d'Engoulevent*, ainsi nommé, dit plaisamment la satire Ménippée [2], *parce qu'en courant les rues il était sujet à gober le vent ;* et on trouve dans un procès qu'il soutint contre les propriétaires de l'hôtel de Bourgogne, l'énonciation de certains droits que le prévôt de Paris reconnut comme attachés à la qualité de *Prince des Sots : attendu ce titre, il défendit à tout créancier de l'appréhender au corps :*

---

[1] Il fut tantôt zélé catholique, tantôt protestant, suivant ce qu'il pouvait juger de la suite des affaires. Plus tard, Henri IV prit Benoît pour son confesseur. *Remarques sur la satire Ménippée.*

[2] Il y est fait mention plusieurs fois du sieur d'Engoulevent. On y lit une épître adressée par lui à un sien ami sur la harangue que le cardinal Pelvé fit aux états de Paris.

néanmoins s'il oubliait de se qualifier de *Prince des Sots dans un acte ou jugement, il pourrait être emprisonné, sauf audit sieur d'Engoulevent son recours contre le Prince des Sots, c'est-à-dire contre lui-même.*

Dans un autre arrêt, le Parlement lui reconnaît aussi le droit d'entrer par la grande porte de l'hôtel et de préséance aux assemblées qui s'y feraient et ailleurs par les maîtres et administrateurs dudit hôtel [1].

Vers le même temps, le 26 janvier 1607, Henri IV, la reine, la plupart des princes, seigneurs et dames de la cour vinrent assister, dit L'Estoile, à la représentation d'une plaisante farce qui se jouait à l'hôtel de Bourgogne. Cette pièce, *qui était*, ajoute-t-il, *d'une invention fort gentille*, avait un grand succès; cependant on se demande, après en avoir lu l'analyse, comment elle pouvait mériter un si favorable accueil de la part du public. Voici quel en était le sujet :

— Une femme querelle son mari et lui reproche d'être toujours au cabaret, tandis qu'on les exécute chaque jour pour *payer la taille au roi* : « *C'est pourquoi*, dit-il en se défendant, *il en faut faire meilleure chère, car que diable nous serviroit tout le bien que nous pourrions amasser, puisqu'aussi bien ce ne seroit pas pour nous, mais pour ce beau Roi. Cela fera que j'en boirai encore davantage, et du meilleur : monsieur le Roi n'en croquera pas de celui-là : va m'en quérir tout à cette heure, et marche...* — *Ah! malheureux*, répond la femme, *me veux-tu ruiner avec tes enfants?* Alors arrivent trois officiers de Justice qui demandent la taille, et faute de paiement veulent emporter le mobilier. — *Que faites-vous?* leur dit le mari. — *Nous sommes gens de Justice*, répondent-ils. — *Comment, de Justice : ceux qui sont de Justice*, ajoute le mari, *agissent autrement : je ne pense pas que vous soyez ce que vous dites.* Pendant cette discussion, la femme prend un coffre et s'assied dessus pour le dérober à la perquisition des recors de cette époque : mais elle échoue dans sa tentative. On lui ordonne de par le roi de laisser ouvrir, et il en sort trois grands diables qui emportent hors de la scène les trois officiers.

Les magistrats crurent voir dans cette pièce une insulte à leur

---

[1] *Histoire de Paris*, par Félibien, 3ᵉ vol. *Des Preuves.*

dignité. Ils firent arrêter les acteurs qui la jouaient et les envoyèrent en prison : mais leur séjour y fut de courte durée, car le roi les fit relâcher et dit à ceux qui s'en plaignaient : « Qu'ils étaient des sots : que s'il fallait parler d'intérêt, il en aurait reçu plus qu'eux tous : qu'il avait pardonné aux comédiens, et leur pardonnait de bon cœur d'autant qu'ils l'avaient fait rire, voir jusqu'aux larmes. »

Les représentations de cette farce, — comme il arrive du reste toujours quand une pièce est un instant défendue, — n'en furent ensuite que plus suivies, et les comédiens profitèrent de cette vogue pour augmenter le prix de leurs places. Mais si on allait à leur théâtre avec plaisir, on n'en revenait souvent qu'avec crainte. Le spectacle, qui ne commençait qu'à trois heures, ne se terminait presque toujours qu'à la tombée de la nuit : Or, *Paris*, dit le président Hénault, *était alors bien différent de ce qu'il est aujourd'hui*[1] ; *il n'y avait point de lanternes, très-peu de carrosses et quantité de voleurs.* Aussi, en regagnant son domicile, on courait grande chance d'être dévalisé par quelque tirelaine ou par quelque laquais de grand seigneur, qui partageait souvent le produit de ses vols avec son maître ou même avec le guet. Le juge de police finit pourtant par s'alarmer de l'audace de ces voleurs, et dans l'intérêt de la sécurité publique, il rendit cette ordonnance :

« Sur la plainte faite par le procureur du roi, que les comédiens de l'hôtel de Bourgogne et de l'hôtel d'Argent[2] finissent leurs comédies à heures indues et incommodes pour la saison de l'hiver, et que sans permission, ils exigent du peuple sommes excessives : étant nécessaire d'y pourvoir et de leur faire taxe modérée, nous avons fait et faisons très expresses défenses aux dits comédiens, depuis le jour de la Saint-Martin jusqu'au quinzième de février, de jouer passé quatre heures et demie au plus tard; auxquels pour cet effet enjoignons de commencer précisément avec telles personnes qu'il y aura, à deux heures après midi et finir à la dite heure de quatre heures et demie, et que la porte soit ouverte à une heure précise.

[1] Au commencement du dix-huitième siècle.
[2] Il était situé rue de la Poterie.

« Défendons aux comédiens de prendre plus grande somme des habitants et autres personnes que de cinq sols au parterre, et de dix sols aux loges et galeries : et en cas qu'ils ayent quelques actes à représenter où il conviendra plus de frais, il y sera par nous pourvu sur leur requête. »

Quatre années plus tard, le 30 janvier 1613, le Parlement confirma de nouveau le privilége des comédiens de l'hôtel de Bourgogne et les autorisa à jouer *en la salle de la Passion, dite de l'hôtel de Bourgogne tous mystères, jeux honnestes et récréatifs* [1].

Leurs représentations, comme on l'a vu plus haut, ne se composaient plus seulement de parades et de farces. Hardy, *leur grand faiseur*, leur fournissait, suivant leurs divers besoins, des comédies, des tragédies, des tragi-comédies, des pastorales et des tragi-comédies-pastorales. — Rotrou, Scudéry, Mayret, y donnèrent ensuite des pièces. Enfin, — sur la même scène, on représenta les ouvrages de Corneille et les farces les plus burlesques : aussi, en suivant l'ordre chronologique, il faudrait parler en même temps des premiers chefs-d'œuvre de notre théâtre et des turlupinades; mais il semble préférable de terminer d'abord l'histoire de ces grossières productions que firent applaudir pendant plusieurs années encore Turlupin, Gros Guillaume et Gaultier Garguille, puis ensuite Guillot Gorju, Bruscambille et Jodelet.

Les trois premiers [2] avaient été d'abord garçons boulangers et s'étaient amusés à donner devant des amis intimes quelques représentations; puis, encouragés par leurs applaudissements, ils avaient quitté leur état pour se faire comédiens et avaient ouvert un théâtre dans un petit jeu de paume auprès de l'Estrapade. Ils y avaient obtenu un grand succès, et le bruit en était arrivé jusqu'aux comédiens de l'hôtel de Bourgogne, qui, leur privilége à la main, allèrent demander au cardinal de Richelieu l'ordre de faire cesser les représentations de leurs rivaux. Richelieu, avant de l'accorder, voulut cependant juger par

---

[1] *Registres manuscrits du Parlement.*

[2] Turlupin, Gros-Guillaume et Gaultier Garguille étaient leurs noms de théâtre. Turlupin s'appelait Henri le Grand; Gaultier Garguille, Hugues Guérin dit Fléchelles; et Gros-Guillaume, Robert Guérin dit Lafleur.

lui-même du mérite de ces nouveaux acteurs; il fit venir à son hôtel Turlupin, Gros Guillaume et Gaultier Garguille et leur fit jouer une de leurs bouffonneries.

— Dans la scène qu'ils représentèrent, Gros Guillaume, habillé en femme, cherche à calmer la colère de Turlupin son époux qui l'accuse d'infidélités. Turlupin est inflexible, et la menace de lui couper la tête avec son sabre de bois *fraîchement émoulu*.

Vous êtes une masque, lui dit-il, *il faut que je vous tue.*

Sa femme tombe alors à ses genoux, verse un torrent de larmes, et voyant qu'elle ne peut réussir à l'attendrir, elle a recours à cet *ingénieux* moyen :

Eh! mon cher mari, je vous en conjure par cette soupe aux choux que je vous fis manger hier et que vous trouvâtes si bonne.

— *Ah! la carogne*, s'écrie-t-il, *elle m'a pris par mon côté faible.*

Et le sabre lui tombe des mains.

Tel était le dénoûment de cette farce qui dura une heure, et le cardinal ne fit que rire, dit-on, depuis le commencement jusqu'à la fin. Néanmoins il ne put aller à l'encontre du privilége des autres comédiens : il ordonna la fermeture du nouveau théâtre, mais en compensation il fit admettre ces trois acteurs à l'hôtel de Bourgogne.

La foule du reste les y suivit, car elle s'amusait beaucoup de leurs turlupinades. Gaultier Garguille, — dit Tallemant des Réaux, — y jouait ordinairement le rôle d'*un vieillard* : Turlupin, celui d'un *fourbe* et Gros Guillaume était le *Fariné*. En effet « il ne portoit pas de masque, mais se couvroit le visage de farine et menageoit cette farine, de sorte qu'en remuant seulement un peu les lèvres, il blanchissoit tout d'un coup ceux qui lui parloient [1]. » En outre, le talent des deux premiers consistait à débiter des facéties et des railleries bouffonnes : celui de Gros Guillaume était *seulement de montrer sa figure si plaisante* [2]

---

[1] Sauval, *Antiquités de Paris*.

[2] Gros Guillaume avait le ventre très-gros. Sur le théâtre, il était garrotté de deux ceintures, l'une au-dessous du nombril et l'autre près des mamelles, ce qui faisait un effet si bizarre qu'on l'eût pris pour un tonneau dont les ceintures représentaient assez bien les cercles (Foucaud, *Comédiens célèbres*).

qu'on ne pouvait s'empêcher de rire en le voyant, car il ne disait quasi rien [1].

Leurs costumes habituels avaient enfin une certaine originalité. — Gaultier Garguille portait une camisole noire, avec des manches rouges, qui descendait un peu plus bas que la hanche, et une culotte étroite qui venait se joindre aux bas au-dessous du genou : il n'avait ni cravate ni col de chemise, et sa coiffure était une espèce de bonnet plat et fourré. Un énorme sabre de bois était aussi retenu par une ceinture à laquelle pendait une gibecière. — La culotte de Gros Guillaume était d'étoffe rayée : de plus il était enveloppé

d'un sac plein de laine serré au-dessous de la taille, et coiffé d'une

[1] TALLEMANT DES RÉAUX, *Historiettes*.
Ce dessin a été fait d'après Abraham de Bosse (voir aux Estampes de la Bibliothèque Nationale).

calle ou barette ronde ; il avait en outre une mentonnière en peau de mouton. — Quant à Turlupin, il était vêtu d'une souquenille et d'un large pantalon : il portait à la ceinture une batte et il avait pour coiffure un chapeau pointu, à bords retroussés.

La cour assista à leurs représentations [1] et s'y divertit beaucoup : pourtant elle oublia plus tard le plaisir qu'elle y avait éprouvé, quand Gros Guillaume fut mis en prison pour avoir osé contrefaire un magistrat puissant et ne put obtenir sa grâce. Il ne vécut que peu de jours dans son cachot, et la mort voulut réunir ces trois acteurs, comme l'amitié les avait toujours réunis pendant leur vie. Turlupin et Gaultier Garguille moururent de chagrin la même semaine, comme nous l'apprend leur épitaphe.

> Gaultier, Guillaume, Turlupin,
> Qui mettoient tout le monde en liesse,
> Ont tous trois rencontré leur fin
> Avant qu'avoir vu leur vieillesse.
> . . . .
> Gaultier, Guillaume, Turlupin,
> Ignorants en grec, en latin,
> Brillèrent tous trois sur la scène
> Sans recourir au sexe féminin [2],
> Qu'ils disoient un peu trop malin.
> Faisant oublier toute peine.
> Leur jeu de théâtre badin
> Dissipoit le plus noir chagrin,
> Mais la mort en une semaine,
> Pour venger son sexe mutin,
> Fit à tous trois trouver leur fin [3].

L'année qui précéda la mort de ces trois comiques (1633), un en-

---

[1] La reine commanda à Sennecterre de porter un siége à la comédie pour M. d'Épernon et M. Zamet (*Mémoires de* BASSOMPIERRE). Le théâtre se composait alors d'un parterre et de quelques loges. On y faisait porter des siéges, lorsque la cour s'y rendait (DULAURE, *Histoire de Paris*).

[2] Ils avoient toujours joué sans femmes. Ils n'en vouloient point, disoient-ils, parce qu'elles les désuniroient (*Hist. du Théâtre-Français*, par les frères PARFAIT).

[3] *Variétés historiques et littéraires*, t. Ier, 2e partie.

fant et un vieillard se faisaient remarquer par leur assiduité aux représentations de l'hôtel de Bourgogne [1]. Tous deux, ils riaient de bon cœur des turlupinades : tous deux aussi ils prêtaient une grande attention à la comédie ; et le vieillard, en reconduisant son petit-fils au Pilier-des-Halles où il demeurait, lui vantait souvent le mérite de tel ou tel acteur. L'enfant l'écoutait avec plaisir ; mais le lendemain il cachait des larmes au fond de ses yeux, quand il fallait se remettre à l'ouvrage. Le travail manuel lui répugnait, et une voix intérieure lui révélait une autre destinée que celle de ses pères. Un jour, en revenant de la comédie, il *osa* avouer à son père son amour pour l'étude et son peu de goût pour la profession de tapissier. Celui-ci jeta les hauts cris : néanmoins l'enfant, fort de l'appui de son aïeul, manifesta souvent dans la conversation son inclination, et son père finit par céder. Il l'envoya au collége de Clermont. Qui sait ? la France aurait peut-être été privée d'une de ses plus belles gloires, si le jeune Pocquelin, en fils soumis, n'avait point lutté contre la volonté paternelle. Elle n'aurait sans doute pas connu *Molière*.

A l'hôtel de Bourgogne, Pocquelin dut aussi voir à cette époque Guillot Gorju [2] jouer des rôles de médecins ridicules ou d'apothicaires ; et la première idée de les mettre à son tour sur la scène pourrait bien dater de sa jeunesse et lui avoir été inspirée par le jeu comique de cet acteur.

Des Lauriers, dit Bruscambille, qui mourut la même année que Gros Guillaume et ses deux amis, obtint comme eux beaucoup de succès dans le genre burlesque. Son talent consistait surtout à composer des prologues et à les débiter au commencement de chaque représentation. Ainsi, quand tous les spectateurs étaient entrés dans la salle, Bruscambille s'avançait sur la scène et leur faisait attendre le commencement du spectacle en leur déclamant quelque discours aussi grossier qu'insolent. On peut en juger par ce passage tiré du *Prologue de l'Impatience*.

« A peine entrés dans ce lieu de divertissement, dit-il au public,

---

[1] *Vie de Molière*, dans l'édition publiée par L. Aimé Martin.
[2] Son nom était Bertrand Haudrin. — Il mourut en 1648.

vous criez à gorge déployée : Commencez, commencez ! Et que savez-vous, Messieurs, si le seigneur Bruscambille aura bien étudié son rôle avant que de paraître devant l'excellence de vos seigneuries, ou si votre précipitation ne lui fera point dire quelque impertinence à la seigneurie de vos excellences? Nous avons bien eu la patience de vous attendre de pied ferme et de recevoir votre argent à la porte de meilleur cœur pour le moins que vous nous l'avez présenté; de vous préparer une jolie décoration de théâtre, une belle pièce toute neuve qui, sortant de la forge, est encore toute chaude de broc en bouché et se doit gober la serviette sur l'épaule. Mais c'est encore bien pis, quand on a commencé, l'un tousse, l'autre.... »

La décence force à s'arrêter ici. Ces prologues obscènes étaient néanmoins fort applaudis, mais il faut attribuer leur succès à la manière piquante dont Bruscambille les débitait, car il était, dit-on, excellent comédien.

Julien Geoffrin, dit Jodelet, qui lui succéda dans le genre bouffon, *n'avait qu'à se montrer pour exciter les éclats de rire, et il les augmentait par la surprise qu'il témoignait de voir rire les autres* [1]. Scarron, l'auteur du Roman comique, a composé pour lui plusieurs pièces, telles que *Jodelet duelliste*, *Jodelet maître et valet*, etc., et il s'y montra

> . . . . Un comique agréable,
> Et pour parler suivant la fable,
> Paravant que Clothon pour nous pleine de fiel
> Eût ravi d'entre nous cet homme de théâtre,
> Cet homme archi-plaisant, cet homme archi-folâtre,
> La terre avait son Môme aussi bien que le ciel [2].

Après cet acteur, les Farces disparurent pendant plusieurs années de la scène du théâtre de l'hôtel de Bourgogne, mais elles devaient y reparaître plus tard avec les Comédiens Italiens.

[1] *Histoire du Théâtre-Français*, par les frères PARFAIT.
[2] *Muse historique* de LORET.

III

LES COMÉDIENS FRANÇAIS.

L'art théâtral en France ne s'était pas ressenti, comme on vient de le voir, de l'impulsion que les autres arts avaient reçue pendant les quinzième et seizième siècles : il n'avait produit que de grossières ébauches, que des pièces informes, lorsque la littérature et la poésie françaises s'enorgueillissaient déjà de Michel Montaigne et de Malherbe. Mais, quand vint le dix-septième siècle, — cette glorieuse époque de notre histoire, — il s'opéra dans les œuvres théâtrales une complète transformation. L'esprit, longtemps plongé dans les ténèbres, s'ouvrit pour ainsi dire à la vérité ; le goût et le jugement du public s'épurèrent, grâce à l'étude et aux bienfaits d'une civilisation toujours progressive. Enfin, quand parut *Mélite*, cette première inspiration que l'amour fit naître dans l'esprit du jeune poëte [1] qui devait plus tard s'appeler le grand *Corneille*, le public fut étonné d'avoir ignoré pendant si longtemps le langage simple et naturel qui se fit entendre pour la première fois sur la scène. *Mélite* n'était pourtant que le premier pas de la comédie ; mais, malgré les grandes imperfections dont l'auteur, du reste, s'accuse lui-même dans l'examen qu'il a fait de sa pièce, elle pouvait faire pressentir le *Menteur*, comme *Médée* promit plus tard le *Cid*. En outre, comparativement aux pièces qu'on avait jusqu'alors vu représenter, elle était *divine*, pour nous servir de l'expression de Fontenelle [2]. « Le théâtre, dit-il, y est mieux entendu : le dialogue mieux tourné, les mouvements mieux conduits, les scènes plus agréables surtout, et c'est ce que *Hardy* n'avait jamais attrapé ; il y règne un air assez noble, et la conversation des honnêtes gens

---

[1] Il avait alors dix-neuf ans, et le sujet de Mélite lui a été inspiré par l'amour que lui et un de ses amis éprouvaient pour une demoiselle de Rouen, nommée Millet. — Mélite fut représentée à l'hôtel de Bourgogne en 1625.
[2] DE FONTENELLE, *Vie de Corneille l'aîné*.

n'y est pas mal représentée. » De plus « pour juger du mérite de l'auteur, il faut le comparer à son siècle. Les premières pièces de Corneille ne sont pas belles; mais tout autre qu'un génie extraordinaire ne les eût pas faites. »

Le succès de *Mélite* surprit l'auteur lui-même : *il égala*, nous raconte-t-il sans trop de modestie, mais avec la vérité de l'historien, *tout ce qui s'était fait de plus beau jusqu'alors* [1]. En effet, l'enthousiasme fut tel, que les comédiens furent obligés de refuser plusieurs fois un grand nombre de spectateurs, et résolurent, pour satisfaire la curiosité publique, de se diviser en deux troupes, dont l'une resta à l'hôtel de Bourgogne, et l'autre alla s'établir dans la vieille rue du Temple, sous le nom de troupe du Marais. Corneille semble du reste avoir favorisé ce projet, car il leur donna tour à tour, dans la suite, la primeur de ses pièces, et selon Tallemant des Réaux [2], il n'aurait agi ainsi *que par politique, car c'était un grand avare.* Celui qui habitait une modeste chambre dans la rue d'Argenteuil [3], qui était assez pauvre pour ne pas pouvoir toujours renouveler sa chaussure et allait faire raccommoder ses souliers par quelque savetier du coin, peut-il être en conscience accusé d'avarice? Nous ne le pensons pas. Les riches seuls sont avares, et Corneille, qui aurait dû posséder une grande fortune, manquait souvent du nécessaire. Les comédiens lui marchandaient ses chefs-d'œuvre d'une manière humiliante, et une actrice [4] avait même osé dire que *les pièces de Corneille leur coûtaient trop cher, que cet auteur leur faisait grand tort et qu'auparavant on gagnait autant et même plus d'argent avec des pièces qu'on faisait en une nuit, et qui ne leur coûtaient que trois écus* [5].

Ce propos fut peut-être rapporté à l'auteur : et, au lieu de l'accuser

---

[1] CORNEILLE, *Examen de Mélite*.
[2] *Historiette CCCXLIX*.
[3] La maison où demeurait Corneille porte le n° 18. — On y voit deux inscriptions gravées sur du marbre noir et placées l'une sur la rue, l'autre au fond d'une cour; elles indiquent que ce grand poëte est mort dans cette maison le 1ᵉʳ octobre 1684, et portent la date de 1824. — Un buste de Corneille se trouve en outre au-dessus de l'inscription de la cour, et on lit, dans une couronne de lauriers : *Le Cid*, 1636.
[4] MADAME BEAUPRÉ.
[5] *Mémoires de Segrais*. — Amsterdam, 1723.

d'avarice, il faut au contraire chercher à sa conduite en cette circonstance un autre motif. Il voulut l'établissement d'un nouveau théâtre, afin de n'être pas toujours obligé de subir les conditions imposées par les comédiens de la rue Mauconseil.

Après *Mélite*, *Clitandre* fut représentée à l'hôtel de Bourgogne, et sa troupe se composait, en 1633, des acteurs suivants, ainsi que nous l'apprend *la Comédie des Comédiens* [1].

MM. Bellerose.	Mmes Valliot.
Beauchateau.	Beaupré.
Capitaine.	Beauchateau.
Gaultier.	Gaultier.
Boniface.	Lafleur.
Guillaume.	Bellerose.
Turlupin.	Mlle Beauchateau.

Pierre le Meslier, dit Bellerose, qui était le chef de la troupe, en était aussi le meilleur comédien; il excellait surtout dans les rôles tragiques : « On croit, *dit le Mercure de France, mai* 1740, que c'est lui qui a joué d'original le rôle de *Cinna*. Il était, ajoute-t-on, en grande réputation sous le cardinal de Richelieu. Il annonçoit de bonne grâce, parloit facilement, et ses petits discours faisoient toujours plaisir à entendre (il étoit orateur de la troupe. Il a joué le rôle du Menteur d'original). Le cardinal de Richelieu lui avoit fait présent d'un habit magnifique pour jouer ce rôle. »

Seulement, Tallemant des Réaux lui reprochait d'être un *comédien fardé qui regardait où il jetterait son chapeau de peur de gâter ses plumes* [2].

— Beauchâteau jouait dans la tragédie et dans la comédie; mais il avait peu de naturel.

— Madame Beaupré était, dit-on, une excellente comédienne; elle s'est rendue célèbre par son duel sur le théâtre, avec mademoiselle des Urlis, et par son opinion que nous avons citée plus haut, sur Corneille et ses pièces.

---

[1] Tragi-comédie de Gougenot.
[2] *Historiette CCCXLIX*.

— Madame Beauchâteau était belle et avait surtout beaucoup d'esprit; elle jouait dans la tragédie les rôles *de princesse*, et dans la comédie, *les amoureuses*, mais elle ignorait entièrement l'art d'animer les passions par le jeu de la physionomie.

Quant aux autres acteurs, ils ne jouaient que dans les farces; mesdames Lafleur et Gaultier, femmes de Gros Guillaume et de Gaultier Garguille, n'étaient entrées dans la troupe que par considération pour leurs maris. Enfin, on ignore quels rôles remplissaient madame Bellerose, *la meilleure comédienne de Paris*, dit Tallemant; madame Beauchâteau, *aussi bonne comédienne*, ajoute-t-il; enfin, madame Valliot, qui, selon lui, était *une personne aussi bien faite qu'on en pût trouver*.

Corneille, comme on le voit, à l'exception cependant de Bellerose, n'avait que de faibles interprètes; aussi, sur la fin de l'année 1634, il se fit un grand changement dans la troupe de l'hôtel de Bourgogne. Un ordre du roi y fit entrer six comédiens du Marais, nommés l'Espy, Lenoir et sa femme, Jodelet, La France et Jadot; et « la vieille troupe, renforcée de sa nouvelle recrue, dit l'auteur de la *Gazette*, fit le 10 décembre 1634, trouver l'hôtel de Bourgogne trop petit à l'affluence du peuple devant lequel elle représenta le *Trompeur puny*, de Scudéry. »

La pièce était mauvaise; c'est donc à ces nouveaux acteurs que revint le mérite d'attirer la foule, cependant l'histoire ne nous fournit que peu de détails sur leur talent; seulement, Corneille, dans sa comédie l'*Illusion comique* jouée en 1636, donne des éloges aux acteurs en général, et nous permet de juger de la faveur qu'on accordait alors aux représentations théâtrales.

Le théâtre, dit Alcandre, l'un des personnages de cette pièce :

> Est en un point si haut que chacun l'idolâtre,
> Et ce que votre temps voyait avec mépris
> Est aujourd'hui l'amour de tous les bons esprits,
> L'entretien de Paris, le souhait des provinces,
> Le divertissement le plus doux de nos princes,
> Les délices du peuple et le plaisir des grands :
> Il tient le premier rang parmi leur passe-temps.

> Et ceux dont nous voyons la sagesse profonde
> Par ces illustres soins conserver tout le monde,
> Trouvent dans les douceurs d'un spectacle si beau
> De quoi se délasser d'un si pesant fardeau.
> Même notre grand roi, ce foudre de la guerre,
> Dont le nom se fait craindre aux deux bouts de la terre,
> Le front ceint de laurier, daigne bien quelquefois
> Prêter l'œil et l'oreille au Théâtre-François.

Le théâtre, en effet, était en pleine faveur. Richelieu, ce courtisan de toute gloire, lui donnait une haute protection; il voulut même s'associer par lui-même au grand mouvement littéraire de cette époque, et pour se reposer des fatigues de la politique, il se fit auteur *avec l'esprit des autres*. Corneille aussi lui prêta son talent [1], mais le grand succès du *Cid*, auquel le ministre n'avait nullement contribué, attira au poëte la colère du cardinal, qui déchaîna contre lui toutes ses créatures. Mayret, Claveret, Scudéry, Bois-Robert, lancèrent contre ce chef-d'œuvre les railleries les plus injustes; l'académie elle-même, osa le condamner. Mais, comme le dit Boileau :

> En vain contre le Cid un ministre se ligue,
> Tout Paris pour Chimène a des yeux de Rodrigue.
> L'Académie en corps a beau le censurer,
> Le public révolté s'obstine à l'admirer.

Et toute la France a répété longtemps cette phrase passée en proverbe pour exprimer le comble de l'admiration : *Cela est beau comme le Cid*.

Corneille se vengea de la manière la plus noble et la plus digne de lui; à toutes ces attaques, il répondit par un nouveau chef-d'œuvre.

Au Cid persécuté Cinna dut sa naissance, et souvent ainsi, son génie, comme celui de Racine, eut à lutter contre l'envieuse médio-

---

[1] Bois-Robert, Colletet, L'Estoile, Rotrou et Corneille travaillaient sur des sujets fournis par le cardinal.

crité. Mais la gloire de Corneille n'en a été ensuite que plus vive ; ses détracteurs, au contraire, se sont ridiculisés aux yeux de la postérité.

— Vers cette époque, quelques changements s'opérèrent dans la composition de la troupe de l'hôtel de Bourgogne.

Bellerose vendit sa place de chef de troupe *et ses habits* à un acteur du Marais, nommé Floridor, moyennant vingt mille livres. *Cela ne s'était jamais vu*, dit Tallemant des Réaux [1]. Mais cette vente se comprend aisément, car le chef avait part et demie dans la pension que le roi donnait aux comédiens de l'hôtel.

Floridor avait une figure noble, une jolie taille, une belle voix; seulement, son teint était d'une extrême pâleur, depuis qu'il avait reçu dans sa jeunesse un coup d'épée dans le poumon. « A tous ces avantages, *disent les frères Parfait*, il joignoit beaucoup d'esprit, et, ce qui est encore plus estimable, une probité et une conduite exemplaires. » Il avait été d'abord garde française, puis avait quitté le métier des armes pour se faire comédien, et au moment de son entrée à l'hôtel de Bourgogne, il avait déjà réussi à attirer sur lui l'admiration des spectateurs. De Visé a fait son éloge en disant: « Il paroît véritablement ce qu'il représente dans toutes les pièces qu'il joue; tous les auditeurs souhaiteroient de le voir sans cesse, et sa démarche, son air et ses actions, ont quelque chose de si naturel, qu'il n'est pas nécessaire qu'il parle pour attirer l'admiration de tout le monde [2]. »

Baron, Montfleury, de Villiers, Hauteroche, la Baron et la Villiers, paraissent aussi à cette époque sur la scène de l'hôtel de Bourgogne

— Le premier, père du célèbre Baron, était, suivant la Muse historique, *un fameux comédien*,

> Qui récitait des vers si bien,
> Et qui dans l'Hôtel de Bourgogne
> Par son organe et bonne trogne,
> Représentait parfaitement
> Le héros, le prince et l'amant.

---

[1] *Historiette CCCXLIX.*
De Visé, *Nouvelles-Nouvelles.*

Tallemant des Réaux, au contraire, dit qu'*il n'avoit pas le sens commun; mais si son personnage étoit celui d'un brutal, il le faisoit admirablement bien. Il est mort d'une étrange façon.* Il jouait un soir le rôle de don Diègue dans le *Cid*, et son épée lui était tombée des mains, comme la circonstance l'exige, dans la scène avec le comte de Gormas; mais en la repoussant avec indignation, il se piqua le pied. La blessure était légère, il n'y fit pas attention; deux jours après pourtant, la gangrène s'y mit, et l'amputation devint nécessaire. Il ne voulut pas s'y résoudre. *Non, non,* dit-il, *un roi de théâtre comme moi se feroit huer avec une jambe de bois.* Le lendemain, la mort l'avait emporté [1].

— Montfleury, père de l'auteur comique, après avoir été page du duc de Guise, s'était fait comédien. Il joua *d'original* dans le *Cid* et dans *Horace*, et s'il n'eût pas été obligé, tant il était gros, de *se serrer le ventre avec un cercle de fer*, il eût été un comédien achevé, dit Chappuzeau [2].

Hauteroche, de Villiers et sa femme, passaient aussi pour avoir quelque talent.

La Baron jouait les rôles tragiques et de haute comédie. Loret, critique bienveillant et trop souvent flatteur, lui prodigue, dans la *Muse historique*, à la date du 9 septembre 1662, des éloges qu'elle ne méritait sans doute pas. Elle avait eu seize enfants; malgré cela, elle était encore fort jolie et *réussissait admirablement pour la beauté, mais ce n'était pas une merveilleuse actrice*, ajoute Tallemant [3]. Qui faut-il croire de cet historien ou de Loret, qui apprend ainsi au public la mort de la Baron, et s'en fait le panégyriste :

> Cette actrice de grand renom,
> Dont la *Baron* étoit le nom,
> Cette merveille de théâtre,
> Dont Paris étoit idolâtre,
> Qui par ses récits enchanteurs

---

[1] Dallainval, *Lettres sur Baron.*
[2] *Histoire du Théâtre-Français.*
[3] *Historiette CCCXLIX.*

> Ravissoit tous ses auditeurs,
> De sa tendre et belle manière,
> Est depuis deux jours dans la bière ;
> Et la mort n'a point respecté
> Cette singulière beauté,
> Faisant périr en sa personne
> Une grace toute mignonne,
> Un air charmant, un teint de lis,
> Mille et mille agréments jolis
> Qui des yeux étoient les délices.
> Bref une des rares actrices.
> . . . .

La troupe de l'hôtel de Bourgogne était encore, en 1657, composée de ces acteurs et de quelques-uns de ceux que nous avons cités plus haut; elle n'avait point de rivale pour la tragédie, et la cour allait souvent l'applaudir. On lit dans la *Muse historique* de Loret (janvier 1658) :

> Lundy dernier, Sa Majesté,
> Par grande curiozité,
> Et toute la cour avec elle,
> Qui pour lors étoit grosse et belle,
> A l'Hôtel de Bourgogne alla,
> Et dans ce superbe lieu-là
> Y vid la beauté ravissante
> D'Astianax, pièce sçavante.

Christine de Suède, cette princesse qui voulait oublier son sexe, en affectant des habitudes masculines, aimait beaucoup la tragédie *et les poesmes doctes, galants, mystérieux*, ajoute Loret. Elle alla plusieurs fois, pendant son séjour à Paris, au théâtre de l'hôtel de Bourgogne, et la reine Anne l'y accompagna. Ces jours-là, on y fit porter comme d'habitude, des fauteuils; on les plaça sur les gradins, et un jour, raconte-t-on, Christine « s'y tint *dans une position si indécente, qu'elle avait les pieds plus hauts que la tête.*

« ..... La reine-mère dit à plusieurs dames qu'elle avait été tentée, trois ou quatre fois, de lui donner un soufflet, et qu'elle l'aurait fait, si ce n'eût pas été en lieu public. Mademoiselle (de Montpensier), qui ne l'aimait pas parce que cette reine des Goths, disait-elle, n'avait pas jugé à propos de lui rendre la visite qu'elle lui avait faite, dit aussi qu'elle la trouva un jour à la comédie, habillée en homme, à l'exception de la jupe, un chapeau sur la tête et les jambes en l'air, croisées l'une sur l'autre, assise dans un fauteuil au milieu du spectacle [1]. » Cette reine ne fit, comme on le sait, à cette époque, qu'un court séjour en France : elle fut obligée de la quitter après l'assassinat de Monadelschi, et ce meurtre a, dit-on, donné plus tard à Racine l'idée de sa tragédie de *Bajazet*.

Pendant que la troupe de l'hôtel de Bourgogne excellait dans la tragédie, une autre troupe, installée au Petit-Bourbon, obtenait de grands succès dans la comédie. Le jeu de ses acteurs était même d'autant plus goûté, qu'on commençait à se fatiguer des pièces sérieuses. Corneille n'était plus alors le grand poëte qui avait produit le *Cid* : son génie épuisé s'éteignait peu à peu et ne jetait que de rares éclairs; ses derniers ouvrages enfin n'étaient plus des chefs-d'œuvre; mais pourtant, ils étaient encore supérieurs, pour la plupart, à ceux des divers auteurs [2] qui travaillaient pour le même théâtre. Les comé-

---

[1] *Récréations historiques*, par Dreux du Radier.
[2] Liste des principales pièces jouées à l'hôtel de Bourgogne depuis 1658 jusqu'à Racine.
1658. Astyanax, tragédie par un *anonyme* (janvier).
— Le feint Alcibiade, tragi-comédie de *Quinault*.
— Les Sœurs jalouses, comédie de *Lambert*.
1659. Œdipe, tragi-comédie de *Corneille* (24 janvier).
— Le Festin de Pierre, tragi-comédie de *de Villiers*.
— Clotilde, tragédie de *Boyer* (avril).
— Le Fantôme amoureux, tragi-comédie de *Quinault*.
— Bélisaire, tragi-comédie de *la Calprenède* (juillet).
— Arie et Porus, tragédie de *Gilbert* (septembre).
— Ostorius, tragédie de l'abbé *de Pure*.
— Fédéric, tragi-comédie de l'abbé *Boyer* (14 novembre).
— Darius, tragédie de *Corneille de Lisle*.
1660. Stratonice, tragi-comédie de *Quinault* (2 janvier).
— Stilicon, tragédie de *Corneille de Lisle* (27 janvier).
— La Mort de Démétrius, tragédie de l'abbé *Boyer* (20 février).
— Le Mariage de Rien, comédie de *Montfleury*.

diens de l'hôtel s'alarmèrent aussi, à juste raison, du succès de leurs rivaux et voulurent un instant réclamer l'exécution de leurs priviléges. Mais ils abandonnèrent presque aussitôt ce projet. Louis XIV, qui protégeait Molière, n'aurait jamais signé l'ordre de faire fermer le théâtre qu'il avait lui-même donné à la nouvelle troupe. Seulement, peut-être aurait-il pu la forcer à changer les jours de ses représentations, qui étaient les mêmes que ceux de l'hôtel de Bourgogne [1].

1660. L'Apothicaire dévalisé, comédie de *de Villiers*.
— Le Galant doublé, comédie de *Corneille de Lisle*.
— La Magie sans Magie, comédie de *Lambert*.
— Les Amours de Lysis et d'Hespérie, pastorale de *Quinault* (novembre).
— Tigrane, tragédie de l'abbé *Boyer* (décembre).
1661. Camma, tragédie de *Corneille de Lisle* (28 janvier).
— Les Bêtes raisonnables, comédie de *Montfleury*.
— Agrippa, tragi-comédie de *Quinault*.
— Le Médecin volant, comédie de *Boursault*.
1662. Policrite, tragi-comédie de l'abbé *Boyer* (10 janvier).
— Le Riche mécontent, comédie de *Chappuzeau*.
— Maximian, tragédie de *Corneille de Lisle* (février).
— Les Ramoneurs, comédie de *de Villiers*.
— Manlius Torquatus, tragédie de Mlle *Des Jardins*.
— Colin Maillard, comédie de *Chappuzeau*.
— Le Baron de la Crasse, comédie de *Poisson*.
— Théagène, tragédie de *Gilbert* (14 juillet).
— Persée et Démétrius, tragédie de *Corneille de Lisle* (décembre).
1663. Sophronisbe, tragédie de *Corneille* (18 janvier).
— Nitétis, tragédie de Mlle *Des Jardins* (27 avril).
— Le Mari sans Femme, comédie de *Montfleury*.
— Les Amours d'Ovide, pastorale héroïque de *Gilbert* (1er juin).
— Le Portrait du peintre, comédie de *Boursault*.
— L'Impromptu de l'hôtel de Condé, comédie de *Montfleury*.
— La Vengeance des Marquis, comédie de *de Villiers*.
— Trasibule, tragi-comédie de *Montfleury*.
1664. Les Amours d'Angélique et de Médor, tragi-comédie de *Gilbert*.
— Le Fou raisonnable, comédie de *Poisson*.
— Les Frères Gémeaux, comédie de *Boursault*.
— Othon, tragédie de *Corneille* (5 novembre).
— Astrate, tragédie de *Quinault* (15 décembre).
1665. Les Coteaux, comédie de *de Villiers* (janvier).
— L'Après-Souper des Auberges, comédie de *Poisson*.
— La Mère coquette, comédie de *Quinault* (octobre).
— Les Yeux de Thilis changés en Astres, comédie de *Boursault*.
— Alexandre, de *Racine* (12 ou 15 décembre).

[1] Les mardis, vendredis et dimanches.

De là résulta entre les deux troupes une continuelle rivalité. Molière, dans ses *Précieuses ridicules*, railla d'abord les comédiens de l'hôtel. Boursault, qui cherchaient l'occasion de lui rendre la pareille, crut se reconnaître dans le personnage de *Lisidas* de la *Critique de l'École des Femmes*, et fit jouer une pièce intitulée *le Portrait du peintre*, où il attaqua grossièrement Molière. Celui-ci, par ordre du roi, riposta par *l'Impromptu de Versailles* et y ridiculisa tous ses rivaux, à l'exception toutefois de Floridor, qui était fort aimé de Louis XIV et de toute la cour. Ainsi les ennemis du poëte furent repoussés au nom de Sa Majesté.

La lutte pourtant ne se trouva pas terminée. Montfleury fils composa *l'Impromptu de l'Hôtel de Condé*, où il critiqua avec assez de bonheur un des travers de Molière. Ce grand acteur aimait à jouer la tragédie, et il n'y obtenait aucun succès : aussi, dans le rôle de César, de la mort de Pompée, il avait, dit Montfleury dans sa pièce :

> . . . . Le nez au vent,
> Les pieds en parenthèse et l'épaule en avant ;
> Sa perruque qui suit le côté qu'il avance,
> Plus pleine de lauriers qu'un jambon de Mayence ;
> Les mains sur les côtés, d'un air peu négligé,
> La tête sur le dos comme un mulet chargé,
> Les yeux fort égarés : puis, débitant ses rôles,
> D'un hoquet éternel sépare ses paroles.

Ce portrait qui semble au premier abord un peu exagéré, était cependant assez ressemblant si l'on en juge par le tableau où Mignard l'a peint dans ce même rôle. Molière paraît du reste avoir compris la justesse de cette critique, car il cessa dès lors de jouer la tragédie.

De Villiers composa aussi contre *l'Impromptu de Versailles*, *la Vengeance des Marquis*[1] ; mais cette satire grossière n'a d'autre mérite que de nous apprendre l'anecdote suivante. Molière alla voir jouer à

---

[1] En attribuant cette pièce à de Villiers, nous n'avons fait que reproduire l'opinion émise par M. Aimé Martin, dans son édition des *Œuvres de Molière*, par les frères PARFAIT dans leur *Histoire du Théâtre-Français* et par les autres historiens du théâtre. Cependant une découverte récente semble prouver qu'elle a été composée par DE VISÉ, l'auteur des *Nouvelles-Nouvelles*. (Voir l'*Histoire de la troupe de Molière*, par J. TASCHEREAU.)

l'hôtel de Bourgogne *le Portrait du Peintre*. « Il fut à peine placé sur ce théâtre royal que l'on fit un brouhaha qui dura fort longtemps..... On aurait eu de la peine à le peindre dans les convulsions que la gloire lui causait : les transports de la joie qu'il ressentait faisaient trop souvent changer son visage [1]. » Mais dans un autre passage de cette pièce, on dit qu'il « fit tout ce qu'il put pour rire, mais qu'il n'en avait pas beaucoup d'envie. »

D'autres représailles eurent encore lieu contre Molière ; mais elles ne firent que rehausser son génie. Quant aux attaques qu'il avait lancées contre les comédiens de l'hôtel, elles furent bien vite oubliées, et leur troupe n'en continua pas moins à être sans rivale dans la tragédie.

Racine, mécontent des acteurs du théâtre du Palais-Royal [2], leur retira sa tragédie d'*Alexandre*, et la donna à la troupe royale. Il proposa aussi à mademoiselle Duparc, qui avait créé le rôle d'Axiane avec succès, de la faire entrer à l'hôtel de Bourgogne, et son départ fit cesser l'intimité qui avait jusqu'alors existé entre Molière et Racine : néanmoins ils se rendirent toujours justice sur leurs ouvrages.

Mademoiselle Duparc, qui était fort jolie, et *avait un port d'impératrice*, dit la Muse historique, continua ses succès sur la scène de l'hôtel de Bourgogne : mais elle fut remplacée dans le rôle d'Axiane par madame Desœillets. Floridor joua celui d'*Alexandre*, — Montfleury *Porus*, Hauteroche *Éphestion*, — Brécourt *Taxile*, — et mademoiselle d'Ennebaud *Cléofile*.

> Ils font tout ce qu'on peut attendre
> Pour bien retracer *Alexandre*,

dit Loret, en rendant justice au mérite de tous ces acteurs.

Brécourt, dont nous n'avons pas encore parlé, après avoir fait partie de la troupe de Molière, était entré dans celle de l'hôtel de Bourgogne en 1664. Il était de moyenne taille et avait une physionomie heureuse ; il était en outre un très-grand comédien dans le tragique

---

[1] Scène III de la *Vengeance des Marquis.—Diversités Galantes*. Paris, 1664, in-12.
[2] La troupe de Molière, après avoir joué au Petit-Bourbon, s'était installée au Palais-Royal.

et le comique. Il a joué le rôle d'*Antiochus* dans *Bérénice* et celui d'*Alain* dans *l'École des Femmes* : son jeu dans cette comédie était si plaisant que le roi dit en le voyant sur la scène : « Cet homme-là ferait rire des pierres. »

Madame des Urlis, sa femme, jouait les rôles de confidentes.

Mademoiselle d'Ennebaud était fille de Montfleury, l'auteur comique. C'est elle que madame Deshoulières, dans son sonnet contre Phèdre, appelle *la grosse Aricie*. Elle jouait les rôles travestis ; en outre, dit Loret, elle

> Jouait si naturellement
> Et d'une façon si divine
> Dans ses grands rôles d'héroïne.....

Mademoiselle Desœillets enfin passait pour une des meilleures actrices de l'hôtel de Bourgogne.

— La tragédie d'*Alexandre* obtint un grand succès ; mais si elle eut beaucoup d'admirateurs, elle eut aussi des détracteurs.

Saint-Évremond écrivit à un de ses amis, après avoir assisté à une représentation de cette tragédie, « *que la vieillesse de Corneille ne l'alarmait plus, et qu'il n'appréhendait plus tant de voir finir la tragédie après lui.* »

Boileau dit au contraire, dans sa troisième satire :

> Je ne sais pas pourquoi l'on vante l'Alexandre.

Corneille aussi, après avoir lu cette pièce avant la représentation, conseilla à Racine de ne plus faire de tragédies, car il ne lui trouvait aucun talent pour le théâtre. Corneille n'aurait-il pas dû plutôt suivre le conseil qu'il donnait à tort à Racine ? il n'aurait pas mis son nom à des œuvres aussi indignes de son talent que *l'Agésilas* représenté à l'hôtel de Bourgogne quelques mois après *Alexandre*.

> J'ai vu l'Agésilas,
> Hélas !

s'écrie Boileau, qui blâmait et louait avec impartialité les œuvres de Corneille et de Racine.

Mais, — pendant que le talent de l'auteur du *Cid* s'affaiblissait de jour en jour, celui de Racine, au contraire, arrivait à son apogée. *Andromaque* fit, au rapport de M. Perrault, le même bruit que le *Cid* avait fait à ses premières représentations [1], et la *Gazette* dit à propos de cette pièce :

> J'ay vu la pièce toute neuve
> D'Andromaque, d'Hector la veuve,
> Qui, maint siècle après son trépas,
> Se remontre pleine d'appas,
> Sous le visage d'une actrice,
> Des humains grande tentatrice,
> Et qui dans un deuil très pompeux,
> Par sa voix, son geste et ses yeux,
> Remplit, j'en donne ma parole,
> Admirablement bien son rôle.
> C'est mademoiselle Duparc.
> . . . .
> Pyrrhus . . . est en relief représenté,
> Par cet acteur si fort vanté,
> Qui souffre peu de parallèle,
> Et lequel Floridor s'appelle.
> Hermione est jouée par Desœillets,
> Qui pousse, je vous le promets,
> Le rôle de telle manière
> Qu'elle en a gloire très pleinière.

Oreste était enfin joué par Montfleury, et il fit tant d'efforts pour représenter dignement ce personnage qu'il se rompit, suivant quelques auteurs, une veine : suivant d'autres, au contraire il mourut de la fièvre peu de jours après la création de ce rôle.

— Les *Plaideurs*, aux deux premières représentations (novembre 1668), n'eurent aucun succès : l'accueil que leur fit le public fut même tellement froid que les comédiens n'osèrent hasarder une troisième représentation. Molière seul, en sortant de l'hôtel de Bour-

---

[1] Louis Racine, *Mémoires sur la vie et les ouvrages de J. Racine.*

gogne, rendit justice à cette comédie : « Laissez faire, dit-il, on se moquera bientôt de ceux qui se moquent d'un tel ouvrage. » Louis XIV jugea comme Molière. Il fit représenter devant lui cette comédie et l'applaudit. Le mérite des *Plaideurs* ne fut plus dès lors jamais contesté.

Peu de temps après, l'hôtel de Bourgogne perdit une de ses meilleures actrices. Robinet, dans la *Gazette Historique* du 15 décembre 1668, annonce ainsi sa mort.

> L'Hôtel de Bourgogne est en deuil,
> Depuis peu voyant au cercueil
> Son Andromaque si brillante,
> Si charmante, si triomphante,
> Autrement la belle Duparc,
> Par qui l'amour tiroit de l'arc
> Sur les cœurs avec tant d'adresse.
> Clothon, sans yeux et sans tendresse
> Pour les plus accomplis objets,
> Comme pour les plus imparfaits,
> Et qui n'aime pas le théâtre,
> Dont tout le monde est idolâtre,
> Nous a ravi cette beauté
> Dont chacun étoit enchanté,
> Alors qu'avec un port de reine
> Elle paroissoit sur la scène.
> . . . .

Racine regretta en elle une de ses meilleures interprètes; la comédie française et la comédie italienne, les peintres et Mignard surtout, lui donnèrent aussi une preuve d'amitié et de souvenir : ils l'accompagnèrent tous à sa dernière demeure.

— L'année suivante (2 mars 1669) une comédie de Montfleury, intitulée *la Femme Juge et Partie*, dont le principal rôle avait été composé pour sa sœur, mademoiselle d'Ennebaud, obtint à l'hôtel de Bourgogne un très-grand succès. Il balança, dit-on, celui du *Tartufe*. La pièce, il est vrai, était amusante; la donnée en était ingénieuse, et les détails étaient spirituellement rendus; mais on a peine à croire que le public ait pu mettre en parallèle *Tartufe*, un des plus beaux chefs-d'œuvre de notre scène, avec *la Femme Juge et Partie*, comédie d'un mérite ordinaire. Cette pièce pourtant fut jouée au moins autant de fois que celle de Molière[1], et Robinet dit, dans la *Gazette* du 17 mars 1669, que :

> L'on s'y divertit comme il faut,
> Et la charmante d'Ennebaud
> Y fait des mieux son personnage.
> Poisson s'y surpasse et fait rage.

Les autres rôles de cette pièce étaient remplis par de Villiers, — Hauteroche, — Brécourt et mademoiselle Beauchâteau.

Raymond Poisson, dont il vient d'être parlé, était un excellent acteur. Il jouait surtout avec beaucoup d'entrain les valets appelés *Cris-*

[1] GRIMAREST, *Mémoires sur la vie et les ouvrages de Molière.*

pins, dont il avait inventé pour ainsi dire le caractère. « Il parloit bref, dit Piganiol la Force [1], et n'ayant pas de gras de jambes, il avoit imaginé de jouer en bottines, et d'après lui tous les Crispins ses successeurs, ajoute-t-il, ont brédouillé et se sont bottés. »

— Le 11 ou 13 décembre de la même année, on représenta à l'hôtel de Bourgogne *Britannicus*. Madame Desœillets joua *Agrippine*, — La Fleur *Burrhus*, — Brécourt *Britannicus*, — Hauteroche *Narcisse*, — Floridor *Néron*, — et mademoiselle d'Ennebaud *Junie*.

Malgré le talent de ces acteurs et le mérite réel de cette tragédie, elle n'obtint pourtant pas les applaudissements qui lui étaient dus. « Son succès ne répondit pas d'abord, dit Racine dans la préface de cette pièce, à mes espérances; à peine elle parut sur le théâtre qu'il s'éleva quantité de critiques qui sembloient la devoir détruire. » L'envie que le succès d'*Andromaque* avait excitée dans l'esprit de certains auteurs médiocres, l'admiration en outre exclusive de quelques spectateurs pour Corneille, leur fit en effet blâmer *Britannicus*. Le jour même de la première représentation, il se forma contre cette tragédie une cabale. Les auteurs, parmi lesquels se trouvait Boursault, *qu'on rencontre toujours en pareille circonstance*, désertèrent le banc où ils avaient l'habitude de s'asseoir pour juger des pièces nouvelles, et qu'on appelait pour cela *le banc formidable*. Ils allèrent se mêler aux autres spectateurs, et répandirent dans la foule d'injustes critiques sur la pièce. Leur projet réussit. *Britannicus* fut peu apprécié par le public. Boileau seul fut plus juste dans son jugement. A la fin de la pièce, il alla trouver Racine, et l'embrassant avec transport devant plusieurs personnes, il lui dit : *Voilà ce que vous avez fait de mieux*. Plus tard aussi il se souvint de toutes les attaques lancées contre Racine;

> . . . . Peut-être ta plume aux censeurs de Pyrrhus
> Doit les plus nobles traits dont tu peignis Burrhus.

lui dit-il, dans l'épître qu'il lui a adressée.

---

[1] *Description de Paris.*

Le public ensuite revint de son erreur ; il donna de justes louanges à *Britannicus*, seulement Racine dut confier le rôle de *Néron* à un autre acteur. On aimait beaucoup Floridor, et on souffrait de lui voir jouer ce rôle odieux. Ce changement eut lieu, et la pièce eut dès lors un éclatant succès.

— En 1670, parut sur la scène de l'hôtel de Bourgogne une nouvelle actrice qui avait déjà fait admirer son beau talent dans la tragédie sur le théâtre du Marais. *Elle avait*, d'après les portraits laissés par les contemporains, *la taille avantageuse et bien prise, l'air noble, le visage agréable; seulement ses yeux étaient ronds, petits et sa peau n'était pas blanche*. Mais ces défauts étaient bien vite oubliés, lorsqu'on entendait le son gracieux de sa voix. *Elle était adorable*, dit madame de Sévigné [1], *quand elle récitait des vers*. Cette actrice enfin, dont le souvenir se trouve à partir de cette époque mêlé à tous les succès de Racine, s'appelait la Champmeslé.

Elle débuta par le rôle d'*Hermione* [2], et ce soir-là elle obtint un si brillant succès, que Racine, après la représentation, courut à sa loge, lui adressa à genoux des compliments pour elle et des remercîments pour lui [3]. Il venait, à cette époque, d'achever *Bérénice* : il lui confia ce rôle, et la manière dont elle le joua, contribua beaucoup à faire admirer cet ouvrage.

Bérénice fut un duel comme le dit Fontenelle, madame Henriette-Anne d'Angleterre, cette princesse si célèbre par sa beauté et par son esprit, qui ne devait pas assister au dénoûment de la lutte qu'elle avait provoquée, avait engagé les deux poëtes alors rivaux à traiter le même sujet. En courtisans soumis, ils avaient obéi à ce singulier caprice; la lutte pourtant n'était pas des deux côtés égale. Racine était dans toute la vigueur de son talent. Corneille au contraire, n'était plus que l'ombre du grand Corneille; la victoire, comme on le pense, resta au plus jeune, mais elle attira sur lui de grossières épigrammes et de nombreuses railleries. Le Théâtre-Italien fit jouer une parodie

---

[1] Lettre du 13 mars 1672.
[2] Elle y remplaça mademoiselle Desœillets : elle fut à son tour remplacée plus tard par Adrienne Lecouvreur.
[3] *Histoire du Théâtre-Français*, par les frères PARFAIT.

obscène de sa tragédie : Saint-Évremond, l'abbé de Villars, Boileau lui-même, la blâmèrent ; Chapelle aussi répondit un jour à Racine, qui lui demandait ce qu'il pensait de sa *Bérénice* : *Marion pleure, Marion crie, Marion veut qu'on la marie : Voilà ce que j'en pense.* Madame de Sévigné avoue pareillement à sa fille[1] le plaisir que lui fit éprouver la lecture de la critique de l'abbé de Villars sur cette pièce ; du reste, elle était entièrement exclusive dans son admiration, et ne trouvait d'éloges que pour les œuvres de Corneille. Cependant, elle rendit d'abord justice au mérite de *Bajazet*, qui fut jouée à l'hôtel de Bourgogne, le 4 ou le 5 janvier 1672. « *Bajazet* est beau, écrit-elle[2], j'y trouve quelque embarras sur la fin, mais il y a bien de la passion, et de la passion moins folle que celle de *Bérénice* ; je trouve pourtant, à mon petit sens, qu'elle ne surpasse pas Andromaque. » Ce jugement était juste : comparée aux chefs-d'œuvre de Racine, cette pièce est un ouvrage de second ordre, qui n'a pu pourtant être fait que par un auteur du premier, dit à juste raison La Harpe. Mais pourquoi se rétracte-t-elle dans une lettre postérieure (du 16 mars 1672) ? « Le personnage de Bajazet est glacé ; les mœurs des Turcs y sont mal observées ; ils ne font point tant de façon pour se marier ; le dénoûment n'est point bien préparé ; on n'entre point dans les raisons de cette grande tuerie : il y a pourtant des choses agréables, mais rien de parfaitement beau, rien qui enlève, point de ces tirades de Corneille qui font frissonner. Ma fille, gardons-nous bien de lui comparer Racine, sentons-en toujours la différence ; les pièces de ce dernier ont des endroits froids et faibles, et jamais il n'ira plus loin qu'*Andromaque* ; *Bajazet* est au-dessous, au sentiment de bien des gens, et au mien, si j'ose me citer. Racine fait des comédies[3] pour la Champmeslé : ce n'est pas pour les siècles à venir ; si jamais il n'est plus jeune, et qu'il cesse d'être amoureux, ce ne sera plus la même chose. Vive donc notre vieil ami Corneille ! » Vive aussi Racine, a crié la postérité, ce juge plus impartial.

La Champmeslé, qui jouait le rôle d'Atalide, y était, dit aussi ma-

---

[1] Lettre du 16 septembre 1671.
[2] *Ibid.* du 15 janvier 1672.
[3] Comédies, dans l'esprit de madame de Sévigné, voulaient dire pièces.

dame de Sévigné [1] : « la plus miraculeusement bonne comédienne qu'elle ait jamais vue : elle surpassait la Desœillets de cent mille piques. » — L'année suivante, elle créa celui de *Monime*, dans *Mithridate* (janvier 1673), et cette tragédie eut peu de détracteurs. Madame Coulanges écrivait, un mois après la première représentation : « *Mithridate* est une pièce charmante : on y pleure, on la voit trente fois ; on la trouve plus belle la trentième que la première. *Pulchérie* n'a point réussi [2]. » Le talent de Racine grandissait à chaque œuvre nouvelle ; celui de Corneille, au contraire, s'affaiblissait avec l'âge. *Suréna* fut sa dernière tragédie et sa dernière chute. *Iphigénie*, qui fut donnée la même année (février 1674) fut, au contraire, un nouveau succès pour Racine et pour sa digne interprète. On se rappelle, à ce sujet, ces vers de Boileau :

> Jamais Iphigénie, en Aulide immolée,
> N'a coûté tant de pleurs à la Grèce assemblée,
> Que dans l'heureux spectacle à nos yeux étalé
> En a fait sous son nom verser la Champmêlé [3].

— Cette grande comédienne, — disent quelques contemporains [4], était en outre fort aimée du poëte, et les auteurs du Théâtre-Français prétendent même que la passion qu'il éprouvait pour elle, lui inspira *Phèdre*. Quoi qu'il en soit, Racine nous a donné un nouveau chef-d'œuvre, et à l'époque où il parut sur la scène de l'hôtel de Bourgogne, rien ne semblait pouvoir entraver son succès. Molière était mort ; — Corneille n'existait plus pour le théâtre, — Racine seul planait au-dessus de tous les autres poëtes et les dominait de la hauteur de son talent. Cependant, cette supériorité qui aurait dû les condamner au silence et à l'admiration, les déchaîna au contraire contre lui, et on sait quelle puissante cabale s'organisa dans les salons de

---

[1] Lettre du 15 janvier 1672.
[2] Lettre du 24 février 1673.
[3] On trouve ce nom écrit de trois manières : Champmêlé, Champmelay et Champmeslé. — La manière de l'écrire la plus ordinairement suivie est la dernière.
[4] Madame de Sévigné, — de Valincour, — Boileau.

l'hôtel Bouillon. La duchesse de Bouillon, madame Deshoulières, madame de Sévigné elle-même, et plusieurs autres beaux-esprits du temps, se déclarèrent les adversaires de Racine. A sa *Phèdre*, ils opposèrent la *Phèdre* de Pradon : à un chef-d'œuvre, ils répondirent par une tragédie ridicule. Jouée pour la première fois le 3 janvier 1677, c'est-à-dire deux jours après celle de Racine, elle eut néanmoins seize représentations. Les six premières lui furent même favorables. « Que pensez-vous, écrivait de Valincour [1], du sort qu'eut la *Phèdre* aux cinq ou six premières représentations? Vit-on jamais mieux ce que c'est que la prévention, et jusqu'où la cabale est capable de porter les hommes les plus éclairés? car il est bien vrai que durant plusieurs jours Pradon triompha, mais tellement que la pièce de Racine fut sur le point de tomber et à Paris et à la cour. Je vis Racine au désespoir. Cependant, si jamais ouvrage parfait fut mis au théâtre, c'est sa *Phèdre*; et s'il y eut jamais tragédie impertinente et méprisable, c'est celle de Pradon. » Son éphémère succès s'explique au surplus; on sait que les adversaires de Racine s'étaient servis, en cette circonstance, d'une ruse qui leur coûta, disait Boileau, quinze mille livres. Ils avaient loué pour les six premières représentations toutes les premières loges de l'hôtel de Bourgogne; elles étaient restées vides, tandis que celles de l'hôtel Guénégaud avaient été remplies de spectateurs dévoués à la duchesse de Bouillon.

Cette cabale du reste ne servit qu'à faire apprécier davantage le mérite de la tragédie de Racine et le talent de la Champmeslé. Quant à *la Phèdre* de Pradon, elle tomba dans l'oubli : le sonnet grossier que madame Deshoulières avait osé faire contre le grand poëte eut le même sort, et elle retourna désormais à *ses moutons*. Néanmoins ces injustes railleries avaient vivement impressionné Racine; et Boileau essaya, mais en vain, de relever le courage de son ami, en lui prouvant dans la septième Épître, que l'envie s'attache seulement au vrai mérite. *Phèdre* fut la dernière pièce qu'il fit représenter à l'hôtel de Bourgogne : elle fut aussi ses adieux au public, car *Esther* et *Athalie* ne furent jouées de son vivant qu'à Saint-Cyr et devant la Cour.

[1] Boileau lui a dédié sa onzième satire.

Racine s'arrêta ainsi au milieu de sa brillante carrière. Il aurait pu sans doute créer encore de nouveaux chefs-d'œuvre; mais il en avait produit assez pour l'immortalité de sa gloire, et plus heureux en cela que Corneille, il n'a laissé à la postérité aucune preuve d'affaiblissement de son esprit.

— A partir de cette époque, jusqu'au mois d'août 1680, Corneille de Lisle, Pradon, Hauteroche, Montfleury, madame Deshoulières et plusieurs autres auteurs firent représenter diverses pièces sur la scène de l'hôtel de Bourgogne[1]; quant à sa troupe, elle s'était augmentée après la mort de Molière, du célèbre Baron, de la Thorillière et de mademoiselle Beauval.

Boiron dit Baron, élevé à l'école de Molière, faisait honneur à son

---

[1] Suite de la liste des principales pièces jouées à l'hôtel de Bourgogne depuis Racine jusqu'au 25 août 1680.

1666. Agésilas, tragédie de *Corneille* (avril).
— Antiochus, tragi-comédie de *Corneille de Lisle* (25 mai).
— Les Intrigues amoureuses, comédie de *Gilbert*.
— La Noce de village, comédie de *Brécourt*.
— L'École des filles, comédie de *Montfleury*.
— Le Jaloux invisible, comédie de *Brécourt* (20 août).

1667. Héro et Léandre, comédie de *Gilbert* (15 août).
— Andromaque, tragédie de *Racine* (10 novembre).

1668. Laodice, tragédie de *Corneille de Lisle* (février).
— Le Poëte Basque, comédie de *Poisson* (juin).
— L'Amant qui ne flatte point, comédie d'*Hauteroche* (juillet).
— Pausanias, tragédie de *Quinault* (16 novembre).
— Les Plaideurs, comédie de *Racine* (novembre).
— Le Baron d'Albikrac, comédie de *Corneille de Lisle* (décembre).

1669. Marius, tragédie de l'abbé *de Boyer* (janvier).
— La Femme juge et partie, comédie de *Montfleury* (2 mars).
— Le Souper mal apprêté, comédie d'*Hauteroche* (12 ou 13 juillet).
— La Mort d'Annibal, tragédie de *Corneille de Lisle* (novembre).
— Britannicus, tragédie de *Racine* (11 ou 13 décembre).

1670. Le Gentilhomme de Beauce, comédie de *Montfleury* (août).
— Les Femmes coquettes, comédie de *Poisson*.
— La Comtesse d'Orgueil, comédie de *Corneille de Lisle*.
— Bellérophon, tragédie de *Quinault*.
— Bérénice, tragédie de *Racine* (21 novembre).

1671. Les Grisettes ou Crispin chevalier, comédie de *Champmeslé*.

1672. Bajazet, tragédie de *Racine* (4 ou 5 janvier).
— Ariane, tragédie de *Corneille de Lisle* (4 mars).
— La Hollande malade, comédie de *Poisson*.
— Théodat, tragédie de *Corneille de Lisle* (novembre).

maître : il jouait admirablement bien dans la tragédie et dans la comédie. « Son mérite surtout était dans la perfection de l'art du comédien, perfection très-rare et qui n'appartient qu'à lui. Cet art demande tous les dons de la nature, une grande intelligence, un travail assidu, une mémoire imperturbable et surtout cet art si rare de se transformer en la personne qu'on représente [1]. » L'année de la mort de Molière, il joua le *Misanthrope* et *Mithridate*.

— Le Noir de la Thorillière excellait dans les rôles de rois, et aussi, — par un singulier contraste, — dans ceux de paysan; seulement on lui reprochait d'avoir quelquefois *un visage riant dans les passions les plus furieuses et les situations les plus tristes* [2]. — Mademoiselle Beauval était, suivant Robinet [3] une actrice d'un rare mérite, et

— Le Deuil, comédie d'*Hauteroche*.
1673. Mithridate, tragédie de *Racine* (janvier).
— Demarate, tragédie de *Boyer*.
— Argélie, tragédie de l'abbé *Abeille*.
1674. Pyrame et Thisbé, tragédie de *Pradon*.
— Iphigénie, tragédie de *Racine* (février).
— Crispin musicien, comédie d'*Hauteroche* (juillet).
— L'Ombre de Molière, comédie de *Brécourt*.
— Crispin médecin, comédie d'*Hauteroche*.
— Suréna, tragédie de *Corneille*.
1675. Tamerlan, tragédie de *Pradon*.
1676. Coriolan, tragédie de l'abbé *Abeille* (24 février).
1677. Phèdre, tragédie de *Racine* (1ᵉʳ janvier).
— Crispin gentilhomme, comédie de *Montfleury*.
1678. Le Comte d'Essex, tragédie de *Corneille de Lisle* (janvier).
— Les Nobles de province, comédie d'*Hauteroche* (fin janvier).
— Lyncée, tragédie de l'abbé *Abeille* (25 janvier).
— Les Nouvellistes, comédie d'*Hauteroche* (fin février).
— Anne de Bretagne, tragédie de *Ferrier* (fin novembre).
1679. Troade, tragédie de *Pradon* (17 janvier).
— Crispin précepteur, comédie de la *Tuillerie*.
— Statira, tragédie de *Pradon* (fin décembre).
1680. Genséric, tragédie de madame *Deshoulières* (janvier).
— Adraste, tragédie de *Ferrier* (février).
— La Bassette, comédie d'*Hauteroche* (mai).
— Réunion de la troupe de l'hôtel de Bourgogne à celle de la rue Mazarine (25 août).

[1] Histoire de la troupe de Molière, dans l'édition des *Œuvres de Molière*, publiée par Aimé Martin.
[2] *Ibidem*.
[3] *Gazette* du 27 septembre 1670.

elle se faisait applaudir également dans la tragédie et la comédie.

Avec ce nouveau renfort, l'hôtel de Bourgogne semblait devoir continuer pendant bien longtemps encore ses succès : au contraire, la désunion se mit parmi les comédiens. La Champmeslé, — l'*inimitable actrice* [1], — abandonna ce théâtre pour entrer dans la troupe de la rue Guénégaud. Enfin un ordre de Louis XIV, donné à Charleville au commencement du mois d'août 1680, et confirmé par lettre de cachet du 22 octobre suivant [2], réunit les deux troupes de comédiens français en une seule qui prit le nom de *Compagnie des comédiens du Roi entretenus par sa Majesté*. Cette jonction eut lieu, en effet, le dimanche 25 août 1680, et ce jour-là, on représenta *Phèdre*, et une comédie de La Chapelle, intitulée *les Carrosses d'Orléans*.

IV

LES COMÉDIENS ITALIENS.

— Malgré le privilége des Confrères de la Passion qui ne fut aboli qu'au mois de décembre 1676, plusieurs troupes de comédiens s'étaient néanmoins établies à Paris; mais à la fin de l'année 1680, on n'en comptait plus que trois principales :

Celle de l'Académie Royale de musique;
Celle des Comédiens français;

---

[1] La Fontaine, en dédiant Belphégor à mademoiselle de Champmeslé, dit :

> Qui ne connoit l'inimitable actrice
> Représentant ou Phèdre ou Bérénice,
> Chimène en pleurs ou Camille en fureur!

[2] Voir à la fin de ce volume les notes et pièces justificatives, relatives à l'hôtel de Bourgogne.

Et celle des Comédiens italiens[1] qui s'installa vers cette époque, avec la permission du roi, à l'hôtel de Bourgogne[2].

Les représentations des comédies italiennes eurent lieu dès lors tous les jours de la semaine, excepté le vendredi[3], et leur succès continua à exercer sur notre littérature une grande influence. Il y fit dominer les lazzis, les métaphores burlesques, et plusieurs types qui avaient déjà souvent inspiré Molière, et dont Regnard voulut à son tour profiter. Seulement le premier, tout en les imitant, leur avait donné une nouvelle originalité ; c'était l'œuvre d'un homme de génie : l'autre, au contraire, dans ses premières pièces, ne fit que les reproduire sans leur ôter leur rudesse primitive ; ce fut tout au plus l'œuvre d'un homme de talent.

Ces principaux types étaient ceux d'Arlequin, de Pantalon, de Scapin, de Mezzetin, du Docteur, de Scaramouche, de Polichinelle, de Pierrot, d'Isabelle et de Colombine.

— L'Arlequin, qui descend des anciens mimes latins, fut dans l'origine la personnification de la poltronnerie et de la balourdise. Son costume consistait en un vêtement d'une seule pièce tenant fort juste au corps et composé d'étoffes rouges, bleues, oranges et violettes, disposées en triangle et cousues ensemble. D'énormes boutons attachaient le devant du vêtement, et une ceinture en cuir le serrait contre la taille. Il portait pour coiffure un petit chapeau rond tenant à peine sur sa tête qui était entièrement rasée et

[1] La première troupe italienne qui ait paru en France fut celle des Gli Gelosi, qu'Henri III fit venir au mois de février 1577. Elle joua d'abord à Blois dans la salle des États, puis à Paris à l'hôtel du Petit-Bourbon ; mais elle y resta peu de temps. — D'autres troupes italiennes vinrent ensuite successivement en France pendant les années 1584, 1588, 1600, 1645 et 1653, sans avoir pour leurs représentations un établissement stable. — En 1660 seulement une nouvelle troupe se fixa à Paris au Petit-Bourbon, passa ensuite, par ordre du roi, au théâtre du Palais-Royal avec la troupe de Molière, puis, après sa mort, alla jouer, jusqu'en 1680, alternativement avec les comédiens français sur le théâtre de la rue Guénégaud.

[2] « Cette époque est nécessaire à marquer, disent les frères Parfait, attendu l'erreur où beaucoup de gens sont encore que les comédiens italiens ont toujours joué à l'hôtel de Bourgogne. »

[3] Les comédiens italiens n'avaient jusqu'alors joué que trois fois par semaine (*Hist. du Théâtre italien*, par PARFAIT).

recouverte d'un bonnet. Un masque noir percé seulement de deux trous devant les yeux lui cachait le visage, et pour toute défense, il

avait constamment à la main un sabre de bois, appelé *batte*, qui jouait un grand rôle dans ses actions.

Dans les pièces italiennes représentées à cette époque, l'Arlequin ne conservait pas toujours son accoutrement primitif. Véritable Protée, il paraissait quelquefois dans la même comédie sous plusieurs costumes différents et remplissait divers rôles.

Ainsi, dans le *Divorce de Regnard*, on le voit d'abord *en habit de voyage, avec une méchante subreveste, un chapeau de paille, des bottes et un baston à la main*. Il est alors la personnification de la naïveté et de la bêtise, comme on peut en juger par le récit qu'il fait à Mezzetin

Ce dessin a été fait d'après Gillot (voir aux Estampes de la Bibliothèque Nationale).

de la manière dont il s'est sauvé des mains de la justice. « Je priay, lui dit-il, les archers de me laisser boire à la fontaine, et je donne un coup d'œil autour de moy, et zeste, je m'élance la teste en avant dans le robinet de la fontaine... Puis, du robinet de la fontaine, je descendis dans la Seine, de là je fus à la nage au Havre de Grâce; au Havre de Grâce, je m'embarquai pour les Indes d'où me voilà présentement revenu. »

Arlequin paraît ensuite *en barbier, en maistre à danser sur un petit cheval, en valet* fourbe et adroit, fort amoureux de Colombine dont les rigueurs le désespèrent.

« Je l'auray, dit-il en comptant les boutons de son justaucorps, je ne l'auray pas, je l'auray, je ne l'auray pas, je l'auray, je ne l'auray pas. »

Et il se met à pleurer.

« Je n'auray pas Colombine, répète-t-il.

Et qui vous a dit cela, lui demande Mezzetin?

C'est la Boutonomancie, répond Arlequin. »

Il se transforme après *en chevalier* : alors il est pédant, outré, ridicule : il se dit adoré de toutes les femmes et répond de la sorte à Isabelle qui le prie de passer l'après-dînée chez elle.

« Ma foy, madame, je ne sçay pas si je pourrai me prostituer à votre visite : car c'est aujourd'hui mon grand jour de femmes. Je m'en vais voir sur mes tablettes. (Il lit) *Le mercredi, à cinq heures chez Dorimène.* Oh! ma foy, il est trop tard. *A cinq heures un quart chez la comtesse* qui m'a envoyé cette épée d'or. (En riant). Ah! ah! la sotte prétention! vouloir que je rende une visite pour une épée qui ne pèse que soixante louis! Non, madame, je n'iray pas : non, vous dis-je, j'y perdrois. *A six heures et demie, promis à Toinon, au troisième étage, rue Tire-Boudin.* Oh! ma foy, cette visite-là peut se remettre. Allons, madame, je suis à vous toute l'après-dînée... Il en coûtera la vie à trois ou quatre femmes : mais qu'y faire! Le moyen d'être partout. »

Arlequin arrive enfin *en ambassadeur*, puis au dénoûment, *en avocat*.

Ainsi, dans cette comédie en trois actes, il changeait sept fois de costume et jouait sept rôles différents ; aussi le personnage d'Arlequin était le type de la comédie italienne le plus difficile à bien rendre, car il demandait une grande souplesse de corps et d'esprit.

Dominique Biancolelli, qui s'appelait au théâtre Dominique seulement, y excellait du temps de Molière, et celui-ci disait, à ce que l'on rapporte, « qu'il aurait donné toute chose au monde pour avoir le naturel de ce grand comédien. » Aussi sa mort qui arriva le 2 août 1688, causa tant de regrets que ses camarades restèrent un mois sans jouer. Au bout de ce temps, ils reprirent leurs représentations, mais voici l'affiche qu'ils firent apposer aux endroits où l'on mettait d'ordinaire celles de leur théâtre.

« Nous avons longtemps marqué notre déplaisir par notre silence, et nous le prolongerions encore, si l'appréhension de vous déplaire ne l'emportait sur une douleur si légitime. Nous rouvrirons notre théâtre mercredi prochain, premier jour de septembre 1688. Dans l'impossibilité de réparer la perte que nous avons faite, nous vous offrirons tout ce que notre application et nos soins nous ont pu fournir de meilleur. Apportez un peu d'indulgence et soyez persuadés que nous n'obmettrons rien de tout ce qui peut contribuer à votre plaisir [1]. »

Le *Mercure* du mois d'août de la même année voulut aussi payer sa dette de regrets à cet excellent acteur. Il lui composa cette épitaphe.

> Les plaisirs le suivoient sans cesse.
> Il répandoit partout la joye et l'allégresse.
> Les jeux avec les ris naissoient dessous ses pas.
> On ne pouvoit parer les traits de sa satyre
> Loin d'offenser, elle avoit des appas.
> Cependant il est mort : tout le monde en soupire.
> Qui l'eût jamais pensé, sans se désespérer,
> Que l'aimable Arlequin qui nous a tant fait rire,
> Dût sitôt nous faire pleurer.

Évariste Ghérardi [2] débuta le premier octobre de l'année suivante

---

[1] *Histoire du Théâtre-Italien*, par PARFAIT.
[2] L'auteur du *Recueil des pièces italiennes*.

dans le rôle d'Arlequin et obtint du succès. « Si quelque chose a sceu flatter mon âme, dit-il à la suite du Divorce de Regnard, ce n'a esté que le plaisir de me voir universellement applaudi après l'inimitable M. Dominique qui a porté si loin l'excellence du naïf du caractère d'Arlequin que les Italiens appellent *Coffagine*, que quiconque l'a veu jouer trouvera toujours quelque chose à redire aux plus habiles et aux plus fameux Arlequins du monde. »

— Le Pantalon, d'origine vénitienne, était, par le masque, un vieillard; par état, un bourgeois ou un marchand; par caractère, un homme simple et honnête, toujours dupe des tours d'Arlequin, de Mezzetin ou de Pierrot.

Son costume dans l'origine se composait d'une longue veste rouge et d'un caleçon tenant aux bas; plus tard on supprima le caleçon, et on le remplaça par un autre vêtement appelé *zimara*.

— Le Scapin était un valet fourbe et rusé; il servait autant par inclination que par intérêt les passions et les folles entreprises des jeunes libertins. Il parlait Bergamasque comme Arlequin, et portait la livrée avec un manteau, un bonnet et une dague. Il se retrouve dans notre comédie sous les traits de Frontin, de Lafleur et de Scapin.

— Le personnage du Mezzetin fut créé par Angélo Constantini qui débuta à l'hôtel de Bourgogne à la fin de l'année 1681. Il portait une petite veste, une culotte serrée, un manteau d'étoffes rayées de différentes couleurs, une fraise et un bonnet rond.

Le Mezzetin était tantôt la doublure de Scapin ou d'Arlequin, tantôt un personnage mixte leur empruntant à chacun quelques traits de leur caractère. Mais lorsque dans la même pièce Arlequin ou Scapin se rencontrent avec lui, ils s'entendent comme deux larrons; ils complotent l'enlèvement d'une Isabelle pour laquelle soupire leur maître, ou bien ils volent la bourse d'un honnête bourgeois. Dans toutes ces entreprises du reste, Mezzetin n'est que la dupe de Scapin ou d'Arlequin; c'est toujours sa main qui s'égare dans la poche, quand le bourgeois s'aperçoit de la tentative de ces fripons, et c'est toujours lui que la justice saisit. — Quelquefois aussi le Mezzetin endossait l'habit d'un marquis ou jouait le rôle d'un mari trompé; mais le plus souvent il restait valet.

— Le Docteur était un personnage excessivement pédant et bavard, ne parlant jamais que par sentences. Constantin Lolli remplit ce rôle jusqu'en 1694, et y fut ensuite remplacé par Marc Antonio Romagnesi.

— Le Scaramouche était d'origine napolitaine : son emploi consistait à nouer et à dénouer des intrigues. Il se mettait au service du premier venu qui voulait le payer, ou quelquefois agissait pour son propre compte.

Tiberio Fiorelli obtint de grands succès dans ce rôle dont il était l'inventeur, et quoiqu'il fût alors âgé de soixante-sept ans, il avait conservé assez d'agilité pour pouvoir donner dans certaines pantomimes un soufflet avec le pied. Louis XIV, auquel il avait su plaire dès son arrivée en France en exécutant devant Sa Majesté un trio burlesque avec un perroquet et un chien, le combla continuellement de bienfaits. Du reste il était, au dire de Dangeau [1] *le meilleur comédien qui ait jamais été*. « La nature, dit aussi Mezzetin [2], l'avait doué d'un talent merveilleux qui était de figurer par les postures de son corps et par les grimaces de son visage tout ce qu'il vouloit, et cela d'une manière si originale que le célèbre Molière, après l'avoir étudié longtemps, avoua ingénument qu'il lui devait toute la beauté de son action. » Molière en effet [3] assistait à toutes les représentations dans lesquelles jouait Tiberio Fiorelli; aussi, quand cet excellent acteur mourut le 7 décembre 1696, on mit au bas de son portrait ces quatre vers qui contiennent son plus bel éloge :

[1] MADAME DE SARTORY, *Extraits des Mémoires de Dangeau.*
[2] *Vie de Scaramouche*, p. 188.
[3] *Ménagiana*, t. II, p. 404.

> Cet illustre comédien
> De son art traça la carrière.
> Il fut le maître de Molière
> Et la nature fut le sien.

Après lui, le rôle de Scaramouche fut joué par Joseph Tortoriti qui avait aussi une souplesse de corps étonnante ; mais ce fut son seul mérite, car il n'a laissé la réputation que d'un acteur fort médiocre.

— Michel-Ange da Fracassano remplissait admirablement à cette époque le personnage de Polichinelle. Son seul talent consistait à provoquer le rire, et il y réussissait à merveille avec sa double bosse, ses yeux effarés et son nez arqué.

— Le Pierrot dont la figure était toujours enfarinée hérita de la bêtise primitive d'Arlequin et la rendit souvent spirituelle et amusante ; ce rôle était alors joué par Joseph Gératon.

— Isabelle était une coquette se laissant aimer par le premier chevalier venu et suivant en cela les conseils de Colombine, sa perfide confidente. Fille ou femme de bourgeois, de gens de qualité, elle a des prétentions au bel esprit, adore la flatterie et s'abandonne à ses vapeurs. — Est-elle mariée, elle critique le mariage. — Aurélio soupire-t-il pour elle, elle désire devenir sa femme. Molière adopta l'Isabelle dans plusieurs de ses comédies.

— Colombine, digne amante d'Arlequin, de Scapin ou de Mezzetin, avait l'adresse de tous ses amoureux, et, comme eux, la repartie fort vive.

Ces deux rôles étaient alors remplis par les filles du célèbre Dominique.

L'aînée qui jouait le personnage d'Isabelle, était, dit Parfait [1], admirablement bien faite; sa physionomie était douce, et toute sa personne pleine de grâce. L'autre, plus petite que sa sœur, avait une figure aimable, le geste avisé et naturel, la voix excessivement mélodieuse. Toutes deux enfin, si l'on en croit *le Mercure* du mois d'octobre 1683, étaient excellentes comédiennes.

« Si Arlequin, dit-il, est inimitable dans les divers rôles qu'on lui voit jouer, ses deux filles ne le sont pas moins : les différents personnages qu'elles soutiennent sont si bien remplis qu'elles se sont attiré l'applaudissement de tout Paris qui ne peut se lasser de les admirer. Jamais on n'a vu tant d'intelligence pour la comédie avec une si grande jeunesse. Il n'y en a pas dans lequel elles n'entrent, et elles s'en acquittent de si bonne grâce, que lorsqu'elles paroissent dans quelque scène, elles semblent être uniquement nées pour le personnage qu'elles représentent. »

Tels étaient les principaux personnages de la Comédie italienne et les divers acteurs qui les interprétaient à cette époque à l'hôtel de Bourgogne.

Quant aux pièces que l'on y jouait, ce n'étaient que des comédies ou des canevas grossiers [2], souvent même que des farces et parades où se rencontraient parfois, — comme dans *le Divorce* de Regnard ou *la Fille de Bon Sens* de Palaprat — quelques scènes heureuses, mais

---

[1] *Hist. du Théâtre-Italien.*

[2] Liste des principales pièces jouées par la Comédie italienne sur le théâtre de l'hôtel de Bourgogne, depuis 1680 jusqu'à sa fermeture en 1697.

1680. Arlequin, prince de Quinquina, ou le Remède anglois (décembre).
1682. Arlequin Mercure galant, comédie en trois actes (22 janvier).
— La Matrone d'Éphèse, comédie en trois actes (12 mai).
— Arlequin, lingère du palais, comédie en trois actes (4 octobre).
— Arlequin Protée, pièce en trois actes (11 octobre).
1684. Arlequin empereur dans la lune, comédie en trois actes (5 mars).
— Arlequin Jason, comédie en trois actes (9 septembre).
1685. Arlequin chevalier du soleil, comédie en trois actes (26 février).
— Isabelle médecin, comédie en trois actes (10 septembre).
1686. Colombine avocat pour et contre, comédie en trois actes (8 juin).
1687. Le Banqueroutier, comédie en trois actes (19 avril).
1688. Le Divorce, comédie en trois actes de *Regnard* (17 mars).
— Le Marchand dupé, comédie en trois actes (1er septembre).

où la grossièreté de l'expression ne pouvait se faire pardonner. Aussi la devise qui se trouvait sur le rideau de ce théâtre en 1687 et qu'on attribue au célèbre Santeuil, *Castigat ridendo mores*, manquait de

1689. Colombine femme vengée, comédie en trois actes de *Regnard* (15 janvier).
— La Descente de Mezzetin aux enfers, comédie en trois actes de *Regnard* (5 mars).
— Mezzetin grand sophi de Perse, comédie en trois actes de *Delosne de Montchesnay* (10 juillet).
1690. Arlequin homme à bonnes fortunes, comédie en trois actes de *Regnard* (10 janvier).
— La Critique de l'homme à bonnes fortunes, comédie en un acte de *Regnard* (1er mars).
— Les Filles errantes, comédie en trois actes de *Regnard* (24 août).
— La Fille savante, comédie en un acte (18 novembre).
1691. La Coquette, comédie en trois actes de *Regnard* (17 janvier).
— Ésope, comédie en cinq actes de *Lenoble* (24 février).
— Les deux Arlequins, comédie en trois actes (26 septembre).
— Ulysse et Circé, comédie en trois actes (20 octobre).
— Le Phénix, comédie en trois actes de *Delosne de Montchesnay* (24 nov.).
1692. Phaéton, comédie en trois actes de *Palaprat* (24 février).
— L'Union des deux opéras, comédie en un acte (16 août).
— La Fille de bon sens, comédie en trois actes de *Palaprat* (2 novembre).
— Les Chinois, comédie en cinq actes de *Regnard* (23 décembre).
1693. La Baguette de Vulcain, comédie en un acte de *Regnard* (10 janvier).
— Vénus justifiée, comédie en un acte (25 avril).
— Les Mal assortis, comédie en deux actes (30 mai).
— Les Originaux, comédie en trois actes (13 août).
— Les Aventures des Champs-Élysées, comédie en trois actes (6 novembre).
— Les Souhaits, comédie en trois actes de *Montchesnay* (30 décembre).
1694. La Naissance d'Amadis, comédie en un acte de *Regnard* (10 février).
— Le Bel Esprit, comédie en un acte (13 mars).
— Arlequin défenseur du beau sexe, comédie en trois actes (28 mai).
— La Fontaine de Sapience, comédie en un acte (8 juillet).
— Le Départ des comédiens, comédie en un acte (24 août).
— La Fausse coquette, comédie en trois actes (18 décembre).
1695. Le Tombeau de Me André, comédie en un acte (29 janvier).
— Attendez-moi sous l'orme, comédie en un acte (30 janvier).
— La Thèse des Dames, comédie en trois actes (7 mai).
— Les Promenades de Paris, comédie en trois actes de *Mongin* (6 juin).
— Le Retour de Bezons, comédie en un acte de *Ghérardi* (1er octobre).
— La Foire de Saint-Germain, comédie en trois actes de *Regnard* (26 déc.).
1696. Les Momies d'Égypte, comédie en un acte de *Regnard* (19 mars).
— Les bains de la porte Saint-Bernard, comédie en trois actes de *Boisfranc* (12 juillet).
— Arlequin misanthrope, comédie en trois actes (22 décembre).
1697. Pasquin et Marforio, comédie en trois actes (3 février).
— Les Fées, comédie en un acte (2 mars).

vérité[1], et Fontenelle avait raison, quand il appelait le recueil de ces pièces que nous a laissé Ghérardi, *un grenier à sel*. Néanmoins le public y trouvait un grand plaisir et désertait même le théâtre Français pour la comédie italienne. Les places étaient d'abord moins chères : on ne prenait à l'hôtel de Bourgogne que quinze sous au parterre, tandis qu'au théâtre Français on faisait quelquefois payer le double[2]. Puis le spectacle y était plus varié, et souvent les pièces italiennes étaient accompagnées de divertissements et d'intermèdes dans lesquels la femme d'Évariste Ghérardi se fit applaudir comme chanteuse.

Enfin les comédiens italiens, pendant un séjour de dix-sept ans, obtinrent de grands succès et leurs représentations auraient sans doute continué à attirer la foule, sans un événement imprévu qui vint tout à coup en interrompre le cours. Le mardi, — 4 mai 1697, — M. d'Argenson, lieutenant-général de police, accompagné d'un grand nombre de commissaires, d'exempts et de toute la robe courte, se transporta à onze heures du matin à l'hôtel de Bourgogne et apposa les scellés sur toutes les portes, non-seulement des rues Mauconseil et Française, mais encore sur celles des loges des acteurs. Il leur fit en outre défense expresse de continuer leur spectacle, et leur signifia que Sa Majesté ne voulait plus les garder à son service.

Cette mesure rigoureuse avait, dit-on, été provoquée par la violation des règlements que le roi leur avait imposés et par la trop grande licence de leurs pièces ou pantomimes. D'autres historiens l'attribuent au contraire, — et avec plus de raison selon nous, — à une pièce qui devait être représentée le soir même. Elle était intitulée *la Fausse Prude*, dénomination sous laquelle madame de Maintenon avait cru se reconnaître : et comme elle était alors toute-puissante, elle avait obtenu, non-seulement l'ordre de faire

---

[1] A l'époque où cette devise fut mise, les comédiens firent graver un jeton d'un seul côté. Cette gravure représentait leur salle au haut de laquelle on lit : « Castigat ridendo mores. » Au bas du jeton on a gravé ces mots : « Comici ita- « liani del re 1687. » L'empreinte se trouve dans *le Mercure galant* de 1688.

[2] Voir la pièce des Chinois, par REGNARD.

fermer le théâtre de l'hôtel mais encore celui du départ de ses comédiens.

Ceux-ci vinrent présenter leurs excuses à Sa Majesté. Louis XIV resta inflexible, et, fatigué de leur insistance, il les renvoya

en leur disant : *Vous ne devez pas vous plaindre de ce que le cardinal Mazarin vous a fait quitter votre pays : vous vintes en France à pied, et maintenant vous avez gagné assez de bien pour vous en retourner en carrosse.* Toute réplique était impossible. Les comédiens partirent, mais leur expulsion valut à madame de Maintenon une foule de chansons et d'épigrammes[1]. La qualification de *fausse prude* lui resta même pendant bien des années ; mais on ne la dénomma ainsi que bien bas, de peur d'encourir une disgrâce. Toute sa faveur enfin s'éclipsa à la mort du grand roi, et l'hôtel de Bourgogne, qui depuis sa

[1] *Mémoires de* Saint-Simon.

fermeture n'avait servi qu'au tirage des loteries [1], reprit son ancienne destination.

— Le régent, avide de toutes sortes de plaisirs, fit venir en effet d'Italie une troupe de comédiens, qui arriva à Paris dans le mois d'avril 1716. Elle était composée de sept acteurs et de quatre actrices.

> *Lelio Riccoboni* jouait les premiers amoureux ;
> *Mario Baletti*, les seconds amoureux ;
> *Vincentini*, connu au théâtre sous le nom de *Thomassin*, le rôle d'Arlequin ;
> *Alborghetti*, celui de Pantalon ;
> *Matterazzi*, celui du Docteur ;
> *Bissoni*, celui de Scapin ;
> *Giacopo*, celui de Scaramouche.
> Madame *Flaminia Baletti*, femme de Lelio, remplissait les rôles de premières amoureuses ;
> Mademoiselle *Sylvia*, de deuxièmes amoureuses ;
> Mademoiselle *Violette*, de soubrette ;
> Mademoiselle *Ursule Sticotti*, ceux de cantatrice.

Mais, lors de l'arrivée de ces comédiens, la salle de l'hôtel de Bourgogne était en état de réparations : aussi, en attendant leur entier achèvement, on affecta une fois par semaine à leurs représentations le théâtre de l'Opéra et celui du Palais-Royal, et ce fut le 18 mai de la même année qu'*au nom de Dieu, de la Vierge Marie, de saint François de Paule et des âmes du purgatoire* [2], ils firent leur début par une comédie italienne, l'*Inganno Fortunato* (*l'Heureuse Surprise*). Le duc d'Orléans y assista, et leur succès fut immense. La recette s'éleva au chiffre énorme de 4,068 livres : aussi, le 20 du même mois, une ordonnance royale rendit définitif à Paris l'établissement de la Comédie italienne.

---

[1] PIGANIOL DE LA FORCE, *Description de Paris*.
[2] Leur premier registre commençait ainsi (*Almanach des spectacles*, 1775). Ce registre entièrement manuscrit n'a pu être retrouvé.

Ce jour-là, elle représenta *Arlequin bouffon de cour*, et ce canevas fort divertissant fut très-applaudi : on en distribua dans la salle des extraits en français, et les dames se passionnèrent pour la langue italienne. Il devint même fort à la mode d'avoir dans sa loge un professeur italien pour expliquer la pièce.

L'hôtel de Bourgogne ouvrit enfin sa salle aux nouveaux comédiens. Elle était entièrement remise à neuf. Les loges des principaux seigneurs étaient de véritables appartements avec des boudoirs, et quelquefois même une chambre à coucher, comme on en remarquait une dans la loge du régent. Le rideau du théâtre représentait un phénix sur un bûcher, avec ces mots pour devise : *Io rinasco*[1] (je renais).

Le 1er juin 1716 eut lieu la représentation d'ouverture de la salle. On joua un canevas italien intitulé *la Folle supposée*, et le succès suivit les comédiens italiens sur leur nouveau théâtre.

Leur troupe, du reste, était parfaitement composée : — Riccoboni, acteur et auteur, avait une physionomie si expressive qu'on lisait dans ses regards sa pensée; — Baletti avait une grande facilité d'élocution et de repartie. — Benozzi réunissait dans son jeu autant de précision que de variété.

> Le fameux docteur Benozzi
> Nous instruit en nous faisant rire.
> C'est la bonne façon d'instruire,
> Mais elle n'appartient qu'à lui.

dit l'*Almanach des spectacles* de l'année 1752.

Le maintien et les gestes de Flaminia étaient pleins de noblesse. — Sylvia plaisait par sa naïveté :

> Toi que les Grâces ont formée,
> Sois sûre, aimable Silvia,

---

[1] Voir l'Hôtel Soubise. Cette devise est à peu près la même que celle qu'avait prise le duc de Guise au Carrousel de 1665.

> Que tu seras toujours aimée
> Tant que le bon goût durera,

ajoute le même almanach.

— Pantalon jouait ses rôles avec un naturel exquis. — Arlequin était rempli de grâces et d'esprit, — et madame Violette avait une grande finesse dans son jeu.

Le *Nouveau Mercure* du reste nous aide à compléter leur éloge. « Pour leur rendre justice, dit-il, on ne peut rien désirer en eux du côté de l'action, du naturel, de la présence d'esprit : ils sont au qui-va-là toujours à propos ; ils ont l'art d'animer, de passionner tellement ce qu'ils jouent, qu'ils se rendent maîtres des sentiments et saisissent l'attention malgré le voile des paroles, et renvoyent les auditeurs presque aussi contents que s'ils sortoient d'une comédie où l'on a tout compris. »

En effet, si la connaissance de leur langue avait été plus répandue, ils auraient eu alors un bien plus grand nombre de spectateurs. Mais les dames surtout s'abstenaient de venir assister à leurs représentations, parce qu'elles ne comprenaient pas l'italien ; d'un autre côté, les hommes voulaient que l'on continuât à parler dans cette langue. L'embarras des comédiens par suite était extrême : aussi Thomassin, après avoir obtenu un grand succès dans *Arlequin bouffon de cour*, saisit cette occasion pour en avertir le public.

« Messieurs, dit-il aux spectateurs, je veux vous raconter une *picciole* fable que j'ai lue ce matin, car il me prend quelquefois envie de *diventar scavant ; mais la diro* en italien, et ceux qui *l'intenderano l'explicheranno* à ceux qui ne l'entendent pas. »

Et il récita de la manière la plus plaisante la fable de Lafontaine, *le Meunier, son fils et l'âne*.

« Messieurs, ajouta-t-il après l'avoir terminée, je suis le bonhomme ; je suis son fils, et je suis encore l'âne. Les uns me disent : Arlequin, il faut parler françois : les dames ne vous entendent pas, et les hommes ne vous entendent guère. Lorsque je les ai remerciés de leur avis, je me tourne d'un autre côté, et des seigneurs me disent : Arlequin, vous ne devez pas parler françois ; vous perdrez votre feu. Je suis embarrassé. Parlerai-je italien? parlerai-je françois? Je vous le demande, Messieurs. »

Quelqu'un du parterre lui répondit : *Parlez comme il vous plaira, vous ferez toujours plaisir.* Louis XIV avait fait la même réponse à un autre arlequin, au célèbre Dominique, qui avait été chargé d'aller défendre la cause de la Comédie italienne devant Sa Majesté, lorsque Baron, de la Comédie française, vint soutenir qu'elle seule avait le droit de jouer des pièces françaises. Baron exposa d'abord sa prétention, puis, quand il eut fini, Dominique demanda à Louis XIV s'il devait parler en italien ou en français.

Parle comme tu voudras, lui dit Sa Majesté.

Il n'en faut pas davantage, répondit Dominique, *j'ai gagné ma cause* : en effet, la Comédie italienne avait continué à jouer des pièces françaises.

Thomassin gagna aussi ce soir-là sa cause devant le public. Mais néanmoins, le désir de plaire aux dames et de les voir fréquenter leur théâtre, détermina les comédiens italiens à remettre à la scène plusieurs pièces françaises de l'ancien répertoire. Le 20 février 1718, ils représentèrent *Colombine avocat pour et contre* où mesdames Flaminia et Silvia se firent vivement applaudir. La tentative en outre fut heureuse, car les dames vinrent en foule assister à cette représentation.

Le 13 mars suivant, la Comédie italienne fut comprise dans la clôture générale et annuelle de tous les théâtres qui durait pendant vingt à vingt-cinq jours avant la fête de Pâques, et la réouverture eut lieu le 6 avril par un prologue, comme l'usage s'en perpétua les années suivantes. Mais ses représentations ne furent pas aussi suivies; l'excessive chaleur obligea même de les suspendre pendant sept jours (du 21 au 28 août); de plus, le nouveau goût du public pour les théâtres forains fit abandonner les autres spectacles, et c'est à cette occasion que Dominique [1] et Riccoboni firent jouer une pièce inti-

---

[1] C'était le fils du célèbre Arlequin. Il avait débuté le 12 octobre 1717 dans les rôles de Pierrot, où il avait été fort applaudi (Dorigny, *Annales du théâtre italien*, 1778).

tulée *la Désolation des deux Comédies*[1], dont voici le couplet final.

LA FOIRE.

Notre fortune est certaine.
La Foire désormais à Paris brillera
La troupe italienne
Faridondaine, et lon, la, la,
La troupe italienne,
Faridondaine partira.

LA COMÉDIE ITALIENNE.

Ne faites pas tant la vaine,
Le public, malgré vous, nous favorisera
La troupe italienne,
La troupe italienne,
Faridondaine et lon, la, la,
Faridondaine restera.

Et les spectateurs répétèrent en chœur :

La troupe italienne,
Faridondaine restera.

---

[1] Liste des principales pièces jouées à la Comédie italienne, depuis sa réouverture, en 1716, jusqu'à Marivaux.
1716. L'Heureuse surprise, comédie italienne (18 mai).
— Arlequin bouffon de cour, comédie italienne en trois actes (20 mai).
— Les Étrennes de l'Amour, pièce italienne (23 mai).
— Arlequin persécuté par la dame invisible, canevas italien (25 mai).
— La Folle supposée, comédie italienne en un acte (1ᵉʳ juin).
— La Dame amoureuse par envie, comédie italienne en trois actes (6 juillet).
— Flaminia veuve fidèle et soldat par vengeance, canevas italien en trois actes (5 octobre).
1717. L'Heureuse trahison, canevas italien en trois actes, par *Riccoboni* (27 janv.).
— La Force de l'amitié, canevas italien en trois actes par *le même* (6 février).
— Le Débauché et Arlequin qui se trahit lui-même, comédie italienne en trois actes par *le même* (3 mai).
— L'Italien francisé, comédie italienne en cinq actes par *le même* (30 juin).
— L'Imposteur malgré lui, comédie italienne en cinq actes par *le même* (4 juillet).
— Arlequin Démétrius, tragi-comédie italienne en cinq actes de *Boccabadati* (1ᵉʳ août).
— Arlequin bouffon de cour, comédie italienne (août).

HOTEL DE BOURGOGNE.

Les deux théâtres intentèrent en outre un procès à celui de la Foire, et lui firent *interdire la parole*. L'Opéra leur défendit *le chant*, et les nouveaux acteurs se trouvèrent ainsi réduits à la pantomime. Malgré cela, le public ne revint pas davantage à la Comédie italienne, et depuis cette époque jusqu'à l'année 1721, on ne trouve dans son histoire, d'autre événement à signaler que le changement de la devise du rideau de son théâtre. On remplaça *le phénix sur le bûcher*

— Arlequin dans l'île de Ceylan, comédie italienne en un acte (23 août).
— Arlequin muet par crainte, comédie italienne en trois actes par *Riccoboni* (16 décembre).
1718. Arlequin corsaire africain, comédie italienne en cinq actes par *le même* (5 janvier).
— La Métempsychose d'Arlequin, pièce italienne en un acte par *le même* et *Dominique* (19 janvier).
— Les Comédiens par hasard, canevas français en trois actes par *Gueulette* (15 mars).
— Le Port-à-l'Anglais, comédie française en trois actes par *Autreau* (25 avril).
— Le Père partial, comédie italienne en cinq actes par *Riccoboni* (29 mai).
— Arlequin valet de deux maîtres, pièce italienne en trois actes par *Riccoboni* (31 août).
— L'Amour maître de langues, comédie française en un acte par *Fuzelier* (18 septembre).
— La Désolation des deux comédies, comédie française par *Dominique* et *Riccoboni* (5 octobre).
— Le Procès des théâtres, comédie française en un acte par *Riccoboni* et *Dominique* (20 novembre).
— Le Joueur, canevas italien en trois actes par *Riccoboni* (6 décembre).
— L'Amante capricieuse, comédie française en tr. actes par *Autreau* (26 déc.).
1719. Arlequin Pluton, comédie française en trois actes par *Gueulette* (19 janv.).
— La Foire renaissante, comédie française en un acte par *Riccoboni* et *Dominique* (29 janvier).
— La Fausse magie, comédie française en trois actes par *Moncrif* (4 mai).
— La Mode, comédie française en un acte par *Fuzelier* (21 mai).
— Le Triomphe d'Arlequin, comédie française en un acte par *Dominique* (14 septembre).
— Les Amours de Vincennes, comédie française en un acte par *Dominique* (12 octobre).
— Le Philosophe trompé par la nature, comédie française en trois actes par *Saint-Jorry* (5 novembre).
— Les Aventures de la rue Quincampoix, comédie française en un acte par *Carolet* (21 novembre).
— Mélusine, canevas français en trois actes par *Fuzelier* (31 décembre).
1720. Le Trésor supposé, comédie française en trois actes par *Gueulette* (7 février).
— Les Amants ignorants, comédie française en trois actes par *Autreau* (14 avril).

par *Thalie couronnée de lierre, tenant un masque à la main et entourée des médaillons d'Aristophane, d'Eupolis, de Cratinus et de Plaute.* En haut on figura un soleil, et on mit au-dessous ces deux vers :

> Qui quærit alia his
> Malum videtur quærere.

En 1720, Marivaux avait cependant fait représenter à la Comédie italienne sa première pièce, *Arlequin poli par l'Amour*, et l'année suivante, Delisle avait aussi débuté par *Arlequin Sauvage*, qui obtint un si grand succès que quinze années après, rapporte La Harpe, « lorsque Voltaire annonça son *Alzire*, et le contraste des mœurs du nouveau monde avec celles de l'ancien, quelqu'un lui dit : Je vois ce que c'est, c'est *Arlequin Sauvage*, » mot que Voltaire n'oublia jamais [1].

De ces deux comédies date pour le théâtre de l'hôtel de Bourgogne une nouvelle ère de succès et une complète révolution dans les pièces qui y furent ensuite jouées. Les farces et les canevas italiens firent place à des ébauches moins grossières, à des comédies moins imparfaites dont le principal mérite, à défaut d'art et souvent d'esprit, fut de provoquer le rire. Les personnages de la Comédie italienne ne conservèrent plus leur caractère primitif et formèrent pour ainsi dire des types nouveaux. — L'Arlequin ainsi, dans les pièces de Delisle, devint « un philosophe misanthrope, gai, cynique, décent, qui voit les objets comme ils sont, les montre comme il les voit, s'exprime avec énergie et fait rire en raisonnant juste [3]. »

---

[1] Cette devise fut encore changée pour celle-ci tirée d'Horace :

> « Sublato jure nocendi. »

et remplacée enfin en 1760 par celle qui se trouvait primitivement sur le rideau du théâtre :

> « Castigat ridendo mores. »

[2] C'est lui-même qui le rapporte.
[3] FLORIAN, *Préface à son Théâtre.*

« Marivaux, continue Florian, fit des Arlequins moins naturels, moins philosophes que ceux de Delisle, mais plus délicats, plus aimables, et qui, à force d'esprit, rencontrent quelquefois la naïveté. » quand il répond par exemple, à son maître « il n'y a mardi pas de livre qui ait tant d'esprit qu'une femme quand elle est en corset et en petites pantoufles, » ou bien encore « franchement, monsieur, la femme est un peu vaurienne, mais elle a du bon. Entre nous, je la crois plus ratière que malicieuse [1]. »

Thomassin, dans la *Surprise de l'Amour*, remplit le rôle d'Arlequin avec talent. Lélio mit dans le sien beaucoup d'aisance et de finesse,

[1] *La Surprise de l'Amour*, — scène II, 1er acte, — scène V, 2e acte.
Le portrait de Mademoiselle Silvia a été fait d'après La Tour. (Voir aux Estampes de la Bibliothèque nationale.)

Mademoiselle Flaminia joua avec feu celui de Colombine et mademoiselle Silvia fit admirer comme toujours son jeu et la grâce de son débit dans le personnage de la comtesse [1].

Marivaux, malgré le succès de sa pièce, voulut garder l'anonyme, et les acteurs ne se doutèrent même pas qu'il en fût l'auteur. Ainsi on raconte que quelques jours après la première représentation, Marivaux, en rendant une visite à mademoiselle Silvia, aperçut une brochure sur une table, et lui en demanda le titre.

« C'est *la Surprise de l'Amour*, lui répondit-elle, cette pièce charmante dont l'auteur, en refusant de se nommer, est cause qu'elle n'est peut-être pas aussi bien jouée qu'elle pourrait l'être. »

Marivaux prit alors la comédie, et lut plusieurs passages du rôle de Mademoiselle Silvia.

« Ah! monsieur, s'écria-t-elle, en l'interrompant, vous me faites sentir toutes les beautés de mon rôle. Vous lisez comme je sentois qu'il falloit jouer; certainement vous êtes le diable ou l'auteur de la pièce. »

Marivaux s'était trahi. Le public apprit bientôt le nom de l'auteur de *la Surprise de l'Amour*, et son succès ne fit qu'augmenter de jour en jour.

L'année suivante (6 avril 1723), *la Double Inconstance*, du même auteur, fut aussi vivement applaudie, et le théâtre de l'hôtel de Bourgogne, avec les pièces de Marivaux, Delisle, Dominique, Autreau, Legrand et Riccoboni, lutta avec avantage contre l'engouement des spectateurs pour le théâtre de la Foire. Jusqu'à cette époque aussi la troupe italienne n'avait porté que le titre de *Troupe de Comédiens de Son Altesse Royale*; il lui fut permis de prendre celui de *Comédiens ordinaires du Roi*, et par suite elle mit sur la porte de l'hôtel de Bourgogne les armes de Sa Majesté avec cette inscription en lettres d'or :

HÔTEL DES COMÉDIENS ORDINAIRES DU ROI
ENTRETENUS PAR S. M.
RÉTABLIS A PARIS EN L'AN 1716.

Sa Majesté en outre leur alloua quinze mille livres de pension.

---

[1] Dorigny, *Annales du Théâtre-Italien*.

La Comédie italienne, devenue ainsi troupe royale, participa à toutes les réjouissances publiques qui eurent lieu au commencement du règne de Louis XV. Le 27 octobre 1725, elle donna une représentation gratis [1] de *Belphégor*, comédie-ballet en trois actes, à l'occasion du mariage de Sa Majesté, et probablement on supprima ce soir-là plusieurs couplets du vaudeville final qui, comme celui-ci, se trouvaient peu de circonstance.

> Lorsque dans l'hymen on s'engage,
> Tout plaît, parce qu'il est nouveau ;
> Mais deux jours après on enrage
> Du mauvais marché qu'on a fait
> C'est le laid.
> On n'a plus d'espoir qu'au veuvage.

Pareille représentation gratis fut aussi plus tard donné par la Comédie italienne lors de la naissance des deux filles du roi ; mais quand le dauphin vint au monde, elle ne se contenta pas de cette simple marque de satisfaction.

---

[1] La première représentation gratis se donna en 1660 à l'Hôtel de Bourgogne, à l'occasion de la paix des Pyrénées. On joua ce jour-là le *Stilicon* de Thomas Corneille.
On lit dans la *Muse historique* de Loret, à la date du 21 janvier 1660 :

> Floridor et ses compagnons
> Sans être invités ni sermons
> Que par la véritable joie,
> Que dans le cœur la paix envoie,
> Pour réjouir grands et petits,
> Jeudi récitèrent gratis
> Une de leurs pièces nouvelles,
> Des plus graves et des plus belles
> Qu'ils firent suivre d'un ballet
> Gai, divertissant et follet,
> Contribuant de bonne grâce
> Aux plaisirs de la populace ;
> Par cette générosité,
> Autrement libéralité,
> Qui fut une évidente marque
> De leur zèle pour le monarque.

Le 9 septembre 1729, après avoir joué gratis *la Fille mal gardée* ou *la Précaution inutile*, elle plaça des illuminations dans les deux rues où étaient les portes de l'hôtel de Bourgogne, et de plus elle fit tirer un magnifique feu d'artifice.

« La charpente du feu d'artifice et de l'illumination avait quarante-six pieds de hauteur, et représentait un arc-de-triomphe élevé à la gloire du nouveau dauphin. Cet arc-de-triomphe consistait en un obélisque élevé sur un ordre d'architecture rustique. Au-dessus des pilastres étaient placés quatre génies, savoir : deux à chaque face tenant d'une main un brandon et de l'autre un médaillon. L'obélisque était enveloppé dans une nue qui semblait descendre de son sommet en forme de tourbillon jusqu'au pied.

« A la face, du côté de la rue Comtesse-d'Artois, était le symbole de la France offrant ses vœux à Junon Lucine. Cette déesse, qui préside aux accouchements, propice aux vœux de la France, lui montre Mercure qui descend du ciel et montre le Dauphin à l'Aurore, qui est placé au haut de la nue, tenant d'une main son flambeau, et de l'autre répandant des fleurs. On lit pour devise au-dessous de la représentation du Dauphin : *Spes unica plebis*[1]. »

Dans le médaillon du Génie placé à droite, se trouvait cette inscription : *Sol nascitur ;* dans celui de gauche, celle-ci : *Lilia crescunt ;* et dans le cartouche du milieu, au-dessous de la France :

Deus nobis hæc otia fecit.

A la face du côté de la rue Française, on voyait la figure de la *Félicité publique* au bas d'un nuage ; elle portait dans la main droite un caducée, dans l'autre une corne d'abondance, et elle ordonnait aux Génies d'exciter les jeux et les plaisirs.

Dans le haut de la nue, paraissaient *l'Hymen et l'Amour*, portant le nouveau Dauphin, et au-dessus *la Renommée* tenait d'une main une couronne sur la tête du prince, et de l'autre une trompette, pour annoncer à tous les peuples de la terre le bonheur de la France.

Histoire anecdotique du Théâtre-Italien. — Paris, 1769.

Dans un médaillon à droite, on lisait ces mots : *Vota dedit*; dans celui de gauche : *Ad Nestoris annos*; et dans le cartouche du milieu : *Felicitati publicæ*.

Le feu d'artifice, d'une composition ingénieuse, excita l'admiration générale, et, les 10 et 11 du même mois, une deuxième illumination et un magnifique concert public complétèrent les fêtes données par la Comédie italienne en l'honneur du Dauphin.

L'année suivante, la naisssance du duc d'Anjou lui donna encore l'occasion de montrer sa reconnaissance pour les bienfaits de Sa Majesté. Comme précédemment, elle fit des illuminations, des feux, et donna une représentation gratis, qui se composa des *Paysans de Qualité*, comédie en un acte de Dominique et de Romagnési; d'un ballet, intitulé *le May*, et d'une autre pièce, *le Triomphe de Plutus*.

Marivaux, qui en est l'auteur, avait fait représenter cette année-là (23 janvier 1730) une de ses meilleures pièces. *Les Jeux de l'Amour et du Hasard* avaient obtenu un très-grand succès, et l'actrice Silvia, pour laquelle cette comédie avait été faite, avait contribué à sa réussite par la vivacité et la finesse de son jeu. L'année suivante, elle créa le rôle d'Angélique dans *l'École des Mères*, et lui prêta son admirable naïveté. Plus tard, dans *les Fausses Confidences*, elle rendit avec talent le rôle d'Araminthe; puis elle joua dans *les Sincères* et dans *l'Épreuve*, la dernière pièce que Marivaux ait donnée au Théâtre-Italien [1] (11 novembre 1740); enfin, nulle actrice alors ne comprit mieux qu'elle le langage de cet auteur.

A cette époque, la troupe italienne ne se composait plus des

---

[1] Liste des principales pièces jouées à la Comédie italienne depuis la première comédie de Marivaux jusqu'au 11 novembre 1740.

1720. Arlequin poli par l'amour, comédie en un acte de *Marivaux* (17 octobre).
1721. Les Étrennes, comédie en un acte de *Dominique* (10 janvier).
— Diane et Endymion, comédie italienne en trois actes de *Riccoboni* (6 février).
— Arlequin camarade du diable, comédie en trois actes de *Jorry* (4 mars).
— Arlequin sauvage, comédie en trois actes de *Delisle* (17 juin).
— Belphégor, comédie en trois actes de *Legrand* (24 août).
— Les Terres Australes, comédie en un acte de *Dominique* (23 septembre).
— La Veuve coquette, comédie en un acte de *Desportes* (19 octobre).

mêmes acteurs que dans l'origine. Elle avait perdu, le 9 mai 1723, Bissoni le *Scapin*; — le 4 janvier 1731, Alborghetti, le *Pantalon*; — en 1733, madame Violette, la *Soubrette*; — le 29 novembre 1738,

1722. Timon, comédie en trois actes de *Delisle* (2 janvier).
— La Surprise de l'Amour, comédie en trois actes de *Marivaux* (3 mai).
— Polyphème, comédie en trois actes de *Riccoboni* (31 août).
— Les Noces de Gamache, comédie en un acte de *Fuzelier* (16 septembre).
— Arlequin amoureux par enchantement, comédie en un acte, par *Beauchamps* (16 décembre).
1723. La Banque des sept Sages, comédie en trois actes de *Delisle* (15 janvier).
— La Double Inconstance, comédie en trois actes de *Marivaux* (6 avril).
— Le Bois de Boulogne, comédie en un acte de *Dominique* (24 juillet).
— Le Triomphe de la Folie, comédie en un acte de *Dominique* (24 juillet).
— Le Départ des Comédiens, comédie de *Dominique* et *Legrand* (24 octobre).
— Le Besoin d'aimer, comédie en trois actes d'*Autreau* (2 décembre).
1724. Le Prince travesti, comédie en trois actes de *Marivaux* (5 février).
— Les Anonymes, comédie en un acte de *Roy* (14 mars).
— La fausse Suivante, comédie en trois actes de *Roy* (8 juillet).
— Le Retour des Comédiens, comédie italienne en un acte de *Dominique* (2 décembre).
— Le Dédain affecté, comédie en trois actes de Mlle *Monicaut* (26 décembre).
1725. La Folle raisonnable, comédie en un acte de *Dominique* (9 janvier).
— Le Faucon, comédie en trois actes de *Delisle* (6 février).
— L'Ile des Esclaves, comédie en un acte de *Marivaux* (5 mars).
— La Force du Sang, comédie en trois actes de *Brueys* et *Palaprat* (21 avril).
— L'Embarras des Richesses, comédie en trois actes de *Dalinval* (9 juillet).
— L'Héritier de Village, comédie en un acte de *Marivaux* (19 août).
— Les Enfants de la Joie, comédie en un acte de *Piron* (28 novembre).
1726. Le Retour de la Tragédie, comédie en un acte de *Romagnési* (5 janvier).
— Le Tour de Carnaval, comédie en un acte de *Dalinval* (24 février).
— Le Bagne magique, comédie en un acte de *Fuzelier* (15 mars).
— La Veuve à la Mode, comédie en trois actes de *Saint-Foix* (26 mars).
— Le Temple de la Vérité, comédie en deux actes de *Romagnési* (11 juin).
— L'Amour Précepteur, comédie en trois actes de *Gueulette* (25 juillet).
— Arcagambis, tragédie de *Riccoboni* (10 août).
— Le Philosophe dupe de l'Amour, comédie en un acte de *Saint-Foix* (29 octobre).
— La Femme jalouse, comédie en trois actes de *Jolly* (11 décembre).
1727. Le Portrait, comédie en un acte de *Beauchamps* (9 janvier).
— Le Berger d'Amphrise, comédie en trois actes de *Delisle* (20 février).
— Le Contraste de l'Hymen et de l'Amour, comédie en trois actes de *Saint-Foix* (7 mars).

HOTEL DE BOURGOGNE.   119

Materazzi, le *Docteur*, et quelques années après, Thomassin, l'*Arlequin*; mais elle les avait dignement remplacés.

Angelo Constantini, qui avait joué à l'hôtel de Bourgogne sous le

— Arlequin astrologue, comédie italienne de *Delisle* (13 mai).
— L'Horoscope accompli, comédie en un acte de *Gueulette* (6 juillet).
— L'Ile de la Folie, comédie en un acte de *Lelio fils, Dominique* et *Romagnési* (24 septembre).
— Le Sincère à contre-temps, comédie italienne en un acte de *Riccoboni* (10 novembre).
1728. L'Amant Protée, comédie française en trois actes de *Lacroix* (4 février).
— Le Triomphe de Plutus, comédie en un acte de *Marivaux* (22 avril).
— Le Retour de Tendresse, comédie en un acte de *Romagnési* (31 mai).
— L'Italien marié à Paris, comédie en cinq actes de *Riccoboni* (29 novembre).
1729. Les Paysans de Qualité et les Débuts, comédie en un acte de *Dominique* et *Romagnési* (21 juillet).
— Melpomène vengée, comédie en un acte de *Boissy* (3 septembre).
— Le Feu d'Artifice, comédie en un acte de *Dominique* et *Romagnési* (28 septembre).
— Le Prince malade, tragi-comédie en trois actes de *Lagrange-Chancel* (12 novembre).
1730. Le Jeu de l'Amour et du Hasard, comédie en trois actes de *Marivaux* (23 janvier).
— Démocrite cru fou, comédie en un acte d'*Autreau* (24 avril).
— La Réunion forcée, comédie en un acte d'*Avisse* (1er août).
— L'Amante difficile, comédie italienne en trois actes de *Lamotte* (23 août).
— La Sylphide, prologue en un acte de *Dominique* et *Romagnési* (11 septembre).
— L'Ile du Divorce, comédie en un acte des *mêmes* (11 septembre).
1731. Le Je-ne-sais-quoi, comédie en un acte de *Boissy* (10 septembre).
— Le Phénix, comédie en un acte de *Castéra* (5 novembre).
— La Vérité fabuliste, comédie en un acte de *Laulnay* (27 novembre).
1732. Danaüs, tragi-comédie en trois actes de *Delisle* (21 janvier).
— La Critique, comédie en un acte de *Boissy* (9 février).
— Le Triomphe de l'Amour, comédie en trois actes de *Marivaux* (12 mars).
— L'École des Mères, comédie en trois actes du *même* (26 juillet).
— Arlequin au Parnasse, parodie de Zaïre, par l'abbé *Nadal* (2 décembre).
— Les Enfants trouvés, parodie de Zaïre, par *Dominique, Riccoboni* et *Romagnési* (9 décembre).
1733 L'Hiver, comédie en un acte de *Dalinval* (19 février).
— Les quatre Semblables, comédie en trois actes de *Dominique* (5 mars).
— L'heureux Stratagème, comédie en trois actes de *Marivaux* (6 juin).
— Le Temple du goût, comédie en un acte de *Romagnési* (11 juillet).
— Le Bouquet, comédie en un acte de *Romagnési* et *Riccoboni* (12 août).

règne de Louis XIV, y avait d'abord fait sa rentrée le 5 février 1729, et avait repris les rôles qu'il avait joués autrefois. Il y avait à cette représentation « un concours si extraordinaire, dit le *Mercure de France*, que nonobstant le prix de toutes les places au double ce jour-là, la salle ne put contenir à beaucoup près toutes les personnes qui se présentèrent. » Son succès, enfin, avait été complet; mais on

1734. La Surprise de la Haine, comédie en trois actes de *Boissy* (10 février).
— Momus corrigé, comédie en un acte du *même* (1er août).
— Les Billets doux, comédie en un acte du *même* (15 septembre).
— Le Déguisement, comédie en un acte de *Lagrange* (13 décembre).
1735. Les Ennuis du Carnaval, comédie en un acte de *Romagnési* et *Riccoboni* (15 février).
— La Mère confidente, comédie en trois actes de *Marivaux* (9 mai).
— Le Conte de Fée, comédie en un acte de *Romagnési* et *Riccoboni* (26 mai).
— Les Adieux de Mars, comédie en un acte de *Lefranc de Pompignan* (30 juin).
— La Feinte inutile, comédie en cinq actes de *Romagnési* (22 août).
— Les Amants jaloux, comédie en trois actes de *Boissy* (21 novembre).
— Le Retour de Mars, comédie en un acte de *Lanoue* (20 décembre).
1736. Le Comte de Neuilly, comédie héroïque en cinq actes de *Boissy* (18 janvier).
— Les Contre-Temps, comédie en trois actes de *Lagrange* (18 février).
— Les Fées, comédie en trois actes de *Romagnési* et *Couteaux* (14 juillet).
— Les Mascarades amoureuses, comédie en un acte de *Merville* (4 août).
1737. La Fille arbitre, comédie en trois actes de *Romagnési* (14 janvier).
— Les fausses Confidences, comédie en trois actes de *Marivaux* (16 mars).
1738. L'Esprit du Divorce, comédie en un acte de *Morand* (27 février).
— L'Art et la Nature, comédie en un acte de *Cholet* (5 mai).
— Le Valet auteur, comédie en trois actes de *Delisle* (2 août).
— L'École du Temps, comédie en un acte de *Pesselier* (11 septembre).
— Les Muses, pièce en quatre parties (12 décembre).
1739. Les Sincères, comédie en un acte de *Marivaux* (13 janvier).
— Le Rival favorable, comédie en trois actes de *Boissy* (30 janvier).
— L'Amant Protée, comédie en trois actes de *Romagnési* (5 mars).
— L'École de la Raison, comédie en un acte de *Delafosse* (30 mai).
— Les Caprices du Cœur et de l'Esprit, comédie en trois actes de *Delisle* (25 juin).
— Les Talents à la Mode, comédie en trois actes de *Boissy* (17 septembre).
1740. L'Amant auteur et valet, comédie en un acte de *Coron* (8 février).
— Le Superstitieux, comédie en trois actes de *Romagnési* (5 mars).
— Le Naufrage d'Arlequin, canevas italien en trois actes (11 juin).
— L'Épreuve, comédie en un acte de *Marivaux* (11 novembre).

l'avait surtout applaudi, quand, s'adressant au public, il avait chanté ces vers composés pour la circonstance :

> Mezzetin, par d'heureux talents,
> Voudroit vous satisfaire.
> Quoiqu'il soit depuis longtemps
> Presque sexagénaire,
> Il rajeunira de trente ans
> S'il peut encore vous plaire.

Les jours suivants, les duchesses de Bourbon et du Maine, plusieurs dames et seigneurs de la cour avaient honoré de leur présence la Comédie italienne, et avaient rendu hommage au talent de Constantini, en mêlant leurs bravos à ceux des autres spectateurs.

— Plusieurs débuts avaient enfin successivement eu lieu. Ceux de Ciavarelli, De Hesse et Rochard avaient été heureux; mais mademoiselle Hippolyte de la Tude, plus connue sous le nom de mademoiselle Clairon, avait été moins favorablement accueillie par le public : aussi resta-t-elle peu de temps à la Comédie italienne. Elle fut ensuite engagée à l'Opéra, puis au Théâtre-Français où elle obtint de si grands succès.

— Madame Biancolelli réussit davantage dans son début (le 6 février 1737) par le rôle de Lucile, de *la Surprise de la Haine*. Le lendemain, on lui adressa ce galant compliment :

> Par la surprise de la Haine,
> En vain vous avez cru débuter en ce jour :
> Non, non, pour qui vous voit paraître sur la scène,
> C'est la surprise de l'Amour.

— Bertinazzi, autrement dit Carlin, débuta le 10 avril 1741 par *Arlequin muet par crainte*; et voici comment Rochard, l'un des acteurs de la Comédie italienne, prépara le public à bien accueillir le nouvel Arlequin.

« Le nouvel acteur sait, Messieurs, non-seulement ce qu'il y a à craindre en paraissant devant vous, mais en y paraissant encore après l'excellent comédien que nous avons perdu, dont il va jouer le même rôle. Les sujets d'une si juste crainte seroient balancés dans son esprit, s'il connoissoit les ressources qu'il doit trouver dans votre indulgence ; mais c'est en vain que nous avons essayé de le rassurer, il ne peut être convaincu de cette vérité que par vous-mêmes, et nous espérons que vous voudrez bien souscrire aux promesses que nous lui avons faites de votre part ; elles sont fondées sur une si longue et si heureuse expérience, que nous sommes aussi sûrs de vos bontés que vous devez l'être de notre zèle et de notre profond respect. »

Ce préambule était inutile. Carlin montra dans son rôle « tant de *naturel et de variété, une précision si exacte, un jeu si correct, un talent si aimable, que le public ne cessa de l'applaudir* [1]. »

— Sur la même scène, parut quelques mois plus tard Véronèse dans le rôle de Pantalon du *Double Mariage d'Arlequin*. Sa fille, Coraline, fit aussi ses débuts dans la même pièce par le rôle de Colombine. « On ne savait, dit Dorigny, ce qu'il fallait admirer le plus de son talent ou de sa beauté. » Aussi cette jeune actrice, qui devait être longtemps sans rivale dans la comédie, inspira plus tard à Marmontel une violente passion, dont ces vers nous ont conservé le souvenir.

> Oui, Lucinde, je t'aime, et mon âme ravie
> A puisé dans tes yeux une nouvelle vie :
> Volage dans mes goûts et froid dans mes désirs
> Je ne trouvais partout que l'ombre des plaisirs.
> Je t'ai vue, et mon cœur a reconnu son maître,
> Surpris de ses transports, il s'est senti renaître.
> . . . .
> Ce climat vif et pur, ces lieux plus beaux encore [2]
> Depuis qu'ils t'ont vu naître, et mille amours éclore ;
> Ce pays des héros, des grâces, des talents,
> Avait produit Cinthie aux yeux étincelants ;
> Délie au doux sourire, au séduisant langage ;

---

[1] *Annales du Théâtre-Italien*, par DORIGNY.
[2] Elle était originaire de Venise.

Corinne au teint de rose, au cœur tendre et volage :
Mais crois-moi, ma Lucinde, en ces temps si vantés
Si l'on t'eût vu paraître auprès de ces beautés,
Avec cette fraîcheur, cet éclat, ce sourire,
Cette bouche appelant le plaisir qu'elle inspire,
Ce corsage arrondi tel que l'avait Psyché
Quand l'Amour, comme un lierre, y semblait attaché ;
Ce sein ferme et poli qui, repoussant la toile,
De son bouton de rose enfle et rougit le voile ;
Cette main que l'Amour baisait en la formant
Et qui ranimerait la cendre d'un amant ;
Crois-moi, dis-je, Properce, Ovide ni Tibulle
N'auraient brûlé jamais que des feux dont je brûle,
Et le nom des beautés célébré dans leurs vers
N'auraient jamais reçu l'encens de l'univers.

— Sa sœur, Camille, n'était pas moins jolie qu'elle. Elle avait en outre le geste du sentiment, qui ne s'apprend point devant un miroir, et le ton de la nature, que l'art ne peut donner, mais que le cœur donne quand il est pénétré. A l'âge de douze ans, elle parut pour la première fois (1ᵉʳ juillet 1747) sur la scène dans *les Deux Sœurs rivales*, comédie italienne faite exprès pour elle et sa sœur, puis dans *les Tableaux*, comédie de *Panard*. Elle rendit, avec beaucoup de talent, à ce que disent les contemporains, les deux rôles qu'on lui avait confiés, et dansa admirablement tous les caractères de la danse. Comme sa sœur, elle eut enfin son admirateur et son poëte. Panard lui adressa alors ces vers :

Objet de nos désirs dans l'âge le plus tendre,
Camille, ne peut-on vous voir et vous entendre
Sans éprouver les maux que l'amour fait souffrir ;
Trop jeune à la fois et trop belle
En nous charmant sitôt, que vous êtes cruelle !
Attendez pour blesser que vous puissiez guérir.

— Madame Favart, que l'on voit, en suivant l'ordre chronologique, paraître ensuite sur le théâtre de l'hôtel de Bourgogne, fit ses débuts au mois d'août 1749 dans *l'Épreuve* et *la Débutante*. « Elle dansa aussi dans le ballet qui finit ces deux pièces, et déploya, tant pour la déclamation que pour la danse, des talents [1]. » Son succès, en effet, fut immense, et le retentissement qu'il eut ne fit qu'accroître la passion qu'avait conçue pour elle le maréchal de Saxe. Jusqu'alors elle avait pu résister; mais, peu de temps après, elle fut enlevée par son ordre et détenue pendant deux années dans un couvent. Elle dut enfin céder, mais elle profita de sa liberté pour se sauver : elle vint retrouver son mari, que les persécutions du vainqueur de Fontenoy avaient forcé de se cacher dans une cave, et d'y gagner sa vie en peignant sur des éventails à la lueur d'une lampe. Favart, qui aimait sa femme ne fut pas entièrement rendu au bonheur par sa présence, et ni la mort du maréchal, ni le temps, ne purent calmer ses chagrins. L'étude seule y fit diversion : il se mit à écrire pour le théâtre, et pendant la composition de ses ouvrages, il ne s'aperçut pas, ou du moins il feignit de ne pas s'apercevoir de la liaison de sa femme avec l'abbé Voisenon [2].

Les Amants inquiets, *les Indes dansantes*, *les Amours champêtres*, *Fanfale*, *Tyrcis et Doristhée*, *Raton et Rosette*, ses premières pièces, fu-

---

[1] DORIGNY, *Annales du Théâtre-Italien*.
[2] Suite de la liste des pièces jouées à la Comédie italienne (du 11 novembre 1740 au 3 février 1762, époque de la réunion de ce théâtre avec l'Opéra-Comique).

1741. Pigmalion, comédie en trois actes de *Baurans* (13 janvier).
— L'Écho du Public, comédie en un acte de *Romagnési* et *Riccoboni* (7 mars).
— Les Oracles, comédie en un acte de *Romagnési* (21 décembre).
1742. Le Mari Garçon, comédie en trois actes de *Boissy* (10 février).
— Le Valet embarrassé, comédie en trois actes d'*Avisse* (29 mai).
— Les Dieux travestis, comédie en un acte de *Merville* (9 août).
1743. Le Sylphe, comédie en un acte de *Saint-Foix* (5 février).
— La Vertu mieux éprouvée, comédie en trois actes de *Boissy* (4 mars).
— L'Ile des Talents, comédie en un acte de *Fagan* (19 mars).
— Les Petits Maîtres, comédie en trois actes d'*Avisse* (2 juillet).
— Arlequin et Scapin, Magiciens par Hasard, canevas italien en quatre actes (15 juillet).
— Le Combat magique, canevas italien en cinq actes (12 septembre).
1744. Le Tuteur, canevas italien en un acte (7 janvier).
— Les Mariages assortis, comédie en trois actes de *Voisenon* (10 février).
— L'Apparence trompeuse, comédie en un acte de *Merville* (2 mars).

rent représentées au Théâtre-Italien dans le courant des années 1751 et 1752, et furent assez applaudies; mais *les Amours de Bastien et de*

- Le Divorce d'Arlequin et de Colombine, canevas italien en trois actes (10 juin).
- Coraline magicienne, canevas italien en cinq actes (2 juillet).

1745. Le Siége de Grenade, pièce italienne de *Ciavarelli* et M*me Riccoboni*.
- Le Trésor caché, comédie en cinq actes (17 mars).
- L'Impromptu des Acteurs, comédie en un acte de *Bernard* (26 avril).
- Les Ennuis de Thalie, comédie en un acte du *même* (12 juillet).

1746. Le Plagiaire, comédie en trois actes de *Boissy* (1er février).
- La Coquette fixée, comédie en trois actes de *Voisenon* (10 mars).
- La Félicité, comédie en un acte (20 avril).
- Le Prince de Salerne, canevas italien en cinq actes de *Véronèse* le père et M*me Riccoboni* (24 septembre).

1747. L'Amour Castillan, comédie en trois actes de *Lachaussée* (11 avril).
- Le Double Déguisement, comédie en un acte de *Saint-Foix* (22 mai).
- Zéloïde, tragédie en un acte du *même* (29 mai).
- Arlequin au Sérail, comédie en un acte du *même* (29 mai).
- Les Deux Sœurs rivales, canevas italien de *Véronèse* (1er juillet).
- Les Tableaux, comédie en un acte de *Panard* (18 septembre).

1748. Les Valets Maîtres, comédie en deux actes de *Boissy* (20 février).
- L'Année merveilleuse, comédie en un acte de *Rousseau de Toulouse* (18 juillet).
- Les Fées Rivales, canevas italien en quatre actes de *Véronèse* (18 septembre).

1749. La Cabale, comédie en un acte de *Saint-Foix* (11 janvier).
- Le Retour de la Paix, comédie en un acte de *Boissy* (22 février).
- La Comète, comédie en un acte du *même* (11 juin).
- Les Savoyards, ballet de *Hesse* (1er septembre).

1750. Le Provincial à Paris, comédie en trois actes de *Moissy* (4 mai).
- Le Réveil de Thalie, comédie en un acte de *Voisenon* (17 juin).
- Le Pédant, ballet pantomime de *Hesse* (16 décembre).

1751. Le Prix du Silence, comédie en trois actes de *Boissy* (26 février).
- Les Amants inquiets, comédie en un acte de *Favart* (9 mars).
- Les Noms changés, canevas italien de *Véronèse* (21 mai).
- Les Indes dansantes, comédie de *Favart* (26 juillet).
- Les Amours champêtres, comédie du *même* (2 septembre).
- Les Vingt-Six Infortunes d'Arlequin, pièce italienne en trois actes de *Véronèse* (22 septembre).
- Les Vœux accomplis, pièce de *Panard* (2 octobre).
- Les Noces Bergamasques, ballet de *Hesse* (1er décembre).

1752. Fanfale, comédie de *Favart* (8 mars).
- Les Bergers de Qualité, comédie de *Gondaut* (5 mai).
- Tyrcis et Doristhée, comédie de *Favart* (4 septembre).
- Alceste, divertissement de *Saint-Foix* (10 septembre).
- La Rivale Confidente, comédie en trois actes de mademoiselle *Saint-Phallier* (12 décembre).

Bastienne, parodie du *Devin de Village*, qui fut jouée le mercredi 26 septembre 1753, eut un grand succès. « On s'est lassé de la jouer

1753. La Frivolité, comédie en un acte de *Boissy* (23 janvier).
— Raton et Rosette, comédie en un acte de *Favart* (27 mars).
— Les Fêtes des environs de Paris, pièce en un acte de *Gondaut* (4 juillet).
— Les Amours de Bastien et de Bastienne, parodie par M. ou Madame *Favart* et *Harny* (26 septembre).
— La Revue des Théâtres, pièce en un acte de *Chevrier* (22 décembre).
1754. Le Retour du Goût, comédie en un acte de *Chevrier* (25 février).
— Zéphire et Fleurette, comédie en un acte de *Panart*, *Favard* et *Laujon* (23 mars).
— La Campagne, comédie en un acte de *Chevrier* (14 août).
— L'Esprit du Jour, comédie en un acte de *Rousseau de Toulouse* (11 septembre).
— La Fête d'Amour, comédie en un acte de *Favart* et *Chevalier* (5 décembre).
1755. Ninette à la Cour, comédie mêlée d'ariettes en trois actes de *Favart* (12 février).
— Le Maître de Musique, comédie en un acte de *Baurans* (3 mai).
— Les Chinois, comédie de *Naijeon* (18 mai).
— Le Prix de Beauté, comédie en un acte de *Mailhol* (3 juillet).
1756. Les Chinois, comédie en un acte de *Favart* (18 mars).
— Le Retour imprévu, comédie en trois actes de *La Chaussée* (15 juillet).
— Plutus rival de l'Amour, comédie en un acte de madame *Hus* (2 septembre).
— Le Charlatan intermède, comédie en deux actes de *La Combe* (12 novembre).
— La Jeune Grecque, comédie en trois actes de madame *Graffigny* (16 décembre).
1757. Ramir, comédie héroïque en quatre actes de *Mailhol* (31 janvier).
— Jeannot et Jeannette, comédie en un acte d'*Harny*, *Favart* et *Guérin* (1ᵉʳ septembre).
1758. La Noce interrompue, comédie en trois actes de *Favart* (26 janvier).
— La Nouvelle école des femmes, comédie en trois actes de *Moissy* (6 août).
— L'Entêté, comédie en un acte de *Bret* (5 juin).
— Melezinde, comédie en trois actes de *Lebeau* (7 août).
1759. Petrine, comédie en un acte de *Favart* (31 janvier).
— Le Sultan généreux, ballet héroïque de *Pitrot* (10 mars).
— L'Impromptu de l'Amour, comédie en un acte de *Moissy* (19 novembre).
1760. L'Innocente Supercherie, comédie en trois actes de *Laval* (10 février).
— Les Ménages par Réconciliation, canevas italien (27 août).
— Le Prétendu, comédie en trois actes de *Riccoboni* fils (6 novembre).
1761. Les Coquets, comédie en trois actes du *même* (4 février).
— Les Trois Sultanes, comédie en trois actes de *Favart* (9 août).
— Mazet, pièce à ariettes d'*Anseaume* (24 septembre).
— Les Noces d'Arlequin, canevas italien de *Cotalto* (30 octobre).

avant qu'on fût las de l'entendre, » dit Dorigny. Madame Favart faisait Bastienne et paraissait sur le théâtre avec *un habit de serge, la chevelure plate, une croix d'or et des sabots*. Cette nouveauté ayant excité quelques murmures dans le parterre, l'abbé Voisenon les fit cesser en disant : *Ces sabots-là donneront des souliers aux Comédiens*, et il ne se trompa pas. Cette pièce eut un grand nombre de représentations. Madame Favart y atteignait à la perfection de son art; elle y était enfin idolâtrée du public au point de donner de l'humeur à Voltaire, et dans une représentation à son bénéfice où elle joua cette pièce et *la Servante Maîtresse*, la recette s'éleva à 6,000 livres, ce qui n'était jamais arrivé. — De plus, sous ce simple costume, elle était si jolie que Carle Vanloo voulut la peindre ainsi, et un poëte con‑

temporain composa ces vers pour mettre au bas du portrait :

Le portrait de madame Favart a été fait d'après Carle Vanloo. (Voir aux Estampes de la Bibliothèque nationale.)

> L'amour, sentant un jour l'impuissance de l'art,
> De Bastienne emprunta le nom et la figure,
> Simple, tendre, suivant pas à pas la nature,
> Et semblant ne devoir ses talents qu'au hasard.
> On demesloit pourtant la mine d'un espiègle
> Qui fait des tours, se cache afin d'en rire à part,
> Qui séduit la raison et qui la prend pour règle;
> Vous voiez son portrait sous les traits de Favart.

On fit aussi à cette occasion sur elle le quatrain suivant :

> Elle inspira l'amour sans flatter un amant ;
> Qui croit en triompher, s'abuse :
> Dans ses yeux où l'on voit briller le sentiment,
> Elle peint ce qu'elle refuse.

Ninette à la Cour, — une des meilleures pièces qui nous soient restées de la Comédie italienne, — eut ensuite un succès encore plus grand. Le rôle de Ninette fut le triomphe de madame Favart, et le personnage de Colas, celui de Rochard.

Dans l'histoire du Théâtre, cette comédie, outre son mérite, a de plus une grande importance, car elle détermine l'époque où l'on commença à jouer des pièces à *ariettes*.

Avec ce nouveau genre, il fallut nécessairement opérer de grands changements dans le personnel de la Comédie italienne, et la mort de mademoiselle Silvia et de Véronèse père, la retraite de sa fille Caroline permirent d'engager de nouveaux acteurs. Indépendamment de MM. Rochard, De Hesse, Desbrosses et Champville, et de mesdames Catinon et Desglands, qui secondaient admirablement madame Favart, on vit paraître sur ce théâtre trois nouveaux acteurs : *Zanuzi*, qui se fit applaudir dans les rôles de premier amoureux ; *Colatto*, qui passait pour un des meilleurs acteurs de l'Italie et jouait les rôles de Pantalon ; enfin *Caillot*. Cet acteur était d'une physionomie agréable et d'une tournure avantageuse : il avait une magnifique basse-taille, et chantait aussi la haute-contre. En outre son débit était gracieux et son jeu plein de naturel.

Tous trois enfin débutèrent avec succès sur le théâtre provisoire que la Comédie italienne avait loué sur les remparts pour y continuer ses représentations pendant la fermeture de l'hôtel de Bourgogne qui eut lieu au commencement du mois de mai 1760.

De grandes réparations en effet étaient devenues urgentes tant pour la solidité de la salle que pour sa décoration, et le duc d'Aumont, premier gentilhomme de la chambre du roi, avait ordonné de les exécuter. Les travaux durèrent cinq mois ; il ne fut rien changé à l'ancienne disposition de la salle, mais elle fut entièrement restaurée.

« L'avant-scène était décorée par deux colonnes accouplées d'ordre corinthien de toute la hauteur de la salle, et surmontées d'une architrave en relief qui se liait avec la frise et la corniche peinte sur le plafond. Le soffite de ces colonnes était orné de rinceaux d'un goût antique avec de belles rosettes dans les milieux. Le socle régnait avec le dessous des balcons. Toute cette avant-scène était peinte en marbre blanc veiné, et tous les chapiteaux, bases et ornements dorés ; dans l'épaisseur de cette avant-scène étaient pratiqués deux escaliers conduisant à tous les balcons et aux loges grillées placées sur le théâtre.

« Les balcons de niveau avec les premières loges sont d'une très-belle composition ; les grilles des petites loges qui sont dessous, sont de bon goût et s'accordent bien avec l'ensemble général.

« Toute cette salle est peinte en marbre blanc veiné et tous les ornements sont en or. Les poteaux des premières loges sont décorés de têtes de lions en consoles, tenant un feston de laurier. Les devantures sont ornées de feuilles de refend et de canaux : le dessous de ces devantures est soutenu par des consoles très-mâles : le dessous des plates-bandes est orné de rosettes qui s'entrelacent et de postes courantes.

« Les appuis des deuxièmes loges sont ornés successivement de lyres avec des branches de laurier et une guirlande de chêne, et de médaillons pareillement ornés de guirlandes. Les plates-bandes de ces deuxièmes loges sont les mêmes que celles des premières.

« Ceux des troisièmes loges sont embellis par des têtes d'Apollon et des rinceaux d'ornements. Des consoles d'un bon genre ornent les poteaux des deuxièmes et des troisièmes. Autour de celles-ci règnent les deux premières moulures de l'architrave de l'avant-scène, lesquelles servent de tailloir aux consoles, et suppléent l'architrave de la corniche qui est mâle et dont tous les ornements sont bien entendus[1]. »

La salle en outre avait été augmentée de trois loges d'avant-scène de six places chacune, et repeinte et dorée en entier. Les fonds des loges qui étaient autrefois en marbre de brèche violette avaient été décorés en damas jaune.

Sur le plafond, on avait figuré au milieu de la voussure qui le terminait, les armes du Roi soutenues par la Force, la Justice, la Prudence et la Tempérance. Dans l'angle du côté de la loge de la Reine, on voyait le temple du Goût où de petits Génies supportaient les médaillons des auteurs modernes qui avaient travaillé pour ce théâtre; de l'autre côté, des Génies tenaient le haut d'un vaste rideau. Au dessous des armes du roi on avait représenté Thalie avec la devise :

> Castigat ridendo mores.

Pour compléter enfin cette restauration qui avait été confiée aux talents réunis de M. Girault, architecte, ingénieur-machiniste des théâtres du Roi, et du peintre Canot, on avait substitué à l'ancienne toile un magnifique rideau brodé d'or sur du velours cramoisi.

— Le jour de la réouverture, le 8 octobre 1760, tous les spectateurs furent aussi unanimes pour admirer le bon goût et la richesse de la nouvelle décoration de la salle de l'hôtel de Bourgogne; mais cet instant de curiosité une fois satisfait, le public ne vint plus que rarement assister à ses représentations. Il fallait pour l'y ramener de temps à autre, une comédie aussi amusante que celle des *Trois Sultanes*, de Favart, qui fut jouée le 9 avril 1761; et la réunion dans la même pièce de trois actrices, comme mesdames Favart, mesdemoiselles Catignon et Desglands, toutes trois charmantes dans leurs riches costumes de sultanes qu'on avait fait venir exprès de Constantinople.

[1] *Histoire anecdotique du Théâtre italien.*

Les théâtres de la Foire et des Boulevards où l'on jouait l'opéra comique, attiraient au contraire constamment la foule : aussi pour éviter toute rivalité entre eux et la Comédie italienne, il fut alors question de les réunir.

« Cette affaire, dit Bachaumont, à la date du 13 janvier 1762, qui sembleroit n'en devoir être une que dans les ruelles, fait une très-grande sensation à la cour. Elle y cause des schismes. M. l'archevêque de Paris (Christophe de Beaumont), au grand étonnement de tous, est intervenu sur la scène; il sollicite vivement la conservation du théâtre de la Foire. Les fonds abondants que lui fournit ce spectacle dont il retire le quart pour ses pauvres l'ont porté à cette étrange démarche. On craint bien qu'elle n'ait pas le succès dû au zèle de ce respectable prélat. Malgré ses représentations, on croit que la réunion aura lieu. »

Peu de jours après, elle fut en effet décidée, et les acteurs du théâtre de la Foire, La Ruette, Clairval, Audinot [1], mademoiselle Deschamps (madame Bérard) et mademoiselle Neissel [2], passèrent à la Comédie italienne : quant aux autres acteurs, ils se dispersèrent.

Le mercredi 3 février 1762, eut lieu la première représentation des deux troupes réunies. « Jamais les Italiens, rapporte aussi Bachaumont, ne s'étaient vus assiéger par une foule pareille à celle d'aujourd'hui. C'étoit une fureur dont il n'y a pas d'exemple : des flots de curieux se succédoient sans interruption et débordoient dans toutes les rues voisines : l'ouverture de l'opéra comique sur leur théâtre attiroit ce concours prodigieux. Tout étoit loué depuis plusieurs jours jusqu'au paradis. On a commencé par la *Nouvelle Troupe*, comédie d'Anscaume et de l'abbé Voisenon, à la fin de laquelle on a ménagé une scène qui a amené la réunion des deux spectacles, et un acteur a harangué le public à ce sujet. »

Puis on joua *Blaise le Savetier* et *l'On ne s'avise jamais de tout*.

Le succès de cette représentation fut immense, et la Comédie ita-

---

[1] Audinot se retira peu de temps après son entrée à la Comédie italienne, et fonda l'Ambigu-Comique.
[2] Morte peu après.

lienne se trouva bientôt à l'apogée de sa gloire. Ses auteurs allaient être successivement Favart, Sedaine et Marmontel; ses compositeurs d'opéras comiques, Duni, Philidor, Monsigni et Grétri; ses principaux acteurs enfin étaient le célèbre Carlin, De Hesse, La Ruette, Clairval, Rochard, Caillot, Zanuzzi, Colalto; ses principales actrices, mesdames Favart, La Ruette, mesdemoiselles Villette, Neissel, Camille, Catignon et Desglands. Plusieurs même d'entre eux ont eu à cette époque une assez grande réputation pour mériter que l'on s'arrête à citer le jugement qu'ont porté sur eux leurs contemporains.

« Carlin, dit Bachaumont, passe pour un très-grand Arlequin : il est fait pour dérider les fronts nébuleux; on lui trouve de la fécondité, beaucoup de variété dans les lazzis, une souplesse étonnante dans son jeu; il provoque, malgré qu'on en ait, la grosse gaîté, mais c'est un arlequin, » et le meilleur des arlequins, aurait dû ajouter Bachaumont; autrement dit, c'est lui qui a rendu avec le plus de talent ce rôle si difficile. « Carlin, nous apprend Goldoni dans ses Mémoires, était le favori du public : il avait su si bien se concilier la bienveillance du parterre, qu'il lui parlait avec une aisance et une familiarité qu'aucun autre acteur n'aurait pu se permettre : c'était lui qui faisait les annonces fâcheuses, et le public n'était pas trop mécontent. »

« De Hesse, ajoute Bachaumont, est acteur, valet du premier ordre : il entend d'ailleurs à merveille la chorégraphie : nous trouvons dans Rochard un chanteur agréable.

« La Ruette répare à force d'art la nature la plus ingrate, c'est un musicien consommé.

« On désirerait entendre encore Clairval sur le théâtre de l'Opéra-Comique : son filet de voix se perd sur celui des Italiens : on en voit assez pour regretter qu'il n'en puisse pas faire entendre davantage.

« Le robuste Audinot rend au naturel la grossièreté des mœurs du peuple.

« Tous ces talents sont éclipsés par celui de Caillot; c'est un comédien qui a toutes les qualités, à la noblesse près. Sa voix embrasse tous les genres : elle se monte à tous les tons; elle vaut un orchestre entier : il est principalement fait pour la parodie [1]. »

Zanuzzi, Colalto, mesdames Favart, Camille, Catignon et Desglands ont reçu plus haut les éloges qu'ils méritaient. « Madame LaRuette, dit Goldoni, avait un jeu égal à la beauté de sa voix. »

« Mademoiselle Villette, transfuge de l'Opéra, a été mieux accueillie à ce spectacle, rapporte encore Bachaumont. Son volume de voix, trop médiocre pour le premier théâtre, a mieux rempli celui des Italiens....

« On devrait s'applaudir de l'acquisition de madame Neissel, si sa voix voilée suffisait au lieu où elle chante. Elle a des grâces, du naturel, du goût, du sentiment; mais ses sons, trop affaiblis quand ils parviennent à l'oreille, ne produisent plus qu'une demi-sensation.

« Tous ces talents, dont aucun n'est parfait, se rapprochent beaucoup plus du médiocre, et la fureur avec laquelle on court à ce spectacle ne pourra jamais faire honneur au siècle. Les partisans du bon goût espèrent tout du temps et de l'inconstance des Parisiens. »

Bachaumont est ici trop partial, et bien souvent ainsi se trahit dans ses Mémoires son antipathie pour la Comédie italienne. Les succès qu'elle remportait alors à chaque pièce nouvelle semblent l'irriter encore davantage contre elle.

Après *Annette et Lubin* [2], comédie de Favart qui obtint, le 15 février 1762, une complète réussite, Sedaine qui avait déjà travaillé

---

[1] *Mémoires de* BACHAUMONT, 28 février 1762.

[2] Suite de la liste des pièces jouées à la Comédie italienne, depuis le 3 février 1762 jusqu'au 6 avril 1782.
- 1762. La Nouvelle Troupe, comédie en un acte d'*Anseaume* et *Voisenon* (3 février).
- — Annette et Lubin, comédie en un acte de *Favart* (15 février).
- — La Plaideuse, comédie de *Favart*, musique de *Duni* (19 mai).
- — Le Roi et le Fermier, opéra comique de *Sedaine*, musique de *Monsigni* (22 novembre).
- — Sancho-Pança dans son île, opéra comique de *Poinsinet*, musique de *Philidor* (8 juillet).
- 1763. Le Milicien, comédie en un acte avec ariettes d'*Anseaume*, musique de *Duni* (1er janvier).
- — L'Amour paternel, comédie italienne en trois actes de *Goldoni* (4 février).

pour le théâtre de la Foire, fit représenter à la Comédie italienne, le 22 novembre de la même année *le Roi et le Fermier* dont la musique fut composée par Monsigni; et cette pièce attira la foule pendant

1763. Arlequin cru mort, comédie italienne en un acte du *même* (25 février).
— Le Bûcheron, comédie en un acte avec ariettes de *Guichard* et *Castel*, musique de *Philidor* (28 février).
— Arlequin, valet de deux Maîtres, comédie italienne en cinq actes de *Goldoni* (4 mars).
— Arlequin, héritier ridicule, comédie italienne en cinq actes du *même* (12 avril).
— La Famille en discorde, pièce italienne du *même* (17 mai).
— L'Éventail, comédie italienne du *même* (27 mai).
— Les Frères rivaux, comédie italienne en un acte du *même* (3 juin).
— Les Fêtes de la Paix, ballet en un acte de *Favart*, musique de *Philidor* (4 juillet).
— Les deux Chasseurs et la Laitière, comédie en un acte avec ariettes d'*Anseaume*, musique de *Duni* (23 juillet).
— Les Amours d'Arlequin et de Camille, canevas italien en cinq actes de *Goldoni* (27 septembre).
— Les Nouvelles Métamorphoses d'Arlequin, pièce italienne en cinq actes de *Carlin* (9 octobre).
— La Jalousie d'Arlequin, comédie italienne en trois actes de *Goldoni* (15 novembre).
1764. Le Sorcier, comédie en deux actes avec ariettes de *Poinsinet*, musique de *Philidor* (2 janvier).
— Rose et Colas, opéra comique en un acte de *Sedaine*, musique de *Monsigni* (8 mars).
— Camille aubergiste, pièce italienne en deux actes de *Goldoni* (1er mai).
— Arlequin dupe vengé, comédie italienne en cinq actes du *même* (11 mai).
— Le Portrait d'Arlequin, comédie italienne en deux actes du *même* (17 août).
— L'Anneau perdu et retrouvé, comédie en deux actes avec ariettes de *Sedaine*, musique de *Laborde* (20 août).
— Les Rendez-vous nocturnes, pièce italienne en deux actes de *Goldoni* (7 septembre).
— L'Inimitié d'Arlequin et de Scapin, pièce italienne en deux actes du *même* (18 septembre).
— Le Serrurier, comédie en un acte avec ariettes, de *Quétant*, musique de *Cote* (20 décembre).
1765. La Matrone Chinoise, comédie en deux actes (2 janvier).
— Arlequin et Camille esclaves en Barbarie, comédie italienne en trois actes de *Goldoni* (3 janvier).
— L'École de la Jeunesse, comédie en trois actes d'*Anseaume*, musique de *Duni* (24 janvier).
— Tom Jones, comédie en trois actes de *Poinsinet*, musique de *Philidor* (27 février).

plus de deux cents représentations. Elle valut par suite aux auteurs 20,000 livres pour la dix-huitième partie de la recette, après le prélèvement des frais [1].

1765. Le Faux Lord, comédie en trois actes (27 juin).
— Gertrude et Isabelle, comédie en un acte de *Favart*, musique de *Blaise* (14 août).
— La Fée Urgelle, comédie en quatre actes de *Favart*, musique de *Duni* (4 décembre).
1766. Le Garde et le Braconnier, comédie (18 janvier).
— La Bergère des Alpes, opéra comique de *Marmontel*, musique de *Kohault* (19 février).
— La Clochette, opéra comique d'*Anseaume*, musique de *Duni* (14 juillet).
— La Fête du Château, comédie de *Favart* (25 septembre).
— Ésope à Cythère, comédie de *Dancourt* (15 décembre).
1767. L'Esprit du Jour, comédie en un acte avec ariettes d'*Harny*, musique d'*Alexandre* (22 janvier).
— L'Aveugle de Palmyre, comédie en deux actes de *Desfontaines*, musique de *Rodolphe* (5 mars).
— Toinon et Toinette, comédie en deux actes de *Desboulmiers*, musique de *Gossec* (20 juin).
— Le Turban enchanté, canevas italien en deux actes (14 juillet).
— Nicaise, opéra comique en un acte de *Vadé*, musique de *Bombini* (25 juillet).
— Le Double Déguisement, comédie en deux actes de A..., musique de *Gossec* (28 septembre).
1768. L'Ile sonnante, comédie de *Collé*, musique de *Monsigni* (4 janvier).
— Les Moissonneurs, comédie en trois actes avec ariettes, de *Favart*, musique de *Duni* (27 janvier).
— Le Huron, comédie de *Marmontel*, musique de *Grétri* (20 août).
— Les Sabots, opéra comique de *Sedaine*, musique de *Duni* (26 octobre).
— Le Fleuve Scamandre, comédie de *Renout*, musique de *Baithelmont* (22 décembre).
1769. Lucile, opéra comique de *Marmontel*, musique de *Grétri* (5 janvier).
— Le Déserteur, opéra comique en trois actes de *Sedaine*, musique de *Monsigni* (6 mars).
— Le Mariage par Magie, pièce italienne en deux actes de *Colalto* (2 mai).
— Arlequin charbonnier, pièce italienne en un acte (5 mai).
— L'Amant déguisé, comédie en un acte de *Favart*, musique de *Philidor* (2 septembre).
— Les Intrigues d'Arlequin, pièce italienne en deux actes de *Colalto* (5 septembre).
— Le Tableau parlant, comédie en un acte d'*Anseaume*, musique de *Grétri* (20 septembre).
1770. L'Arbre Enchanté, pièce italienne en cinq actes (19 janvier).
— Sylvain, opéra comique de *Marmontel*, musique de *Grétri* (19 février).
— Le Cabriolet volant, pièce italienne en trois actes de *Cailhava* (13 mars).

[1] DORIGNY, *Annales du Théâtre italien*.

L'année suivante, les gentilshommes de la chambre du roi et ordonnateurs des spectacles de Sa Majesté voulurent essayer de ressusciter sur ce théâtre le genre des anciennes pièces italiennes. Ils char-

1770. La Bague magique, pièce italienne en trois actes de *Goldoni* (29 juillet).
— Thémire, pastorale en un acte de *Sedaine*, musique de *Duni* (20 novembre).
— Les Deux Avares, comédie en deux actes de *Falbaire*, musique de *Grétri* (6 décembre).

1771. L'Amitié à l'Épreuve, comédie en deux actes de *Favart*, musique de *Grétri* (24 janvier).
— L'Amoureux de Quinze Ans, comédie en trois actes de *Laujon*, musique de *Martini* (18 avril).
— La Buona Figliola, opéra comique en trois actes de *Cailhava*, musique de *Bacelli* (17 juin).
— Le Docteur Avocat des Pauvres, pièce italienne en quatre actes (4 août).
— Le Domino, pièce italienne en deux actes (23 août).
— Les Deux Miliciens, comédie en un acte d'*Azémar*, musique de *Frizièri* (24 août).
— Les Cinq Ages d'Arlequin, comédie italienne en cinq actes de *Goldoni* (22 septembre).
— Zémire et Azor, comédie ballet en quatre actes de *Marmontel*, musique de *Grétri* (16 décembre).

1772. Le Faucon, opéra comique en un acte de *Sedaine*, musique de *Monsigni* (19 mars).
— La Harangue interrompue, drame d'*Anseaume* (4 avril).
— L'Ami de la Maison, comédie en trois actes de *Marmontel*, musique de *Grétri* (14 mai).
— Le Poirier, comédie d'*Anseaume*, musique de *Saint-Amant* (20 juin).
— Julie, comédie en trois actes de *Monvel*, musique de *Desaides* (25 septembre).
— La Sposa Persiana, comédie italienne en cinq actes de *Goldoni* (25 septembre).
— Le Fermier cru sourd, comédie en trois actes de *Laujon*, musique de *Martini* (7 décembre).

1773. Le Bon Fils, comédie en un acte de *Devaux*, musique de *Philidor* (11 janvier).
— Le Magnifique, opéra comique en trois actes de *Sedaine*, musique de *Monsigni* (4 mars).
— L'Erreur d'un Moment, comédie en un acte de *Monvel*, musique de *Desaides* (14 juin).
— Le Génie des Dames, comédie italienne en quatre actes (31 août).
— Le Stratagème découvert, comédie en deux actes de *Monvel*, musique de *Desaides* (4 octobre).

1774. La Rosière de Salency, comédie en quatre actes de *Peray*, musique de *Grétri* (28 février).
— Perrin et Lucette, comédie en deux actes de *Davesne*, musique de *Cifolelli* (25 juin).

gèrent Zanuzzi, l'un des comédiens de l'hôtel de Bourgogne, de choisir en Italie un des auteurs les plus renommés au théâtre, et, d'après son avis, ils firent proposer à Goldoni, par l'intermédiaire du comte de Baschi, un engagement de deux ans.

1774. La Fausse Peur, comédie en un acte de M. M***, musique de *D'Arcis* fils (18 juillet).
— Le Retour de Tendresse, comédie en un acte d'*Anseaume*, musique de *Mereaux* (1er octobre).
— Henri IV, drame lyrique en trois actes de *Rosoy*, musique de *Martini* (14 novembre).
1775. Arlequin supposé, comédie italienne en deux actes (31 janvier).
— La Fausse Magie, opéra comique en deux actes de *Marmontel*, musique de *Grétri* (1er février).
— Les Femmes Vengées, opéra comique en un acte de *Sedaine*, musique de *Philidor* (20 mars).
— La Fête du Village, comédie en deux actes d'*Orvigny*, musique de *Desormery* (28 juin).
— La Belle Arsène, comédie en quatre actes de *Favart*, musique de *Monsigni* (14 août).
— La Colonie, comédie en deux actes de *Framery*, musique de *Sachini* (16 août).
— La Réduction de Paris, comédie en trois actes de *Rosoy*, musique de *Bianchi* (30 septembre).
1776. La Cordonnerie Allemande, opéra comique en un acte de S**, musique de *Friziéri* (11 janvier).
— Le Lord supposé, comédie en trois actes d'*O**, musique de *Chartrin* (22 février).
— Le Mai, pièce en trois actes de *Desfontaines* (8 mai).
— Les Mariages Samnites, opéra comique de *Rosoy*, musique de *Grétri* (12 juin).
— Fleur d'Épine, opéra comique de *Voisenon*, musique de Mme *Louis* (19 août).
— Le Duel comique, opéra bouffon de *Paesiello* (16 décembre).
1777. Le Mort marié, comédie en deux actes de *Sedaine*, musique de *Bianchi* (12 février).
— La Rosière de Salency, opéra comique de *Pezay*, musique de *Grétri* (28 février).
— Les Trois Fermiers, comédie en deux actes de *Monvel*, musique de *Desaides* (24 mai).
— L'Olympiade, drame héroïque de *Framery*, musique de *Sachini* (2 octobre).
— Sans Dormir, comédie en deux actes de *Rousseau* (12 octobre).
— Félix ou l'Enfant trouvé, opéra comique de *Sedaine*, musique de *Monsigni* (24 novembre).
1778. Matroco, drame burlesque en quatre actes de *Laujon*, musique de *Grétri* (23 février).

Goldoni accepta et vint aussitôt à Paris. Il remarqua tout d'abord que la salle de la Comédie italienne était toujours pleine les jours d'Opéra-Comique, et qu'aux autres représentations elle était presque

1778. Arlequin cru mort, pièce italienne (16 mars).
— La Rage d'Amour, comédie en un acte de *D'Orvigny* (19 mars).
— Zulima, comédie en trois actes de X., musique de *Desaides* (9 mai).
— Le Jugement de Midas, opéra comique en trois actes d'*Hèle*, musique de *Grétri* (27 juin).
— La Chasse, comédie en trois actes de *Desfontaines*, musique de *Saint-Georges* (12 octobre).
— Le Porteur de Chaises, comédie en deux actes de *Monvel*, musique de *Desaides* (10 décembre).
— L'Amant Jaloux, comédie en trois actes d'*Hèle*, musique de *Grétri* (23 décembre).
1779. Les Deux Billets, comédie en un acte de *Florian* (9 février).
— Le Petit Édipe, comédie en un acte de *Désaugiers* (22 mai).
— Rose d'Amour, comédie héroïque en trois actes de *Cambini* (24 août).
— Arlequin Roi, Dame et Valet, comédie en trois actes de *Florian* (5 novembre).
— Les Événements imprévus, opéra comique d'*Hèle*, musique de *Grétri* (13 novembre).
1780. Les Mœurs du Bon Vieux Temps, comédie en quatre actes de *Sedaine*, musique de *Grétri* (3 janvier).
— Cécile, comédie en trois actes de X***, musique de *Desaides* (26 février).
— Les Torts du Sentiment, comédie en un acte de X***, musique de *Desaides* (3 mai).
— Florine, comédie en trois actes d'*Imbert*, musique de *Désaugiers* (15 juin).
— Aristote Amoureux, opéra comique de B***, musique d'*Auguste* (11 août).
— L'Officieux, comédie en trois actes du marquis de la S*** (18 août).
— Les Vendangeurs, divertissement de *Pis et Barré* (7 novembre).
— Jeannot et Colin, comédie en trois actes de *Florian* (14 novembre).
— La Somnambule, comédie en un acte de M*** (28 novembre).
— Cassandre astrologue, comédie parade de *Pis et Barré* (5 décembre).
1781. Les Étrennes de Mercure, opéra comique des *mêmes* (1er janvier).
— Blanche et Vermeille, comédie en deux actes de *Florian*, musique de *Rigel* (5 mars).
— L'Heureuse Épreuve, comédie en deux actes de X***, musique de *Champein* (7 juillet).
— Ariane abandonnée, mélodrame de *Dubois* (20 juillet).
— Richard, comédie en un acte de *Parisau* (2 septembre).
— Les Amours de l'Été, divertissement de *Pis et Barré* (25 septembre).
— Les Deux Sylphes, comédie d'*Imbert* (18 octobre).
— Le Baiser, féerie en un acte et en vers mêlée de musique de *Florian* (26 novembre).

vide. Il attribua cette défaveur aux pièces italiennes qu'on jouait : *elles étaient usées*, dit-il dans ses Mémoires, *et d'un mauvais genre*, du genre enfin qu'il avait réformé en Italie. Il voulut tenter une pareille réforme en France : il y réussit et ramena pendant quelque temps la foule à la Comédie italienne, en y faisant applaudir plusieurs de ses pièces.

L'opéra comique eut toujours néanmoins les préférences du public. Il aimait mieux entendre *le Bûcheron* de Philidor, et *les Deux Chasseurs et la Laitière* de Duni, que *l'Éventail* ou *les Frères rivaux* de Goldoni; et en 1764, la Comédie italienne, reconnaissante des services que lui rendaient les auteurs de comédies à ariettes ou d'opéras comiques, assura à Favart et à Duni une pension viagère de 800 livres.

Rose et Colas, charmant opéra comique de Sedaine et de Monsigni, obtint à cette époque un grand succès : il n'en fut pas de même de *Tom Jones*, comédie à ariettes en trois actes, de Poinsinet et Philidor. Elle fut mal accueillie à la première représentation, qui fut signalée

1782. Le Gâteau à deux Fèves, opéra comique en un acte de *Pûs* et *Barré* (6 janvier).
— La Soirée d'Été, opéra comique en un acte de *Parisau* (5 février).
— L'Éclipse totale, opéra comique en un acte de *Chabeaussière*, musique de *D'Alayrac* (7 mars).
— Le Poëte Supposé, comédie en trois actes de *Laujon*, musique de *Champein* (25 avril).
— La Comtesse de Givry, comédie en trois actes de *Voltaire* (4 juin).
— Les Deux Jumeaux de Bergame, comédie en un acte de *Florian* (13 août).
— Le Diable boiteux, opéra comique de *Favart* fils (27 septembre).
— Tom Jones à Londres, comédie de *Desforges* (22 octobre).
— La Coupe des Foins, opéra comique en un acte de *Pûs* et *Barré* (5 novembre).
— L'Indigent, drame en trois actes de *Mercier* (22 novembre).
— La Nouvelle Omphale, comédie en trois actes de *Beaunoir*, musique de *Floquet* (28 novembre).
— Anaximandre, comédie en un acte d'*Andrieux* (20 décembre).
1783. Le Bon Ménage, comédie en un acte de *Florian* (17 janvier).
— La Force de l'Amitié, comédie en deux actes de *Langeac* (11 mars).
— Le Corsaire, comédie en trois actes de *Chabeaussière*, musique de *D'Alayrac* (17 mars).
— Le Déménagement d'Arlequin, compliment de clôture, par *Favart* fils (6 avril).

par un incident assez curieux. Poinsinet, dit-on [1], se plaisait souvent à le raconter lui-même.

A cette représentation, deux hommes assis au parterre se demandaient l'un à l'autre : *Couperai-je, couperai-je ?* Ces mots les rendirent suspects. On les arrêta, et on les traita de voleurs.

« Quel mal avons-nous fait ? disait l'un des deux, nous sommes tailleurs, et c'est moi qui ai l'honneur d'habiller M. Poinsinet, l'auteur de la pièce nouvelle. Comme je dois lui fournir un habit pour paroître devant le public, qui ne manquera pas de le demander à la deuxième représentation : et comme je connois peu le mérite des ouvrages de théâtre, j'ai amené avec moi mon premier garçon, qui a beaucoup d'esprit, car c'est lui qui fait tous mes mémoires, et je lui demandois de temps en temps s'il me conseilloit d'aller couper l'habit en question, qui devoit m'être payé sur le produit des représentations de cette comédie. » Le tailleur et son garçon, à peine relâchés, allèrent couper l'habit et ils eurent raison. La pièce, après avoir presque complétement échoué à la première représentation, fut fort applaudie à la seconde. La musique de Philidor fut surtout justement appréciée, et les Comédiens italiens voulurent en cette occasion lui prouver leur reconnaissance pour les nombreuses productions dont il avait déjà enrichi leur théâtre. Ils donnèrent une représentation à son bénéfice, qui fut composée de deux de ses opéras comiques, *le Bûcheron et le Sorcier*. Elle fut très-brillante et très-productive pour le bénéficiaire. Philidor, comme remercîment, abandonna pour toujours à la Comédie italienne ses droits de compositeur sur ces deux opéras.

Favart continua aussi à justifier la faveur qu'elle lui avait accordée. Il lui donna deux nouvelles pièces, *Gertrude et Isabelle* et *la Fée Urgelle*, qui eurent pleine réussite (1765).

Mais des douleurs publiques vinrent l'année suivante entraver le cours des succès de la Comédie italienne. Elle fit successivement relâche pour la mort du Dauphin,—pour le service de l'infant don Philippe, duc de Parme,—pour ceux du roi Stanislas et d'Elisabeth Farnèse, femme de Philippe V, roi d'Espagne.

---

[1] DORIGNY, *Annales du Théâtre Italien.*

En 1767 elle prit part au deuil occasionné par la mort de la Dauphine, et en 1768 par celle de la Reine.

Cette même année, le 28 mars, la Comédie italienne fit une grande perte par la mort de Mademoiselle Camille, qui « arriva, dit Bachaumont, par suite d'une vie voluptueuse. » Elle était l'âme d'Arlequin dont elle échauffait la verve. Elle fut aussi vivement regrettée, et De Hesse, doyen des comédiens, conduisit son deuil.

— Marmontel qui avait échoué avec son opéra comique *la Bergère des Alpes*, fit représenter, le 20 août 1768, *le Huron* qui fut le début de Grétri à la Comédie italienne.

Ce jeune compositeur était sur le point d'aller se noyer de désespoir, quand le comte de Creutz vint prier Marmontel, — qui raconte le fait dans ses mémoires, — de s'intéresser à lui et de lui donner un libretto.

Marmontel avait en ce moment-là un conte de Voltaire sous les yeux : il répondit à M. de Creutz : « Je vais voir si je puis le mettre à la scène et en tirer des sentiments et des peintures qui soient favorables au chant. Revenez dans huit jours, et amenez-moi ce jeune homme. »

Au jour dit, le comte et son protégé revinrent chez Marmontel. La moitié du poëme était fait : Grétri enchanté se mit à l'ouvrage, et dès la première représentation *le Huron* eut plein succès.

« Caillot parut, fit aimer *le Huron*, dit Grétri dans ses mémoires : Madame La Ruette chanta avec sensibilité... Le succès fut décidé après le premier acte. »

Lucile des mêmes auteurs, suivit de près. Cette pièce du reste était attendue avec impatience, car le premier ouvrage de Grétri avait fait grande sensation. « Cette comédie, dit-il, où se trouva le moyen de déployer la sensibilité domestique si naturelle à l'homme, réveilla, j'ose le dire, ce sentiment précieux. *Où peut-on être mieux qu'au sein de sa famille* fit verser des larmes. Un jeune homme, étant à la première représentation de cette pièce, aperçut le duc d'Orléans essuyer ses yeux pendant le quatuor. Les paroles et la musique eurent un succès égal. L'on demanda les auteurs. Clairval vint, comme au *Huron*, me nommer en ajoutant que l'auteur des paroles était anonyme. *Il a tort*, dit une voix, et la salle tout entière applaudit. »

Deux mois après, le 6 mars, la Comédie italienne obtint encore un succès avec *le Déserteur*, de Sedaine et de Monsigni : aussi le genre de l'opéra comique désormais en vogue rendit inutile le talent de plusieurs acteurs de la Comédie italienne. Carlin auquel la Reine donna une médaille d'or comme marque d'admiration pour son mérite, Baletti, Ciavarelli, Champville, mesdames Bornioli et Rivière demandèrent leur retraite. De Hesse cessa de paraître sur la scène, mais il conserva ses fonctions de *semainier perpétuel et d'ordonnateur des ballets*. Des acteurs d'opéra comique les remplacèrent ou plutôt les avaient déjà remplacés. Trois débuts surtout avaient été brillants. C'était celui de *madame Nainville* qui avait beaucoup de vivacité et de sentiment ; une voix bien conduite et une grande netteté dans la prononciation.

Celui de *Trial* qui possédait une grande finesse dans son jeu, une voix mélodieuse, une profonde connaissance de la musique et un goût exquis dans le chant.

Enfin celui de *mademoiselle Maindeville*. On lit dans les Mémoires de Bachaumont, à la date du 16 janvier 1766 : « Mademoiselle Maindeville a débuté hier aux Italiens et a eu beaucoup de succès. Sa voix est d'un volume très-étendu et d'un timbre harmonieux et flexible. Elle joint à une taille élégante une figure très-avantageuse. Elle a beaucoup d'expression dans son regard, l'âme du jeu, et joint à ces talents une grande intelligence. C'est une acquisition précieuse. »

Avec des acteurs comme Caillot, Clairval, mesdames La Ruette et Favart, avec des opéras comiques comme *le Déserteur*, la Comédie italienne continua à attirer la foule.

Le Tableau parlant d'Anseaume et de Grétri fit admirer Clairval dans le rôle de Pierrot, et madame La Ruette dans celui de Colombine.

Sylvain, qui fut joué le 19 février 1770, eut le même succès que *Lucile*, et un accident qui arriva à Caillot le jour de la première représentation, contribua beaucoup, dit Grétri dans ses Mémoires, à la réussite de cet ouvrage. En se jetant aux genoux de son père, il voulut les embrasser. Celui-ci recula maladroitement et fit perdre l'équilibre à Caillot qui, se sentant chanceler, tira parti de sa position en se jetant la face contre terre. L'attitude parut si naturelle, la situation si déchirante, que ce mouvement imprévu fut fort applaudi.

— Caillot, cet excellent acteur, était aussi l'ami de Marmontel : il faisait partie, avec Clairval, du comité littéraire qui se tenait chez madame La Ruette. Là, l'académicien lisait ses poëmes; Grétri chantait sa musique. On délibérait ensuite, et suivant l'opinion du comité, l'ouvrage était présenté ou bien abandonné. Marmontel avait, dit-on, dans le jugement de Caillot une telle confiance, qu'il brûla un jour un manuscrit sur l'avis seul de cet acteur.

Sylvain fut le dernier opéra de Marmontel interprété par Caillot; celui-ci prit sa retraite le 4 avril 1771.

Quelques jours plus tard, la Comédie italienne fit une aussi grande perte par la mort de Madame Favart. Vadé, dans ces vers qu'on croirait émanés d'une muse plus chaste que la sienne, a rendu un hommage bien mérité à son grand talent.

> Par les accords de Polymnie
> Porter le charme dans les cœurs;
> Par les agréments de Thalie
> Plaire aux plus sombres spectateurs;
> A tous ces talents joindre encore
> Les pas légers de Terpsychore,
> C'est mériter un triple encens.
> Aussi vous avez l'avantage
> De réunir le triple hommage
> Du cœur, de l'esprit et des sens.

Madame La Ruette, madame Trial et mademoiselle Colombe héritèrent de ses rôles et comblèrent avec bonheur la lacune que sa mort venait de laisser. Clairval aussi se multiplia pour remplacer Caillot.

Zémire et Azor, de Marmontel et de Grétri, fut pour lui un nouveau triomphe.

« Pourtant Clairval qui avait toujours joué mes rôles avec plaisir, dit Marmontel dans ses Mémoires, ne voulait pas jouer celui-ci (le rôle d'Azor) : « Comment voulez-vous, me dit-il, que je rende intéressant un rôle où je serai hideux.

« Hideux, lui dis-je, vous ne le serez point. Vous serez effrayant au premier coup d'œil, mais dans votre laideur vous aurez de la noblesse et même de la grâce.

« Voyez donc l'habit qu'on me prépare.

« On était à la veille de la représentation. Je demandai l'habit d'Azor, on me le montra.

« Que vois-je ! un pantalon tout semblable à la peau d'un singe avec une longue queue rase, un dos pelé, d'énormes griffes aux quatre pattes, deux longues cornes au capuchon, et le masque le plus difforme avec des dents de sanglier.

« Je les fis changer pour un autre costume : pantalon tigré, la chaussure et les gants de même, un doliman de satin pourpre, une

crinière noire ondée, un masque nullement difforme, ni ressemblant à un museau.

« Clairval le trouva imposant et il joua le rôle parfaitement. Les dames dirent à la première représentation : *Il n'est déjà plus laid*, plus tard : *Il est beau*. »

Enfin *Zémire et Azor* eut un grand succès. *Le Faucon*, de Sedaine et de Monsigni, fut moins bien accueilli : quant à *l'Ami de la Maison*, qui fut joué peu de temps après (le 14 mai 1772), il fut un nouveau triomphe pour Marmontel et Grétri. « Madame La Ruette, dans cette pièce, mettait tant d'âme et d'esprit dans son chant, rapporte Dorigny, qu'elle auroit pu se passer d'un organe enchanteur, et sa voix était si belle qu'elle auroit pu se passer d'art. »

— L'année suivante, le 29 juin 1773, M. le Dauphin et madame la Dauphine vinrent assister à une représentation de la Comédie italienne. On joua *Arlequin et Scapin rivaux*, et *le Déserteur*. Caillot, par extraordinaire, joua dans cette pièce, et il fit regretter qu'on ne l'entendît plus qu'accidentellement. « Les Comédiens, dit l'*Almanach des Spectacles*, se distinguèrent aussi par une décoration dans le parterre de la salle qui donnoit un air de fête à cette représentation au moyen des girandoles et des lustres qu'ils avoient appliqués contre les loges. Il en résulta un ton plus brillant dans l'enceinte du parterre. — Les diamants des femmes jouoient mieux, et celles-ci pouvoient se distinguer avec plus de facilité, et développer tout l'étalage de leur parure. La Comédie du *Déserteur* donna lieu à des applications heureuses que le public saisit avec avidité. En un endroit de la pièce, le sieur Clairval, qui jouait Montauciel, jeta son bonnet en l'air, et cria : *Vive le Roi, vivent ses chers enfants*, et le public d'applaudir et de crier : *Vive Louis*. »

Six mois après (30 avril 1774), au lieu d'une fête ce fut un deuil général à l'hôtel de Bourgogne. Sur les sept heures du soir, pendant que l'on jouait le premier acte de *l'Ami de la Maison*, M. Laurent, secrétaire de police, arriva à la Comédie italienne, et fit cesser sur-le-champ le spectacle à cause des prières de quarante heures ordonnées pour le rétablissement de la santé de Louis XV. Le lendemain, et les 4, 7 et 9 mai, les comédiens envoyèrent à Versailles une députation pour savoir des nouvelles de Sa Majesté, et leur douleur fut grande et sincère, quand ils apprirent sa mort.

Le lieutenant-général de police, M. de Sartines, fit à cette occasion fermer tous les théâtres pendant un mois et quatre jours.

Lors de la réouverture de la Comédie italienne eut lieu le début d'une charmante actrice, qui fit, rapporte Goldoni, les délices de ce spectacle. Elle s'appelait Rose Lefèvre et devint plus tard madame Dugazon, qui a donné son nom au type qu'elle a créé. Un contemporain de la célèbre actrice a essayé de l'esquisser dans ces vers.

> Son jeu plein de finesse
> Et touchant à la fois
> Acquitte la promesse
> De ce joli minois.
> Amante, à nos hommages
> Elle a des droits constants ;
> Soubrette, elle a pour gages
> Nos applaudissements.
> Elle obtient en sultanne
> Le mouchoir des talents.
> Est-elle paysanne,
> Tous nos cœurs sont aux champs.

Son succès en effet fut complet, et la cour vint elle-même applaudir la débutante.

L'année suivante, elle assista aussi aux représentations de *la Fausse Magie* et de *la Belle Arsène*, et les dames s'y montrèrent parées des deux nouvelles couleurs à la mode. C'étaient *la couleur puce*, nom que le roi avait donné en riant à la nuance d'une robe de taffetas tirant sur le brun qu'avait choisie la reine ; et *le blond cendré*, autrement dit *couleur des cheveux de la reine*. La faveur qu'obtinrent ces étoffes fut même si grande qu'on en paya jusqu'à quatre-vingt-six francs l'aune.

Le 12 juin 1776, Marie-Antoinette elle-même vint au théâtre de l'hôtel de Bourgogne : on jouait ce soir-là *les Mariages Samnites*, de Rosoy et Grétri, aussi quand on fut arrivé à l'endroit de cette pièce où se trouve ce refrain :

> Du monde entier formez la chaîne ;
> C'est commander que de vous servir.
> Quand on a la beauté pour reine
> Tout est devoir, tout est plaisir.

le public s'unit aux acteurs pour le répéter unanimement en chœur.

Elle était belle, jeune et adorée alors de tout un peuple. Que pouvait-elle souhaiter de plus? L'avenir ne lui apparaissait-il pas brillant et heureux? pourtant peut-être parmi les spectateurs se trouvaient ceux qui devaient plus tard la condamner.

— *Félix* ou *l'Enfant trouvé*, quoiqu'il n'ait pas été d'abord apprécié par le public, fut cependant ensuite le plus grand succès de l'année 1777. Il le dut à la charmante musique de Monsigni et à la manière remarquable dont elle fut interprétée par Clairval, mesdames Dugazon et Trial.

Au commencement de l'année suivante, Carlin, après une longue maladie, fit sa rentrée au théâtre dans une pièce composée pour la circonstance, *Arlequin cru mort*; et après avoir complimenté le public, il lui raconta de la manière la plus burlesque les progrès et la fin de sa maladie. « Voyant, dit-il, que la mort le prenait au tragique, je l'ai envoyée chez Lekain [1]. »

Le surlendemain, 18 mars 1778, madame Gontier eut des débuts éclatants; elle avait pour se faire admirer une figure vraiment théâtrale, un chant juste, une belle prononciation, du goût et de l'intelligence, toutes les qualités enfin pour faire une excellente actrice; elle seconda en effet admirablement madame Dugazon, et remplit avec talent les rôles de *Simone* dans *le Sorcier*, de la *Mère Bobi* dans *Rose et Colas*, et celui de la *Duègne*, dans les *Trois Fermiers*. Le 27 juin de la même année elle joua aussi dans *le Jugement de Midas* de Hèle et de Grétri. Cette pièce n'attira que peu de monde à la première représentation. Cependant Grétri dit dans ses Mémoires « que chacun sor-

---

[1] Lekain était mort le 18 février 1778.

tit content du spectacle, excepté les clercs de procureurs sans doute, car le lendemain il reçut communication du billet suivant :

MM. les clercs de procureur vous invitent à venir siffler la deuxième représentation du Jugement de Midas, dans lequel ils se trouvent insultés.

Malgré leur avis, aucun sifflet ne se fit entendre à la deuxième représentation, et c'est à l'occasion de cette pièce que Voltaire fit ce quatrain satirique.

> La Cour a dénigré tes chants
> Dont Paris a dit des merveilles.
> Grétri, les oreilles des grands
> Sont souvent de grandes oreilles.

L'Amant jaloux, des mêmes auteurs, en est la preuve. A la répétition générale, qui eut lieu à Versailles, cette pièce échoua; lors de sa représentation à Paris, le 23 décembre 1778, elle eut au contraire une complète réussite, et le public n'a cessé depuis qu'elle est au théâtre de la regarder comme le modèle des pièces de ce genre.

Trois jours avant cette représentation, Marie-Antoinette donna le jour à une fille, et des fêtes publiques signalèrent cet heureux événement.

« Celle que les comédiens donnèrent le 29, dit Dorigny, pour la naissance de Madame, fille du Roi, fut très-riante. On représenta d'abord *Arlequin et Scapin voleurs par amour*, où M. Carlin, se mettant au niveau des spectateurs, les divertit beaucoup par les plaisanteries et les lazzis conformes à leur goût. L'enjouement, la vivacité et le menuet de M. Bellioni contribuèrent aussi beaucoup à leur amusement. Enfin, on exécuta un ballet pantomime qui fut suivi de *la Bataille d'Ivry*, dans laquelle tous les acteurs furent vivement applaudis, et pendant cette représentation on entendit souvent les cris de *Vivent le Roi et la Reine.* »

« Après la représentation, ajoute l'*Almanach des Spectacles*, les charbonniers et les poissardes descendirent sur la scène, saluèrent très-respectueusement le public qui était resté dans la salle, et formèrent des danses. Les poissardes demandèrent à voir l'acteur qui avait représenté leur bon roi Henri, le remercièrent, le baisèrent, le complimentèrent et l'engagèrent à danser avec elles. M. Clairval dansa trois menuets au bruit des applaudissements, et les autres acteurs et danseurs s'y prêtèrent avec la même grâce. Pendant ce bal curieux et nouveau, les comédiens prodiguèrent le vin, le pain et les cervelas. »

Le même Almanach mentionne l'année suivante un certain revirement dans les habitudes de la Comédie italienne. Depuis 1762, elle n'avait représenté exclusivement que des opéras comiques, et avait dû à ce genre de pièces de grands succès et d'abondantes recettes. Pourtant elle craignit que *l'ennui ne naquît un jour de l'uniformité*, et pour varier les plaisirs du public en même temps que pour fournir aux acteurs de comédie l'occasion de déployer leur talent, elle remit à la scène les meilleures pièces de son ancien répertoire. Les comédies de Marivaux, Delisle, Lesage, Saint-Foix, Riccoboni furent ainsi tour à tour représentées et vivement applaudies. La reprise surtout des *Jeux de l'Amour et du Hasard*, excita un véritable enthousiasme. « Orgon, Dorante et Marin, dit Dorigny, furent joués par MM. Rosière, Michu, Menier avec une rare intelligence. Madame Dugazon mit dans la Lisette l'esprit, la finesse, l'enjouement qui distinguent une excellente soubrette. »

Au succès de ces reprises vint aussi se joindre le succès de quelques pièces nouvelles. Florian, le poëte de l'églogue, le gracieux fabuliste, voulut comme Delisle et Marivaux remettre à la scène le personnage si comique d'Arlequin : seulement il le peignit « *bon, doux, ingénu, simple sans être bête, parlant purement et exprimant avec naïveté les sentiments d'un cœur tendre.* » C'est lui-même qui le dit dans une préface de son Théâtre. Quel auteur du reste mieux que lui pouvait tracer un pareil caractère? n'était-ce pas comme un reflet de cette charmante société au milieu de laquelle il vivait [1]? et dans cette peinture prise d'après nature, il réussit complètement, comme on peut le juger par sa pièce des *Deux Ballets*, représentée pour la pre-

---

[1] Voir l'hôtel de Toulouse.

mière fois le 9 février 1779. « Ce jeune auteur, dit encore Goldoni, en parlant de Florian, avait en outre l'art de placer supérieurement ce personnage grotesque. »

Les comédies dans le genre italien étaient néanmoins toujours peu applaudies : elles n'étaient jouées que les *mardis* et *vendredis*, que l'on appelait à ce théâtre les mauvais jours, et ce fut encore en vain que quelques acteurs italiens voulurent faire travailler Goldoni. Il leur composa six pièces ; pas une ne fut représentée.

Le Roi, par lettres patentes du 31 mars 1780, supprima entièrement le genre italien et accorda des pensions de retraite ainsi que des gratifications honorables aux acteurs qui se trouvèrent par suite sans emploi. En outre, désirant conserver dans Paris un spectacle qui pouvait contribuer à l'amusement du public, il établit une nouvelle troupe qui, sous le titre ancien de *Comédie italienne*, fut chargée de représenter des comédies françaises, des opéras bouffons, des pièces de chant soit à vaudevilles, soit à ariettes ou parodies. En conséquence, il autorisa les administrateurs de l'Académie royale de musique à faire aux nouveaux comédiens un bail de trois années du privilége de l'opéra comique ; enfin il confirma le traité de Société passé devant Mes Doudé et Le Pot d'Auteuil, notaires à Paris, le 6 mars 1780, qui réglait les diverses dispositions relatives à l'organisation de la nouvelle troupe, aux parts revenant dans les bénéfices à chacun des comédiens et aux conditions d'admissibilité.

On voyait dans cet acte :

Que le fonds social était de trois cent mille livres divisées en vingt parts égales ;

Que chaque part intégrante était de quinze mille livres et qu'elle était susceptible de division en trois quarts, moitié et quart de part ;

Que les acteurs et actrices pouvaient se retirer après quinze ans de service, et avaient droit alors à mille livres de pension pour une part ; sept cent cinquante pour trois quarts de part, et cinq cents francs pour une demi-part. Cependant, s'il s'en trouvait parmi eux dont le travail et les talents fussent jugés utiles après leurs quinze années de service révolus, ils étaient tenus de rester, mais ils avaient quinze cents livres de pension en continuant leur service pendant dix ans.

Un règlement leur fut aussi imposé par les gentilshommes de la chambre du roi; il est signé de Louis Marie d'Aumont, duc d'Aumont, Pair de France; — André-Hercule de Rosset, duc de Fleury, Pair de France; — Louis-François-Armand Duplessis, duc de Richelieu, Pair et maréchal de France; — Emmanuel-Félicité de Durfort, duc de Duras.

Il a rapport à l'administration, aux débuts, à la police intérieure et à la réception des pièces.

L'article VII est ainsi conçu :

« Les représentations des pièces à ariettes seront libres tous les jours de la semaine, excepté le mardi et le vendredi, suivant l'accord fait avec l'Opéra par le bail du 28 septembre 1779.

« Les représentations des opéras comiques, vaudevilles et des comédies françaises seront libres tous les jours, mais les pièces des deux derniers genres ne pourront être jouées les trois premières fois que les mardis et les vendredis.

« La part d'auteur des pièces à ariettes sera d'un neuvième pour les pièces en trois actes et plus; d'un douzième pour celles en deux actes, et d'un dix-huitième pour celles en un acte.

« Cette part se divise par moitié entre l'auteur des paroles et l'auteur de la musique.

« La part d'auteur d'une comédie française ou opéra comique vaudeville variera suivant les jours où cette pièce sera donnée. Les mardis et les vendredis cette part sera d'un neuvième pour trois actes et plus, d'un douzième pour deux actes, et d'un dix-huitième pour un acte. Les autres jours de la semaine, lorsque lesdites pièces seront données avec ou sans une pièce à ariettes quelconques, la part d'auteur sera réduite à moitié, soit à un dix-huitième, un vingt-quatrième et un trente-sixième.

« Avant de tirer la part d'auteur, on prélèvera un quart pour les pauvres et trois cent cinquante livres pour les frais journaliers.

« Les auteurs ne tireront point d'honoraires, quand la recette sera au-dessous de six cents livres l'été et de mille livres l'hiver; les mardis et vendredis feront exception à cette règle. Il suffira ces jours-là de cinq cents livres l'été et de sept cents livres l'hiver. »

L'exécution de ce règlement fut confiée à deux semainiers temporaires. Leurs principales fonctions consistaient à convoquer les assemblées, à dresser la liste des acteurs et actrices qui y assistaient, à veiller à ce que le répertoire de chaque semaine fût exécuté. Un d'eux au moins devait aussi être présent aux représentations et arrêter la recette dont l'état devait être signé par eux; ils étaient encore chargés de faire commencer le spectacle à cinq heures, d'avertir les acteurs qui jouaient dans la première pièce et de prononcer les amendes contre les absents.

Un semainier perpétuel fut en outre établi par ordonnance du 15 mars 1780, et cette charge fut remplie par Camerani, l'ancien Scapin, qui fut le seul des acteurs italiens conservé dans la nouvelle société avec Carlin. Celui-ci « n'était pas seulement utile, dit Goldoni, mais il était devenu nécessaire : il ne fallait pas perdre les nouvelles pièces de M. le chevalier de Florian. »

Enfin la nouvelle troupe se trouva composée de quatorze acteurs et de dix actrices.

ACTEURS :	ACTRICES :
Carlin Bertinazzi.	Mmes Trial.
Clairval.	Billioni.
Trial.	Colombe.
Suin.	Dugazon.
Narbonne.	Gontier.
Thomassin.	Pitrot.
Michel.	Verteuil.
Menier.	Lescot.
Dorsonville.	Adeline.
Rosière.	Dufayel.
Camerani.	
Valleroy.	
Raymond.	
Favart.	

Le corps de ballet fut aussi organisé de la manière suivante.

M. JOUBERT, maître des ballets.

M. Frédéric Schuder, 1er danseur.   Mlle Chouchoux, 1re danseuse.
Adnet, danseur en double.   Mlle Leclerc aînée, danseuse en double.

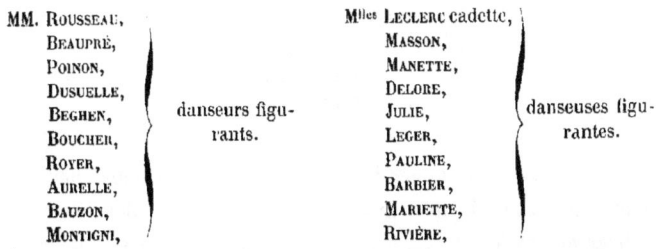

La réouverture du théâtre de l'hôtel de Bourgogne eut lieu avec une grande solennité, et la nouvelle troupe fut vivement applaudie. La pièce de *Jeannot et Colin*, de Florian, lui donna peu de temps après l'occasion de déployer son talent. Clairval vint aussi, par sa rentrée dans *le Jugement de Midas*, *l'Amoureux de quinze ans*, et *l'Amant Jaloux*, exciter des bravos unanimes. L'hôtel de Bourgogne vit enfin ses beaux jours renaître, et sans d'autres pièces autrement remarquables que celles de Florian, il attira constamment la foule pendant les années 1780 et 1781.

— *Blanche et Vermeille*, comédie de Florian, qui fut jouée le 5 mars 1781, valut à madame Trial qui remplissait le rôle de Blanche, ce compliment de la part de l'auteur.

> Daignez recevoir mon hommage
> Que je vous dois depuis longtemps;
> Vous avez sauvé du naufrage
> Le plus aimé de mes enfants.
> Hélas! nos brillants petits-maîtres
> Chérissent peu les chalumeaux,
> Les bois, les prés, les clairs ruisseaux,
> Les amours et les mœurs champêtres.
> Ils cherchaient le bruyant plaisir
> Qu'il faut à leur âme inquiète :
> Et je n'avais qu'une houlette
> Et des pipeaux à leur offrir.
> Votre voix si douce et si tendre
> M'a soutenu dans ce danger :
> Celui qui venait pour juger,
> Ne vient plus que pour vous entendre.

> Si mon ouvrage réussit,
> Vous seule en avez le mérite ;
> C'est *Trial* que l'on applaudit
> Et l'heureuse Blanche en profite.

— A la fin de cette année 1781 (le 22 octobre), la Reine donna le jour à un fils, et le soir, madame Billioni, chargée dans *les Deux Sylphes* du rôle de la Fée, chanta les couplets suivants en l'honneur du nouveau Dauphin.

AIR de *Joconde*.

> Je suis Fée et veux vous conter
> Une grande nouvelle.
> Un fils de Roi vient d'enchanter
> Tout un peuple fidèle.
> Ce Dauphin que l'on va fêter
> Au trône peut prétendre.
> Qu'il soit tardif pour y monter,
> Tardif pour en descendre.

Ce couplet fut fort applaudi et répété plusieurs fois.

Le 29 du même mois on donna aussi à la Comédie italienne une représentation gratis pour fêter l'entrée dans la vie de cet enfant qui ne devait connaître que le malheur. On joua *les Deux Avares*, *Sylvain* et *les Vendangeurs*. « Ce jour-là, dit Dorigny, dès neuf heures du matin, on ouvrit la salle : bientôt les deux balcons furent occupés *suivant ce qui se pratique en pareil cas*, par les charbonniers et les poissardes. Jusqu'à ce qu'on levât la toile, des chansons analogues à la naissance du Dauphin charmèrent l'attente du spectacle, et la joie la plus bruyante ne nuisit pas au bon ordre.

« *Les Deux Avares* et *Sylvain* ne laissèrent pas d'être goûtés, surtout par les femmes ; mais la pièce des *Vendangeurs* fit la plus grande sensation. On voulut entendre deux fois le couplet chanté par mademoiselle Carline, dans la ronde qui a pour refrain :

> N'allez pas mordre à la grappe
> Dans la vigne du voisin.

« Après le ballet, mademoiselle Carline et M. Ménier entrèrent habillés, l'une en poissarde, l'autre en charbonnier, et chantèrent de jolis couplets de la composition de MM. Piis et Barré : ensuite on en jeta dans la salle un très-grand nombre d'exemplaires imprimés. Enfin on cria généralement : Vivent le Roi, la Reine et monseigneur le Dauphin.

« Une distribution de pain et de vin succéda au spectacle, et fut suivie d'un bal où les acteurs, les actrices, les danseurs et les danseuses, confondus avec le peuple, partagèrent à l'envi ses joies et ses plaisirs. »

Un mois plus tard, Florian donna à la Comédie italienne une féerie intitulée *le Baiser*, qui fut froidement accueillie, mais il répara l'année suivante cet échec par deux nouvelles comédies : *les Deux Jumeaux de Bergame* et *le bon Ménage*.

Leur succès fut interrompu par la fermeture du théâtre de l'hôtel de Bourgogne.

En effet, la salle tombait presque en ruine, et les Comédiens italiens en avaient fait construire une nouvelle sur l'emplacement d'une partie de l'hôtel de Choiseul. Commencée au mois de mars 1781, sur les dessins de l'architecte Heurtier, elle fut achevée en 1783, et le 28 avril de la même année la Comédie italienne y débuta par une petite pièce de circonstance intitulée *Thalie à la nouvelle Salle*, que les acteurs appelèrent *Salle Favart*[1], en mémoire de ce charmant auteur. La place et le boulevard sur lesquels donnait le théâtre, prirent le nom de place et de boulevard des Italiens.

Quant à l'hôtel de Bourgogne « *la maison des bords de la Seine où l'on a ri de meilleur cœur depuis la fondation de Paris jusqu'à l'an de grâce où nous vivons*, dit Charles Nodier, » il fut presque entièrement démoli, et sur une partie de son emplacement fut élevée sous la direction de M. Dumas, architecte, la Halle aux cuirs, qui, dit-on, offrait naguère encore des traces de loges et d'escaliers de l'ancien théâtre.

Ainsi dans cette enceinte où jadis le public applaudissait les pièces de Corneille et de Racine, les opéras comiques de Marmontel, de Sedaine et de Favart, la gracieuse musique enfin de Monsigni et de Grétri, on n'entend plus aujourd'hui que des voix qui se choquent, que des cris confus qui se répondent. Ce sont les cris de la spéculation et de l'agiotage. — Ainsi s'en vont peu à peu tous les souvenirs du passé!

---

[1] On a joué à la salle Favart jusqu'en 1797, époque à laquelle il fallut réparer la salle. Sous l'empire, Napoléon fit venir des chanteurs italiens qui donnèrent des représentations sur les théâtres Louvois, ceux de la rue de la Victoire, de l'Odéon et de la salle Favart. — Sous la Restauration et la monarchie de Juillet, les Italiens furent remis en possession de la salle Favart, et ils y jouèrent pendant vingt ans. La salle fut brûlée en 1838, et alors les Italiens se réfugièrent à l'Odéon, puis au théâtre Ventadour qu'ils occupent encore aujourd'hui.

La salle Favart fut reconstruite en 1839 et affectée depuis exclusivement à la représentation des opéras comiques.

HOTEL DE SOISSONS.

HOTEL DE SOISSONS.

HOTEL DE SOISSONS.

HOTEL DE NESLE, — HOTEL DE BAHAIGNE, — HOTEL D'ORLÉANS, — HOTEL DE LA REINE, — HOTEL DES PRINCESSES, — HOTEL DE SOISSONS, — HALLE AU BLÉ.

Il en est des hôtels historiques comme des grandes familles. Leur célébrité provient de deux causes dont la réunion seule constitue la véritable noblesse, c'est-à-dire de l'ancienneté de leur origine et de la grandeur des personnages qui les ont habités; ainsi, après le Louvre, il n'y avait pas, dit Piganiol de La Force [1], de *maison plus noble ni plus illustrée* que l'hôtel de Soissons, qui datait du treizième siècle, et servit pendant près de cinq cents ans de demeure à des princes, à des reines et à des rois : aussi, pour faire son histoire, ou plutôt celle des hôtels de Nesle, de Bahaigne, d'Orléans, de la Reine-Mère, des Princesses, ses noms successifs, il faut effleurer chaque époque, et suivre à travers les grands événements de chaque règne le cours de

[1] *Description de Paris.*

sa brillante destinée, jusqu'au jour où l'asile de tant de glorieux souvenirs ne put trouver grâce devant l'œuvre impie de la destruction.

— En 1230, l'emplacement sur lequel fut construit l'hôtel de Soissons, puis ensuite la Halle-au-Blé et les maisons qui l'avoisinent, était occupé par une grange, deux bâtiments portant le titre prétentieux d'hôtel de Nesle, et en outre par des prés et des vignes ; il était situé dans le domaine et seigneurie de l'archevêque de Paris, disent les titres du Trésor des Chartes [1], et appartenait à cette époque à Jean II, seigneur de Nesle, et à sa femme, fille de Hugues de Candavennes. Deux années après, ceux-ci en firent présent à saint Louis, qui, par lettres datées de Melun du mois de novembre 1232, le donna lui-même à sa mère.

Blanche de Castille, — d'après les portraits laissés par les contemporains, — était un chef-d'œuvre de grâce et de majesté ; elle réunissait en sa personne toutes les grandes qualités des reines les plus célèbres, et l'amour qu'elle inspira à Thibault, comte de Champagne et roi de Navarre, aurait été le seul acte de sa vie digne de blâme, si jamais elle l'eût partagé : mais l'histoire ne nous en donne aucune preuve.

Cette passion, tout à fait chevaleresque, avait pris naissance dans une entrevue où Blanche était venue proposer au comte de s'allier avec elle contre les grands vassaux révoltés : Là, disent les chroniques de saint Denis, en regardant « la royne qui tant estoit sage et tant belle que de la grant biauté d'elle il fut tout esbahi. Si li respondi : *Par ma foi, ma dame, mon cuer et mon corps et toute ma terre est en vostre commandement, ne n'est riens qui vous peust plaire que je ne feisse volontiers ; ne jamais si Dieu plaist, contre vous, ni contre les vos je n'irai.* D'ilec se parti tout pensis et li venoit souvent en remembrance du doux regard de la royne et de sa belle contenance ; lors si entroit en son cuer une pensée douce et amoureuse. Mais quand il l'y

---

[1] L'autre hôtel de Nesle, qui était situé sur le bord de la Seine, et près du faubourg Saint-Germain, était dans la seigneurie de l'abbé de Saint-Germain-des-Prés. Il y a donc eu, dit Piganiol, deux hôtels de Nesle distincts et séparés l'un de l'autre.

souvenoit qu'elle estoit si haute dame, de si bonne vie et de si nete qu'il n'en pourroit ja joïr, si muoit sa douce pensée amoureuse en grant tristèce. Et pour ce que par profondes pensées engendrent melancolie li fut-il loë d'aucuns sages hommes qu'il s'estudiast en biaux sons de vielle et en doux chans delitables [1]. »

Bien souvent en effet, les échos de l'hôtel de Nesle retentirent des gracieuses chansons du roi de Navarre, et quelquefois Blanche de Castille y prêta une oreille attentive ; mais en écoutant cette naïve déclaration d'amour, elle ne faisait que céder au charme de la poésie.

> Amours me fait comencier
> Une chanson nouvèle ;
> Et me vuet enseignier
> A amer la plus belle
> Qui soit el mont vivant.
> C'est la bèle au cors gent
> C'est cele dont je chant.
> Diex m'en doint tèle novèle
> Qui soit à mon talent
> Que menu et souvent
> Mes cuers por lui sautèle [2].

Un jour pourtant cette passion, au lieu de rester cachée au fond du cœur, fut au contraire hautement avouée par le comte, et la reine, pour ne pas éveiller la médisance, fut forcée de l'envoyer en Palestine. Thibault partit, et, tout en lui faisant ses adieux, lui renouvela encore l'expression de son amour.

> « Amor le veut et madame m'en prie
> « Que je m'en part, et moult l'en merci
> « Quand par le gré madame m'en chasti
> « Meillor reseon ne voi à ma partie. »

Preux chevalier, il croyait aller conquérir par ses exploits le droit

---

[1] Chroniques de Saint-Denis.
[2] Poésies du roi de Navarre. — LEROUX DE LINCY, *Chants historiques de France*.

d'aimer la reine, et la passion l'aveuglait trop pour soupçonner un exil.

En 1253, le 30 novembre, l'hôtel de Nesle [1] reçut le dernier soupir de Blanche de Castille, qui voulut faire de la fin de sa vie un exemple de repentir et d'humilité. Elle mourut sur un lit de paille recouvert d'une simple serge.

Son hôtel fut probablement alors réuni au domaine de la couronne, dit Sauval [2], et, en 1296, c'était encore une maison royale, quand Philippe le Bel le donna, le 5 janvier de la même année, à son frère Charles, comte d'Anjou. En 1327 seulement il cessa d'appartenir à la maison de Valois par la donation qu'en fit à son tour Philippe de Valois à Jean de Luxembourg, roi de Bohême, et par suite, l'hôtel de Nesle changea à cette époque de nom : il s'appela l'hôtel de *Bahaigne, Bohaigne, Bahagne, Behaingne*, dénominations diverses sous lesquelles on le trouve désigné dans les Chartes du quatorzième siècle.

La mort du roi de Bohême le réunit de nouveau à la couronne, car sa fille, Bonne de Luxembourg, avait épousé Jean, fils aîné de Philippe de Valois ; puis il devint successivement la propriété :

En 1354, d'Amédée VI, comte de Savoie ;

En 1372, de Louis de France, fils du roi Jean ;

En 1388, de sa veuve, Marie de Bretagne et de Louis, son fils, qui le vendirent cette année-là à Charles VI moyennant douze mille livres ;

Enfin, peu de temps après, il fut donné par ce roi au duc d'Orléans son frère [3], *afin de le loger*, dit Sauval, *commodément près du Louvre et dans un lieu qui répondit à sa qualité*.

Devenu l'hôtel d'Orléans, l'ancien hôtel de Nesle et de Bahaigne, s'agrandit considérablement. Au mois de septembre 1391, le duc y réunit une maison située devant la porte du Louvre, qu'il acheta de son chambellan, le seigneur de Garencière ; l'année suivante, il fit aussi l'acquisition d'une autre maison qu'il fit démolir, *pour accroissement de ses jardins*, comme le dit l'acte de vente. Cette habitation,

---

[1] PIGANIOL DE LA FORCE, *Description de Paris*. — DULAURE, *Histoire de Paris*.
[2] *Antiquités de Paris*.
[3] Voir pièces et notes justificatives à la fin du volume.

enfin, subit de grands changements, et vainement eût-on cherché alors à retrouver quelque vestige de sa construction primitive. La grange et les deux bâtiments du temps de Jean de Nesle, avaient disparu pour faire place à la demeure simple de la reine Blanche ; puis cette habitation s'était transformée en un hôtel somptueux.

« Je ne m'amuserai point, dit Sauval à propos de cette vaste demeure, à parler ni des celiers, ni de l'échançonnerie, de la panneterie, fruiterie, salserie, pelleterie, conciergerie, épicerie, ni même maréchaussée, de la fournière, bouteillerie, du charbonnier, cuisine, rôtisserie, des lieux où l'on faisoit l'hypocras, la tapicerie, le linge, la lescive, enfin de toutes les autres commodités qui se trouvoient alors dans les basses-cours de cet hotel, ainsi que chés les princes et autres grands seigneurs.

« Je dirai seulement qu'entre plusieurs grands appartements et commodes que l'on y comptoit, deux entre autres pouvoient entrer en comparaison avec ceux du Louvre et de l'Hotel royal de Saint-Pol ; tous deux occupoient les deux premiers étages du principal corps de logis. Le premier étoit relevé de quelques marches de plus que le rés de chaussée de la cour. Valentine de Milan y demeuroit. Louis, duc d'Orléans, son mari, occupoit le second qui regnoit au dessùs. L'un et l'autre regardoient sur le jardin et la cour ; chacun consistoit en une grande salle, une chambre de parade, une grande chambre, une garde-robe, des cabinets et une chapelle. Les salles recevoient le jour par des croisées hautes de treize pieds et demi, et larges de quatre pieds et demi ; les chambres de parade portoient huit toises, deux pieds et demi de longueur ; les chambres tant du duc que de la duchesse avoient six toises de long, et trois de large ; les autres sept pieds et demi en quarré. Le tout éclairé de croisées longues étroites et fermées de fil d'archal avec un treillis de fer percé, des lambris et plas fons en bois d'Irlande ouvré de la même façon qu'au Louvre.

« Pour ce qui est des deux chapelles, la plus grande étoit par bas et contigue à l'appartement de la duchesse ; la plus petite, au dessùs, terminoit le departement du prince : on entroit dans la grande par un portique accompagné d'arcades et de colonnes, et il en étoit de même dans la haute, sans autre différence que ce qui regarde la grandeur. Chacune avoit son oratoire : toutes les voutes étoient peintes et chargées de leurs armoiries, l'autel orné de quelques figures décentes; en un mot, pas un des accompagnements dont en ce temps là on rehaussoit les chapelles des maisons royales n'y avoit été oublié, hormis que dans la haute toutes choses y étoient grandes, et basses dans la petite.

« Le jardin qui servoit de vue à ces deux appartements avoit quarante-cinq toises de longueur, et regnoit depuis la rue de Nesle ou d'Orléans, jusqu'à la Croix-Neuve proche Saint-Eustache, dans le milieu orné d'un grand bassin avec une fontaine jaillissante, ayant à coté une place où le roi et les princes venoient assés souvent jouter.

« Outre ce jardin, il y en avoit encore d'autres plus petits [1]. » Et un fait, rapporté par le même historien, vient encore nous donner une idée de la grandeur qu'avait alors l'hôtel d'Orléans.

En 1392, le 26 janvier, Charles VI y fit faire les noces du seigneur de Bethencourt, et, comme les festins, les danses et les joutes donnés à cette occasion devaient durer plusieurs jours, le roi, la reine et les princes du sang y vinrent loger avec leur suite.

La richesse de l'ameublement et de la décoration de cet hôtel ajoutait encore au caractère grandiose que présentait la vaste étendue de ses appartements.

La chambre habituelle du duc était tendue de drap d'or à roses brodé de velours vermeil. Celle de Valentine était en satin vermeil brodé d'arbalètes, et parmi les meubles destinés à la duchesse, on remarquait surtout « une chaire de chambre de quatre membreures peinte fin vermeil, dont le siége et les acoutouères sont garnis de cordonan vermeil ouvré et cherché à soleils, oiseaux et autres devises, garnis de franges de soie et cloez de cloz de letton [2]. » Sur ce fauteuil était peint et brodé le chiffre de la duchesse, ainsi qu'on le voit par les comptes de la maison d'Orléans, de l'année 1391, dans lesquels figure une somme de cinquante livres donnée au peintre Jean Biterne pour cet ouvrage.

---

[1] Sauval, *Antiquités de Paris*.
[2] Catalogue des archives de M. le baron de Joursanvault. Paris, 1838.

Dans ces deux chambres et dans les autres appartements, on voyait des tapis *de haute lisse à fleurs d'or*, dont l'un représentait les sept Vices et les sept Vertus; un autre, l'histoire de Charlemagne; un autre encore, celle de saint Louis. Pendant l'été, on les changeait pour des tapis en cuir d'Aragon [1]. Enfin, parmi les meubles de cet hôtel, on admirait surtout :

« Un bel escrinct de boys couvert de cordouan de vermeil, ferré de cloux et bandé de fin laiton doré fermant à clef.

« Un grand vase d'argent massif en forme de table carrée, posé et assis sur quatre satyres aussi d'argent, pour mettre dragées et confitures.

« Une nef en forme de porc-pique en or, faite par Hance Croist, orfèvre, valet de chambre du duc d'Orléans, du poids de quarante deux marcs, quatre onces, onze esterlins d'or. »

Et enfin une magnifiqne bibliothèque, composée de livres richement *enluminés d'or, d'azur et de vermillon*, et reliés en veau gaufré ou *en cuir de Cordouan vermeil, empreint de plusieurs fers, garny de clous, de fermoirs et de capitules* (signets).

—Charles VI trouvait du reste cette habitation fort agréable, et souvent il venait avec la reine s'y promener dans les jardins ou s'y divertir à la joute et aux autres plaisirs du temps. Isabeau, quand son époux perdit la raison, n'en continua pas moins ses visites à l'hôtel d'Orléans; et c'est peut-être sous les ombrages de ses jardins magniques que prit naissance cette intimité du beau-frère et de la belle-sœur, qui devint plus tard de l'amour, et fut la cause de tant de malheurs pour la France. L'hôtel Barbette, ce petit séjour de la reine, ne fut alors que trop souvent le témoin de leurs scandaleuses orgies, et on sait que c'est en partant de cette demeure que le duc fut assassiné, en 1407, par les gens du duc de Bourgogne [2].

Ce meurtre, projeté depuis longtemps, avait eu pour causes l'inimitié qui existait entre les deux princes et leur rivalité d'ambition;

---

[1] Inventaire fait à l'ostel de Bahaigne des tapis, chambres et autres choses estant en la garde de Guill. Ligier, concierge de l'ostel. — Voir à la fin de ce volume la copie de cette pièce curieuse.

[2] Voir l'Hôtel Barbette.

mais un désir de vengeance personnelle en avait fait hâter l'exécution. Le bruit avait couru, dit Saint-Foix [1], que, dans un bal masqué, derrière une tapisserie, la duchesse de Bourgogne n'avait point été cruelle envers le duc d'Orléans, et que celui-ci, plus vain encore que débauché, avait eu l'impudence de chanter devant son mari une chanson qu'il avait faite sur la duchesse, et où elle était désignée par la beauté de ses cheveux noirs. On ajoutait même, rapporte aussi cet historien, que le duc avait dans une galerie le portrait de toutes les dames dont il avait obtenu les faveurs, et que le duc de Bourgogne avait appris que celui de sa femme figurait dans ce sérail en peinture. Un jour même, dit Brantôme, « par cas fortuit, le duc Jean entra dans ce cabinet : la première dame qu'il voit pourtraite et se présente du premier aspect à ses yeux, ce fut sa noble dame espouse, qu'on tenoit de ce temps là très belle : elle s'appeloit Margueritte, fille d'Albert de Bavière, comte de Haynault et de Zelande. Qui fut esbahy ! ce fut le bon époux : pensez que tout bas il dit ce mot : Ah ! j'en ay [2]. » Villaret [3] va même plus loin ; suivant lui, ce serait le duc d'Orléans qui aurait poussé l'audace jusqu'à faire entrer son cousin dans cette salle.

A la nouvelle de la mort du duc, Valentine, qui était à Château-Thierry, accourut en grande hâte à Paris, et vint demander justice à Charles VI. Il la lui promit ; mais que pouvait la parole de ce fantôme de roi contre la puissance et les intrigues du duc de Bourgogne ? La duchesse mourut l'année suivante à Blois, sans avoir eu la consolation d'avoir pu venger son époux ; loin de là, elle avait entendu faire l'apologie de son assassinat [4].

Charles, son fils, avait hérité à titre de succession paternelle de l'hôtel d'Orléans ; à la mort de sa mère, il reçut d'elle la mission de poursuivre l'œuvre de justice qu'elle laissait inachevée. — Aussi la France se trouva alors divisée en deux partis, celui du duc de Bourgogne et

---

[1] *Essais historiques.*
[2] *Vies des Dames galantes,* discours VII.
[3] *Hist. de France.*
[4] Elle fut faite par un moine nommé Jean Petit, et elle se terminait par ces mots : *Qu'il était permis de tuer tous les princes que l'on croit être tyrans.*

celui du duc d'Orléans, si connu sous le nom d'Armagnac[1]. Charles en devint le chef, et demanda de nouveau vengeance du meurtre de son père : — on la lui fit trop attendre, et la guerre civile commença ; — Paris fut livré aux horreurs de la famine, et devint le théâtre des massacres les plus inouïs ; — la lutte partout fut horrible et n'eut pour résultat que de livrer la France à l'Angleterre, dont Charles d'Orléans devint prisonnier à la journée d'Azincourt.

Loin de son pays, spectateur impuissant des malheurs qui l'accablaient, le duc ne trouva de consolation que dans son amour pour la poésie, que les agitations de sa vie avaient jusqu'alors stérilisé. L'exil, où le seul bonheur est la rêverie, lui inspira de nombreuses ballades, et dans toutes, on rencontre une grande noblesse de sentiments, des souhaits pour le bonheur de la France, et des regrets d'en être éloigné. Ainsi, dit-il,

> En regardant vers le pays de France
> Ung jour m'avint, adouré sur la mer
> Qu'il me souvint de la doulce plaisance
> Que souloie ou dit païs trouver.
> Si commencay de cueur à soupirer,
> Combien certes que grant bien me faisoit,
> De veoir France que mon cueur amer doit.
> . . . .
> Alors chargeay en sa nef d'esperance
> Tous mes souhaitz, en les priant d'aler
> Oultre la mer, sans faire demourance
> Et à France de me recommander.
> Or nous doint Dieu bonne paix sans tarder
> A donc auray loisir, mais qu'ainsy soit
> De veoir France que mon cueur amer doit [2].

Pendant ce temps, un nouveau malheur venait encore le frapper. Jean sans Peur avait été tué sur le pont de Montereau, et son parti

---

[1] Ce nom d'Armagnac vient du comte d'Armagnac, dont Charles avait épousé la fille, Bonne de Luxembourg.
[2] Leroux de Lincy, *Poésies de Charles d'Orléans*.

usait de sa puissance pour faire accuser Charles d'Orléans d'avoir participé indirectement à ce meurtre ; après s'être fait pardonner le meurtre du père, il obtenait encore la condamnation du fils. Le duc fut déclaré déchu de tous les droits et prérogatives attachés à sa naissance, et son hôtel, ainsi que tous ses biens, furent confisqués [1].

Les registres de la Chambre des Comptes de l'année 1425 nous apprennent ensuite que pendant la période de la régence d'Henri V, l'hôtel d'Orléans fut donné à un gentilhomme anglais, du nom de Willeri ; mais, lors de la rentrée de Charles VII, la maison d'Orléans fut réintégrée dans sa possession, et, après vingt-cinq années d'exil, le fils de Valentine revint habiter la demeure de sa famille.

A sa mort, son fils Louis d'Orléans en devint propriétaire, mais il n'y demeura que pendant son enfance [2], car ses luttes continuelles contre la régence d'Anne de Beaujeu le tinrent ensuite presque toujours éloigné de Paris ; puis, comme si la destinée réservait à chaque génération de cette illustre famille les mêmes épreuves, les mêmes malheurs, le duc connut comme son père les rigueurs de la captivité. Fait prisonnier à la bataille de Saint-Aubin du Cormier, il fut mis à la tour de Bourges, et, suivant un historien [3], l'on poussa la barbarie jusqu'à l'enfermer la nuit dans une cage de fer ; c'était le supplice à la mode depuis le malheureux cardinal de la Balue. Le duc pourtant ne voulut pas plus tard, quand il devint roi de France, conserver aucun souvenir de sa captivité, ni aucun ressentiment contre celui qui en avait été l'auteur. *Ce n'est pas au roi de France, disait-il, à venger les injures du duc d'Orléans : si La Trémouille a bien servi son maître contre moi, il me servira de même contre ceux qui seroient tentés de troubler l'État.* Louis XII, en prononçant ces paroles devenues si célèbres, n'a-t-il pas fait là son plus bel éloge ?

Deux ou trois années avant son avénement au trône, le duc avait déjà donné une partie de son hôtel, c'est-à-dire les galeries et le préau où étaient la fontaine et les jardins [4], à une communauté reli-

---

[1] Saint-Foix, *Opinions sur le meurtre de Jean sans Peur*.
[2] Il n'avait que deux ans à la mort de son père.
[3] Garnier, *Hist. de France*.
[4] Dulaure, *Hist. de Paris*.

gieuse, et s'était réservé seulement l'autre partie pour son habitation. En 1496, il fit encore présent à Pierre Lebrun, son valet de chambre, d'une portion de la cour d'une longueur de dix-huit toises et demie sur six de largeur ; puis, trois années après, au mois de mars, il céda la partie qu'il s'était jadis réservée à Robert de Framezelles, son chambellan ordinaire, en récompense (dit-il dans les lettres patentes délivrées à cet effet), *de ses bons, notables, vertueux et recommandables services*. Enfin, au mois d'avril 1500, la communauté se trouva entièrement propriétaire de l'hôtel d'Orléans, par les donations que lui firent Pierre Lebrun et Robert de Framezelles de leurs parts de propriété ; et ces deux donations furent entérinées le 3 mai de ladite année, à la charge, par la communauté, de dire tous les jours après la messe un *De profundis*, avec l'oraison *Inclina*, pour l'âme des rois de France ; et à l'issue de vêpres, *Quæsumus omnipotens Deus ut rex noster* pour la santé et prospérité du roi [1].

Cette communauté, dont le but était de permettre au vice le repentir, à la débauche l'espoir de pardon, était celle des Filles Pénitentes. Elle devait sa fondation à un cordelier nommé Jean Tisserand ; et son règlement, qui était l'œuvre de Jean Simon de Champigny, évêque de Paris au commencement du quinzième siècle, portait :

« Qu'on ne pouvait recevoir dans le monastère, sans son consentement, aucune personne qui n'eût mené une vie débordée.

« Que toutes celles qui se présenteraient devaient, avant de prendre l'habit, jurer sur les saints Évangiles, et sous peine de damnation éternelle, entre les mains de leur confesseur, qu'elles ne s'étaient pas prostituées à dessein d'être de la Congrégation. »

D'autres formalités étaient encore exigées pour être admise aux Filles Pénitentes ; et si, après les avoir remplies, la postulante était jugée digne de faire partie de la Communauté, elle prononçait des vœux en ces termes :

« Je, N...., voue et promets à Dieu et à la Vierge Marie, et à Monseigneur l'évêque de Paris, mon prélat et père espirituel, et à vous, mère, soubs mère et tout le couvent, stabilité et fermeté soubs

---

[1] Sauval, *Antiquités de Paris*.

cloture perpétuelle en ce lieu icy, la conversion de mes mœurs, chasteté, pauvreté et obédience selon la règle de Monseigneur saint Augustin et selon les statuts, réformation et modification faits et à faire par révérend père en Dieu, Monseigneur Jehan, évêque de Paris, l'an 1497 [1]. »

Mais, indépendamment des recluses volontaires, les registres du Parlement et du Châtelet nous apprennent que l'on condamnait pour certaines fautes les filles ou femmes à être enfermées pendant toute leur vie dans le couvent des Filles Pénitentes.

Devenu leur refuge, l'hôtel d'Orléans habitué depuis plus de deux siècles à un luxe royal et au bruit qu'il entraîne après lui, changea alors entièrement d'aspect. Ses vastes appartements se convertirent en réfectoires et en cellules; la galerie où se voyait autrefois le portrait des maîtresses du duc d'Orléans se sanctifia en devenant un lieu de prière; et si, en voyant toutes ces pécheresses agenouillées sur la pierre, le souvenir eût reporté la pensée à près d'un siècle, on aurait cru que les maîtresses du duc s'étaient animées, étaient descendues de leurs cadres et imploraient du Dieu de miséricorde le pardon de leurs désordres passés. L'oratoire de l'auguste mère de saint Louis servit aussi de cellule et reçut la confession de bien scandaleuses orgies; souvent même il retentit de larmes et de cris arrachés par le désespoir et le repentir. Les cours, les jardins furent mis en culture, et l'on ne réserva que quelques allées ombragées pour servir de lieu de promenade. Les murs de clôture furent aussi partout exhaussés; et, dans plusieurs endroits, leur épaisseur fut telle qu'on y pratiqua des caveaux pour y enterrer le corps des Pénitentes; il était défendu en outre d'avoir *ni escaliers, ni échelles, ni aucunes entrées ou sorties excepté une seule porte pour les besoins de la maison* [2]. L'ancien hôtel d'Orléans eut enfin l'aspect d'une maison de force ou d'un cloître : comme on vient de le voir, il était en réalité l'une et l'autre.

Les Filles Pénitentes y demeurèrent pendant près d'un siècle, et

---

[1] TERRASSON, *Mélanges d'histoire et de littérature.* — *Règle de constitution des filles pénitentes,* folio 6, verso.
[2] TERRASSON.

sans doute elles y auraient prolongé plus longtemps leur séjour sans le caprice et la superstition d'une reine qui ne comprenait pas qu'on ôsât s'opposer à aucun de ses desseins ; — car cette reine s'appelait Catherine de Médicis. — Bizarre jeu du hasard qui réunit successivement dans la même demeure Blanche de Castille, les Filles Pénitentes et Catherine de Médicis, c'est-à-dire la vertu, le repentir et le vice; car, nous dit Saint-Foix, il en était de l'âme de cette dernière reine, *comme d'un être infecté dans son germe et qui devient un fléau* [1].

Varillas, dans un portrait qu'il nous en a laissé, montre pour elle plus d'indulgence : « Catherine, dit-il, avoit la taille admirable, et la majesté de son visage n'en diminuoit pas la douceur. Elle surpassoit les autres dames de son siècle par la blancheur du teint et par la vivacité des yeux; et, quoiqu'elle changeât souvent d'habits, toutes sortes de parures lui siéoient si bien qu'on ne pouvoit discerner celle qui lui étoit la plus avantageuse. Le beau tour de ses jambes lui faisoit prendre plaisir à porter des bas de soie (desquels l'usage s'étoit introduit de son temps), et ce fut pour les montrer qu'elle inventa la mode de mettre une jambe sur le pommeau de la selle en allant sur les haquenées (au lieu d'aller, comme on disoit alors, à la planchette). Elle inventoit de tems en tems des modes également galantes et superbes; et, comme on ne vit jamais un si grand nombre de belles dames qu'elle en eut à sa suite [2], on ne les vit jamais plus brillantes. Il sembloit que la nature eût pris plaisir à lui donner toutes les vertus et tous les vices de ses ancêtres; elle avoit l'attachement de Cosme le Vieux pour les richesses, mais elle ne les ménageoit pas mieux que Pierre Ier, fils de Cosme, son trisaïeul..... Son ambition ne cédoit point à celle de Pierre II, son aïeul; et, pour régner, elle ne mettoit pas plus de différence que lui entre les moyens légitimes et ceux qui sont défendus. Les divertissements avoient des charmes pour elle, mais elle ne les aimoit à l'exemple de Laurent, son père,

---

[1] *Essais historiques.*

[2] En quelque endroit qu'elle allât, dit Mezerai, « elle traînait toujours l'attirail des divertissements les plus voluptueux, et particulièrement une centaine des plus belles femmes de la cour qui menaient en lesse deux fois autant de courtisans. »

qu'à proportion de la dépense dont ils étoient accompagnés. »

Avec ce caractère et son goût pour les fêtes et les plaisirs, Catherine de Médicis en quittant son somptueux palais des Tuileries ne pouvait se résoudre à habiter un couvent. Les cellules des recluses, — ces sanctuaires du repentir, — auraient pu éveiller dans son âme l'idée du remords qu'elle cherchait à étouffer, mais qui la rongeait intérieurement, car la Saint-Barthélemy ne datait que de quelques mois. — Aussi des ouvriers de toute sorte se mirent à démolir l'ancien hôtel d'Orléans. Les Filles Pénitentes furent expulsées et se réfugièrent dans le couvent de Saint-Magloire situé rue Saint-Denis, que la reine leur céda en échange de leur cloître [1] ; enfin, sur ses ruines, on vit s'élever en quelques mois un superbe palais, qui prit le nom d'Hôtel de la Reine. « Le bâtiment qu'elle entreprit, dit Sauval [2], parut si magnifique, que dans tout le royaume alors il ne le cédoit qu'au Louvre et à son palais des Tuileries ; car enfin elle le rendit si logeable, qu'on y compte cinq appartements des plus grands, des plus clairs, des mieux dégagés, et tel qu'un seul pourroit suffire au plus grand prince de la terre ; nous y avons vu loger en même temps Marie de Bourbon, princesse de Carignan ; Eugène de Savoie, son fils, comte de Soissons ; Olympe Martinozzi ; mademoiselle de Longueville ; Louise de Savoie, princesse de Bade ; et toutes ces princesses si commodément, que chacune avoit à part une grande salle, une antichambre, une chambre, une garde-robe et un cabinet. Ce logis, en un mot, est si vaste et si commode, qu'il n'y a dans Paris que le palais Cardinal où il y ait plus de logements.

. . . .

« On y entre par un portail aussi grand que superbe, et, quoique imité du palais Farnèse à Caprarolle, il passe néanmoins pour un des chefs-d'œuvre de Salomon de Bresse, l'un des meilleurs architectes de notre temps ; il est simple, rustique, fort haut, fort large et très bien proportionné à l'étendue aussi bien qu'à l'ordonnance du logis. »

Une magnifique cour d'honneur précédait ce palais, et au delà on

---

[1] SAUVAL, voir la copie du *titre d'échange*, 1572.
[2] *Antiquités de Paris*.

voyait un parterre, au milieu duquel on admirait un bassin de marbre porté par quatre consoles, et où se baignait une Vénus due au ciseau de Jean Goujon.

Du côté de la rue Coquillière et de la rue de Grenelle était aussi un grand parterre avec de belles avenues d'arbres, qui devint plus tard un jardin public [1].

A un des coins de ce jardin se trouvait la chapelle. « Elle n'est pas moins considérable que les appartements, dit Sauval; il ne s'en trouve point de si grande ni si bien parée dans les hôtels de nos grands seigneurs, ni au palais d'Orléans, ni au palais Cardinal. On y entre par un portail des plus élevés et des plus magnifiques; son ordonnance a quelque chose de grand et de royal; il est couronné de deux clochers suspendus en l'air sur deux trompes, et fut conduit par Guérin. Les curieux y considèrent des festons qui pendent aux deux côtés de la porte, que firent en concurrence Colin et Huguenin. Ils passent pour le chef-d'œuvre de ces sculpteurs. L'autel est enrichi de deux figures de Pilon, le plus tendre, le plus ingénieux sculpteur de son temps. Elles représentent l'Annonciation. »

Mais le plus bel ornement de cette demeure royale, dit le même historien, était une colonne colossale, d'une hauteur de cent quarante-trois pieds, sur neuf pieds huit pouces et demi de diamètre par le bas, et huit pieds deux pouces par le haut. Dans l'intérieur se trouvait un escalier à vis qui conduisait à l'observatoire de la reine. Quant à l'ordre auquel se rapportait son architecture, c'était un mélange du dorique et du toscan, et Jean Bullant, qui l'avait fait construire, ainsi que tout l'hôtel, d'après ses dessins, n'avait fait qu'imiter la colonne Trajane. Sur le fût, on voyait des couronnes, des fleurs de lis, des cornes d'abondance, des lacs d'amour et des C et H entrelacés, signes allégoriques du veuvage de la reine. Le temps, ce terrible démolisseur, a respecté la colonne, mais il a effacé tous ces emblèmes.

Dans la construction de son hôtel, Catherine de Médicis avait brisé tous les obstacles qui s'étaient présentés; elle avait même supprimé un bout de la rue des Étuves pour réunir à sa nouvelle demeure l'hô-

---

[1] Piganiol de la Force, *Description de Paris*.

tel d'Albret, qu'elle possédait déjà : en cela, elle n'avait fait que donner une nouvelle preuve de cette volonté qui faisait tout plier devant

elle, et qu'elle imprimait à tous les actes de sa vie, soit caprice, soit affaire d'État. La reine était enfin Italienne dans la plus large acception de ce mot; et, si on ajoute qu'elle était fort superstitieuse, on aura l'explication de son départ des Tuileries et le motif de l'expulsion des Filles Pénitentes.

La reine, dans les longues heures d'observation qu'elle passait avec le célèbre astrologue Cosme Ruggiéri, avait eu un jour l'idée de lui demander quel serait le lieu de sa mort.

Saint-Germain, lui avait répondu Ruggiéri. Dès lors, rapporte Mezerai, « on la vit fuir superstitieusement tous les lieux et toutes les églises qui portoient ce nom. Elle n'alla plus à Saint-Germain-en-Laye, et même, à cause que son palais se trouvoit dans la paroisse de Saint-Germain-l'Auxerrois, elle en fit bâtir un autre, l'hôtel de Soissons, près Saint-Eustache. » La prédiction de Ruggiéri devait néanmoins s'accomplir plus tard.

Installée dans son nouvel hôtel, Catherine de Médicis y déploya un luxe inouï, et chercha à s'étourdir sur tous ses forfaits. Ce ne fut alors chaque jour que fêtes, que bals, que mascarades : mais elle appelait en vain l'oubli. Le passé revenait sans cesse à sa mémoire ; le tocsin de l'église Saint-Germain-l'Auxerrois tintait toujours à son oreille le glas funèbre, premier signal de la Saint-Barthélemy ; et, dans ses rêves, elle voyait se dresser devant elle le gibet tout sanglant de Montfaucon, où pendait le corps de l'amiral Coligny et de ses autres victimes ; sa vue aussi était troublée par d'horribles images, et sa conscience, dont les agitations étaient la première expiation de ses crimes, ne trouvait quelque repos, quelque consolation que dans l'astrologie. La nuit aussi, une lumière souvent brillait à son observatoire, et le passant attardé se disait : *La reine-mère consulte les astres, c'est d'un mauvais présage*, et rarement il se trompait. Catherine enfin, était crédule par peur : sa puissance ne lui permettait pas de rien redouter de la justice des hommes ; mais la religion lui en avait révélé une autre qui l'effrayait, et comme ses fils, Charles IX et Henri III, elle se faisait absoudre du meurtre ou de tout autre forfait, dont elle ordonnait ensuite l'exécution. Après qu'il avait été accompli, s'en croyait-elle pour cela moins coupable ? Il faut le penser : mais, en réalité, elle ne faisait que faire partager ses fautes au prêtre qui prostituait son ministère, en laissant la reine dans sa fausse croyance et en lui donnant l'absolution. Le clergé, au surplus, n'y mettait aucun scrupule ; il avait beaucoup d'indulgence, parce qu'il en avait lui-même besoin. En effet, presque tous les historiens nous ont laissé des peintures malheureusement trop vraies des désordres et des mœurs des prêtres pendant cette époque, et Brantôme s'en est fait, dans plusieurs passages de ses contes et discours, le trop complaisant apologiste.

Quelques années plus tard, le 9 mai 1588, les portes de l'Hôtel de la Reine s'ouvrirent à grands battants : un brillant cortége en sortit, et se dirigea vers le Louvre. Catherine de Médicis se laissait mollement bercer par les oscillations de sa chaise, et près d'elle Henri de Lorraine, duc de Guise, marchait à pied, *non pas par respect pour la reine*, dit un contemporain, mais *pour jouir à son aise de l'admiration et des éloges de la foule parisienne*. Parfois il se penchait à la portière pour échanger avec la reine quelques paroles ; mais il était presque toujours interrompu par les cris de *vive Guise! vive le pilier de l'Église!* Tout le trajet enfin ne fut pour le duc qu'une marche triomphale, et Catherine de Médicis n'était pas la moins fière de cette ovation. Elle n'avait pas seulement l'ambition de régner ; elle aimait à en faire parade, et elle montrait ainsi qu'elle allait braver le roi, en lui présentant le duc, auquel il avait défendu de paraître à Paris.

— Arrivé au Louvre, Catherine et le duc de Guise se firent introduire près du roi, et suivant un témoin oculaire, Henri III, après de vives remontrances adressées au duc, l'aurait reçu en grâce [1].

D'après d'autres historiens, le roi aurait eu au contraire un instant l'idée de le faire tuer dans l'appartement même de la reine, puis l'aurait laissé sortir, et le soir, aurait voulu exécuter le même projet.

Connaissant trop bien les lois de l'étiquette et de la politesse pour être en reste avec sa mère d'une visite, Henri III se rendit à l'Hôtel de la Reine et trouva Catherine de Médicis dans son jardin, où elle se promenait avec le duc. Après avoir entretenu sa mère pendant trois quarts d'heure, le roi crut que l'occasion était favorable pour se venger, et d'un signe il ordonna à ses gens de se précipiter sur le duc de Guise ; mais comme l'un d'eux allait par précaution fermer la porte du jardin, qui était restée ouverte, l'un des gardes de la suite du duc, nommé Saint-Paul, eut quelques soupçons ; il mit sa canne entre la serrure et la muraille, puis entra dans le jardin avec un de ses compagnons, en jurant *qu'on ne jouerait pas sans lui la tragédie*. Ainsi échoua de nouveau le projet du roi de se défaire de ce redoutable ennemi.

[1] Journal de Henri III. — Histoire de de Thou.

Le duc se vengea de Henri III par la journée des Barricades : Henri se vengea du duc, en le faisant assassiner quelques mois après au château de Blois. L'appartement de Catherine était situé au-dessous de la chambre où le meurtre fut commis ; et, en entendant les cris de son fidèle allié, elle voulut sortir pour aller lui porter secours ; mais, au même moment, Henri III parut sur le seuil de la porte, et l'arrêta en lui disant :

— Écoutez, Madame.

Et chaque râlement du moribond arriva distinct à son oreille ; quand le dernier se fut fait entendre, Henri III s'écria :

— *Je suis roi d'aujourd'hui, Madame, car le roi de Paris ne vit plus.*

Catherine effrayée courut chez le cardinal de Bourbon, qui avait été longtemps un de ses plus zélés partisans ; elle allait lui demander des consolations, mais elle ne trouva dans la bouche de ce prélat que des paroles pleines de reproches.

Ce sont là de vos faits, Madame, lui dit-il, en lui montrant les gardes qui le surveillaient, « *Ce sont là de vos tours : Vous nous faites tous mourir* [1]. »

Cette terrible journée fut le commencement de la lente agonie qui précéda la mort de Catherine de Médicis. Le 5 janvier 1589, au milieu des accès brûlants de la fièvre, elle eut le pressentiment que sa dernière heure était venue, et une idée de repentir pénétra pour la première fois dans son âme. Elle fit appeler un prêtre : mais, à peine eut-elle balbutié les premiers mots de sa confession qui aurait dû être si longue, qu'elle expira. La prédiction de Ruggiéri s'était presque réalisée ; son confesseur s'appelait *Laurent Saint-Germain*.

Catherine de Médicis avait habité pendant dix-sept ans son hôtel, et sous les apparences de l'opulence et du luxe, elle avait su déguiser la réalité de sa fortune, que sa mort vint faire connaître. Elle laissait des dettes énormes ; aussi, ses dernières dispositions par lesquelles elle faisait don de son hôtel à sa petite-fille, Christine de Lorraine, ne purent recevoir leur exécution. Il fut vendu par les créanciers et

---

[1] BELIN, *Dictionnaire historique des femmes célèbres*. Paris, 1788.

acheté par la princesse de Navarre, Catherine de Bourbon, qui lui donna le nom d'*Hôtel des Princesses*.

— Cette princesse avait alors trente et un ans et *joignait*, disent tous les contemporains, *aux grâces du corps, tous les agréments d'un esprit ferme, solide, constant et naturellement très-vif*. Catherine, en outre, était la sœur d'Henri IV; aussi avait-elle été demandée en mariage par trois rois, par plusieurs princes et ducs [1]. Soit fierté, soit caprice, elle les avait tous refusés, et elle ne devint sensible qu'à l'amour qu'éprouva pour elle Charles de Bourbon, comte de Soissons; elle lui avoua même qu'elle le partageait : mais cet aveu parti du fond du cœur n'aboutit qu'à l'échange d'une promesse de mariage entre le comte et la princesse, car la politique vint entraver leurs projets d'avenir. Le roi, qui avait jeté les yeux sur le duc de Montpensier pour en faire l'époux de sa sœur, chargea Sully de retirer cette promesse, et d'opérer plus tard entre les deux rivaux une réconciliation [2]. L'habile ministre y parvint, mais elle ne fut réellement sincère que lors du mariage de la princesse de Navarre, car la principale cause de leur inimitié n'existait plus alors. Devenue, en 1599, l'épouse d'Henri, duc de Bar, la princesse de Navarre avait suivi son mari en Lorraine, et elle y mourut cinq années après [3].

En quittant Paris, la duchesse n'avait point acquitté les dettes qu'elle y avait contractées, et, lors de sa mort, elles ne se trouvaient pas encore soldées : aussi ses créanciers, dit Sully dans ses Mémoires, firent arrêt tant sur les maisons que sur les meubles et autres effets de Madame. Ces maisons consistaient en son hôtel de Paris [4], une maison à Fontainebleau et une autre à Saint-Germain, que le roi lui avait donnée : quant à ses meubles, on remarquait surtout, ajoute le même historien, dans sa galerie, sa chambre et ses cabinets, des tableaux d'un grand mérite, que le roi désirait avoir pour orner ses palais et châteaux : mais on lui avait tellement exagéré l'importance des

---

[1] Philippe II, roi d'Espagne. — Henri III, roi de France. — Jacques Stuart, roi d'Écosse. — Le prince de Condé. — Le duc d'Alençon et celui de Lorraine.

[2] *Mémoires de Sully.*

[3] Voir l'Hôtel des Fermes.

[4] L'hôtel dont il est parlé ici est l'hôtel de Soissons, appelé auparavant l'hôtel de la Reine (SULLY, t. II, p. 297, note).

dettes de sa sœur, qu'il ne crut pas pouvoir témoigner ce désir avant qu'elles ne fussent entièrement liquidées. Elles ne montaient en réalité qu'à vingt mille livres.

Sully, par commission de Sa Majesté, fut chargé de faire l'inventaire des meubles et joyaux de la duchesse : et, après le prélèvement des objets que le roi et le duc de Bar revendiquaient comme étant leur propriété, l'hôtel de Paris, sur lequel il était dû une grande partie du prix d'achat, fut destiné à être vendu, et le produit de la vente suffit pour désintéresser tous les créanciers. La maison de Fontainebleau fut alors donnée en propre à la reine; et celle de Saint-Germain, à la belle Henriette de Balzac d'Entragues, marquise de Verneuil. L'épouse et la maîtresse, en cette circonstance, eurent égale part : la reine, sans doute, aurait bien désiré qu'il en fût de même pour l'amour d'Henri IV.

— La mort de la duchesse avait beaucoup attristé son frère, et toute la cour en avait pris le grand deuil; mais la douleur la plus vraie et la plus vive qu'elle fit éprouver, fut ressentie par Charles de Bourbon. Vainement, le comte avait cherché dans le mariage l'oubli de sa passion; vainement, il avait épousé une des plus jolies femmes de la cour, dont la beauté, unie à plus de jeunesse, faisait pâlir celle de Madame. Il n'avait pu reporter sur sa femme, la charmante Anne de Montafié, l'amour que lui inspirait la princesse de Navarre. Sa pensée enfin, ne pouvait se détacher d'elle, et, après l'avoir constamment aimée pendant sa vie, il voulut encore lui donner après sa mort une dernière preuve d'amour. L'hôtel qu'elle avait habité avant son mariage, avait été le confident des mutuels aveux de leur passion; le comte alla lui demander quelque souvenir, quelque écho du passé, et l'acheta, le 21 janvier 1606, moyennant trente mille cent écus [1]. L'ancien hôtel de la Reine, après avoir changé tant de fois de nom, prit alors celui de son nouveau propriétaire, et s'appela l'Hôtel de Soissons, dénomination qu'il conserva ensuite jusqu'au jour de sa démolition.

La vie du comte, à partir de cette époque, et surtout après la mort

---

[1] SAUVAL, *Antiquités de Paris*.

d'Henri IV, devint entièrement politique et se trouva mêlée à toutes les intrigues qui cherchèrent à entraver la régence de Marie de Médicis. L'inimitié qui existait entre les deux puissantes maisons de Bourbon et de Guise se ranima aussi au milieu de tous ces événements, et manqua d'amener de grands malheurs; car le duc de Guise et le comte de Soissons n'attendaient que l'occasion pour se provoquer, quelquefois même ils la recherchaient.

Le comte ainsi s'était déjà vengé de la prétention du duc à la main de Madame, en le blessant dans un combat singulier; mais le 11 janvier 1611, un motif tout à fait futile faillit amener de

terribles conséquences. Ce jour-là, les carrosses du prince de Conti et du comte de Soissons se rencontrèrent en arrivant à la croix du Trahoir [1]; et, comme la rue se trouvait embarrassée, le cocher du comte ordonna à celui du prince de le laisser passer. L'autre, loin d'obéir, poussa ses chevaux en avant, et les deux carrosses se heurtèrent. Le comte, en reconnaissant son frère, envoya lui présenter ses excuses; mais le prince ne voulut point les agréer, et mettant la tête à la portière, il lui dit : *A demain, Monsieur mon frère, pourpoint bas.*

Le bruit de cette querelle arriva de suite à la cour, et la reine envoya M. de Guise pour arranger cette affaire; mais une circonstance faillit faire naître une nouvelle rixe. En se rendant chez le prince de Conti, le duc passa devant l'hôtel de Soissons, escorté de cent cinquante cavaliers. Le comte, alarmé de cette nombreuse suite, crut que le duc venait le braver jusque chez lui, et fit mettre tous ses gens sur la défensive. Heureusement, des explications furent données, et sur la réponse que lui fit M. de Guise, qu'il n'était passé devant l'hôtel de Soissons que *parce que c'était le chemin le plus court*, le comte se trouva satisfait [2]. Néanmoins, la Reine, craignant que cette double querelle n'amenât un soulèvement général, ordonna aux bourgeois de se tenir prêts à prendre les armes au premier commandement, et envoya près des deux princes un capitaine des gardes pour les surveiller. La précaution fut par bonheur inutile, mais à quoi tenait la tranquillité de Paris? et que nous faut-il penser de ces grands seigneurs qui rendaient leur honneur solidaire des querelles de leurs valets.

— Après la mort du comte, arrivée le 11 novembre 1612, sa veuve resta en possession de l'hôtel de Soissons auquel elle fit de grands agrandissements, et douze années plus tard, sa fille, Marie de Bourbon, le porta en dot au prince Thomas-François de Savoie Carignan [3]. Enfin, un de leurs enfants, le prince Eugène Maurice de Savoie, hérita de cette royale résidence qui l'avait vu naître, et fit re-

---

[1] Cette croix se trouvait à l'endroit où la rue de l'Arbre-Sec vient aboutir à celle Saint-Honoré.
[2] Dulaure, *Histoire de Paris.*
[3] *Mémoires de Sully.*

vivre la famille des comtes de Soissons en ajoutant ce dernier titre à son nom. Ainsi fut fondée la branche Savoie-Soissons.

Les noms illustres et les titres de noblesse se perpétuaient quelquefois de cette manière. A défaut de succession mâle, la fille qui se trouvait le seul rejeton d'une grande famille, greffait lors de son mariage son nom sur celui de son mari; telle fut l'origine des Rohan-Soubise. Quelquefois, au contraire, l'un des petits-fils prenait le titre de son aïeul maternel, comme le fit le prince Eugène Maurice, en devenant comte de Soissons. Mais faire revivre des noms célèbres, après l'extinction de la génération qui les avait ennoblis, c'était prendre à honneur d'en soutenir l'ancien éclat, et même de les couvrir d'une nouvelle gloire. Il n'en était pourtant pas toujours ainsi, et bien des noms auraient conservé aux yeux de la postérité un plus brillant prestige, si quelque descendant d'une parenté quelquefois fort éloignée et même douteuse, ne les avait pas pour ainsi dire exhumés de l'histoire, et ne les avait point fait déroger. Le nouveau comte de Soissons ne mérite pas cependant un pareil blâme, mais il s'adresse directement à sa femme, qui a entaché cette famille d'une si triste célébrité, et qui joua un assez grand rôle pendant la dernière moitié du dix-septième siècle, pour que nous nous arrêtions à esquisser les phases principales de sa vie. Son histoire, du reste, rentre dans celle de l'hôtel de Soissons dont elle n'est que le complément.

A cette époque, c'est-à-dire au commencement de l'année 1654, on sortait des guerres de la Fronde, et Mazarin, plus puissant qu'avant son exil, tenait sa cour dans son magnifique palais de la rue Richelieu. Tout pliait devant son autorité souveraine, et ceux qui avaient été ses ennemis les plus acharnés, se courbaient devant Son Éminence, comme devant un juge. Condé, — le grand Condé lui-même, ne la traitait plus d'*Il Signor faquino*, et fléchissait le genou sur son passage. Quel pouvoir plus grand pouvait enfin demander Mazarin. Il était en réalité le Roi, et Louis XIV n'en avait que le titre, — ce vain hochet, quand il n'est point accompagné de la puissance. Malgré cela pourtant, le cardinal-ministre avait des craintes, non point pour le présent (il s'en croyait le maître) mais pour l'avenir, car la guerre civile avait été pour lui d'un grand enseignement. Elle lui avait rappelé que la grandeur a parfois de cruels retours, et qu'il faut, lorsqu'on est au faîte, se prémunir contre les bizarreries de la fortune.

Cette pensée dès lors guida continuellement sa politique; et la première preuve qu'il en donna, fut de faire venir ses nièces d'Italie. Elles avaient pour plaire leur jeunesse et presque toutes de beaux yeux, l'esprit insinuant, l'imagination vive, leur beauté enfin qui constituait une puissance réelle à cette époque où les intrigues d'amour se mêlaient aux affaires politiques, où les caprices d'une jolie femme, comme madame de Longueville, pouvaient tenir en échec l'autorité royale : nièces d'un cardinal, d'un ministre tout-puissant, elles pouvaient en outre prétendre aux plus riches alliances, et Mazarin avait bien compris qu'il se créerait ainsi autant d'appuis pour l'avenir.

L'effet que leur arrivée produisit à la cour réalisa, dépassa même ses espérances. Louis XIV, à la vue de ces jeunes filles gaies et folâtres comme des bergères de Watteau, sentit naître en lui une impression de plaisir qui ne lui était déjà plus inconnue et succomba aux charmes de leur séduction. Toutes ses pensées errèrent d'abord de l'une à l'autre, puis elles se concentrèrent sur une des sœurs, et certes ce n'était pas la plus jolie, tant il est vrai de dire qu'il n'y a de beauté que celle qui plaît. Ainsi Olympe de Mancini, pour nous servir de l'expression de madame de Motteville[1], *parut agréable* au roi, et on le comprend aisément, d'après le portrait que cette femme historien nous en a laissé. Sa chevelure (nous dit-elle) était brune, son visage long, mais de petites fossettes aux joues donnaient à sa physionomie beaucoup d'agrément; ses yeux étaient pleins de feu; ses bras, ses mains étaient admirables[2] et sa peau avait la blancheur de l'albâtre. — Avec moins de beauté pourtant que ses sœurs, elle réussit enfin à fixer pen-

---

[1] *Mémoires sur Anne d'Autriche.*
[2] Tallemant des Réaux, *Historiette XXIV*. « Elle ne fermoit jamais les mains, parce que cela rendoit les jointures rudes; elle avoit les mains belles. » « Madame la comtesse, dit-il encore, étoit bien faite, mais une pauvre femme du reste. Elle avoit des oreillers dans son lit de toutes les grandeurs imaginables. Il y en avoit même pour son pouce. »

dant quelque temps le cœur du jeune roi, et ce fut en son honneur qu'il fit faire cette magnifique course de bagues près du Palais-Royal dont nous avons fait ailleurs le récit[1]. L'attachement de Louis XIV pour Olympe Mancini ne sortit cependant pas des bornes d'une tendre amitié, s'il faut en croire madame de Motteville, et cette opinion paraît assez vraisemblable, car il la vit se marier sans en éprouver aucun regret. Quant à elle, ambitieuse comme son oncle, elle avait peut-être un instant rêvé une couronne. Elle se consola en épousant le comte de Soissons[2] et en contractant ainsi une des plus nobles alliances de France. Eugène Maurice était en effet petit-fils de Charles-Quint par sa grand'mère, — du sang de France par la princesse de Carignan sa mère — et de la maison de Savoie par son père.

Habituée au luxe du cardinal son oncle, la comtesse de Soissons quitta à regret le palais Mazarin pour la demeure de son époux. L'hôtel de Soissons était pourtant aussi un palais; mais l'œuvre de Jean Bullant pâlissait devant celle de François Mansart, et ses appartements, quant à la richesse de la décoration, ne pouvaient soutenir de comparaison avec ceux de la demeure du cardinal. Quelle résidence, du reste, pouvait égaler le faste et la magnificence de ce palais. Où

[1] Voir l'Hôtel Soubise.
[2] La *Muse royale* qui faisait concurrence à la *Muse historique* de Loret, annonce ainsi ce mariage dans son numéro du 19 février 1697.

> Monsieur le comte de Soissons
> Va quittant le rang des garçons
> . . . .
> Prendre le titre de mari
> Dont il ne sera pas marri,
> Donnant la main de son altesse
> A l'illustre et brune deesse
> Qui n'a pas plus de dix-sept ans,
> Mais de ses appas éclatants,
> Qui font dire partout le monde,
> Qu'Olympe n'a point de seconde,
> Et que l'Amour a reuni
> Dedans l'infante Mancini,
> Par un avantage supreme,
> Tout ce qui force a dire jayme
> Et qui le feroit dire aux dieux.

pouvait-on rencontrer réunis autant de chefs-d'œuvre, — de tableaux de grands maîtres, — de dorures[1], — d'admirables fresques, — d'étoffes d'or ou d'argent, de meubles d'une richesse et d'un travail inouïs. En un mot, le palais Mazarin était alors une des merveilles du monde, à laquelle chaque pays avait apporté le tribut de ses richesses, chaque grand artiste l'hommage de son génie.

L'hôtel de Soissons, au contraire, n'était qu'une demeure princière, — digne, il est vrai, de servir de résidence à des duchesses et à des reines même, mais *trop modeste pour la nièce du cardinal!* Aussi appela-t-elle pour le restaurer, quelques-uns des grands artistes qui avaient décoré le palais de son oncle, et l'ancien hôtel de Catherine de Médicis vit changer l'ornementation et la distribution de ses appartements. Était-ce donc seulement le désir et l'habitude du luxe, qui poussaient la comtesse à tous ces embellissements? quelque regard surpris à la dérobée, quelque souvenir du passé avec finesse rappelé, ne lui avaient-ils pas, par hasard, fait présager que dans un avenir peu éloigné, elle recevrait dans son hôtel, non plus l'amoureux de dix-huit ans, qui jouait innocemment avec elle et ses sœurs dans les galeries du Louvre, mais bien cette fois un amant victorieux.

Devenue comtesse de Soissons, Olympe de Mancini fut oubliée. Marie, l'une de ses sœurs, la remplaça dans le cœur du roi, et peu s'en fallut même que cet amour ne mît sur sa tête une couronne. Louis XIV donna enfin une reine à la France, et ce besoin incessant d'affection qu'il éprouva pendant toute sa vie, lui fit reporter un instant toutes ses pensées sur Marie-Thérèse. Il l'aima quelque temps... moins longtemps cependant qu'une maîtresse; puis cette passion s'éteignit, et le cœur du roi soupira après de nouvelles amours.

La comtesse de Soissons était alors surintendante de la maison de la jeune reine[2], et l'appartement qu'elle occupait aux Tuileries se

---

[1] Il avait été dépensé dans chaque pièce pour 30,000 écus d'or.

[2] Cette aimable princesse
Qui de Soissons est la comtesse,
Un des beaux-esprits de la cour,
Digne d'honneur, digne d'amour,

partageait, avec les salons de l'hôtel de Soissons, l'honneur de réunir presque chaque soir l'élite des seigneurs de la cour. Le roi lui-même y vint d'abord quelquefois, puis finit par y venir tous les soirs. Oubliant là du reste toute étiquette, il improvisait parfois un bal et dansait un menuet; aussi la comtesse de Soissons avait toujours derrière des tapisseries quelques musiciens cachés qui arrivaient au moindre

désir de Sa Majesté; elle voulait, en satisfaisant tous les caprices du roi, ramener à elle l'amant jadis si timide d'Olympe de Mancini. En

> Et (ce qui vaut mieux qu'un domaine)
> Surintendante chez la reine.
> <div align="right">(<i>Muse historique</i> de Loret.)</div>

outre, dans ces réunions qui se prolongeaient quelquefois jusqu'à la naissance du jour, elle déployait toutes ses grâces et toutes les ruses de la coquetterie; elle se laissait aller à un abandon plein de charmes; elle avait enfin sur les lèvres le plus gracieux sourire, dans ses yeux les regards les plus passionnés. Le roi ne put rester longtemps insensible à toutes ces agaceries; il recommença à parler d'amour, et la comtesse devint pour lui une conquête nouvelle, mais elle fut presque aussitôt abandonnée. Louis XIV avait découvert dans une des filles d'honneur de Madame un ange de sensibilité, une âme pleine de poésie, une femme enfin telle qu'on la rêve à l'âge des illusions. Elle s'appelait La Vallière, — ce doux nom qu'on ne peut prononcer encore aujourd'hui sans éveiller une pensée d'amour, — La Vallière, cette charmante pécheresse à laquelle on doit tout pardonner parce qu'elle a beaucoup aimé.

— De cette époque date la seconde période de la vie de la comtesse de Soissons. La première, comme on vient de le voir, s'est écoulée au milieu des douces émotions de l'amour; l'autre, au contraire, va se passer en continuelles intrigues et se terminer dans l'exil.

Le nouvel amour du roi livra la comtesse à tous les tourments de cœur qu'éprouve toujours une femme délaissée par son amant. Le dépit, la jalousie, la douleur aussi de voir toutes ses idées d'ambition déçues lui firent chercher tous les moyens de le détourner de mademoiselle de La Vallière; et elle sut associer à ses projets M. de Vardes, l'un des compagnons de plaisirs du roi, en le prenant pour amant. Sa première tentative pour perdre la nouvelle favorite échoua néanmoins. — Elle avait voulu lui donner pour rivale une autre fille d'honneur, mademoiselle de la Motte Houdancourt, et de Vardes avait été chargé d'attirer l'attention de Louis XIV sur elle. Il y était en effet parvenu. Le roi, *dont le cœur était rempli de ces misères humaines qui font dans la jeunesse le faux bonheur* [1], en devint même assez amoureux pour tenter un voyage sur les toits, afin d'arriver jusqu'à l'appartement des filles d'honneur; mais leur vertu, dont elles faisaient du reste peu de cas, se trouva cette nuit-là sauvegar-

---

[1] Madame de Motteville, *Mémoires sur Anne d'Autriche*.

dée par les grilles que la duchesse de Navailles avait fait placer dans les cheminées. Le royal amoureux, pour attendre, n'en fut pas, dit-on, moins heureux. Il vit souvent mademoiselle de La Motte Houdancourt chez la comtesse de Soissons, qui, *ne pouvant plus plaire au roi par elle-même, voulait conserver sa faveur par toutes les voies que l'ambition lui pouvait inspirer* [1]. Mais il ne trouva pas dans sa nouvelle maîtresse l'abandon qu'il rencontrait dans La Vallière dominée par une véritable passion; aussi revint-il bientôt à elle, et cette fois plus amoureux que jamais. — Ce fut le seul effet que produisit son infidélité passagère, c'est-à-dire l'effet contraire aux désirs de la comtesse.

Cet échec ne la découragea pourtant pas. Une lettre un soir fut trouvée dans l'appartement de la reine par sa première femme de chambre la senora Molina. L'adresse paraissait écrite de la main de la reine d'Espagne; et comme Philippe IV était alors malade, la senora craignit que la remise de cette lettre ne causât tout d'abord quelque fausse inquiétude à sa maîtresse. Elle résolut donc de l'ouvrir, et vit que cet écrit, qui était anonyme, instruisait la reine de l'amour du roi pour mademoiselle de La Vallière. Heureuse du hasard qui l'avait inspirée, Molina n'hésita point sur le parti qu'elle avait à prendre, et alla porter la lettre au roi. Louis XIV, après l'avoir parcourue, devint rouge de colère et demanda à plusieurs reprises si Marie-Thérèse ne l'avait pas lue. Sur l'assurance que lui donna la senora qu'elle seule en avait eu connaissance, il rejeta la lettre avec mépris, puis congédia Molina. Quels étaient les impudents auteurs de cet écrit? On se perdit en conjectures : on eut bien quelques soupçons, mais comme ils tombaient sur des personnes influentes et fort bien en cour, on les répéta tout bas de peur d'une disgrâce. La vérité pourtant se fit jour. De Vardes fut envoyé en prison dans la citadelle de Montpellier; M. de Guiche qui avait été de ce complot fut exilé, et madame de Soissons reçut l'ordre le 30 mars 1665 de se retirer dans une de ses terres.

Eloignée de la cour, la comtesse se jeta dans de nouvelles intri-

---

[1] MADAME DE MOTTEVILLE, *Mémoires sur Anne d'Autriche*.

gues; mais cette fois, ce furent des intrigues d'amour. De Vardes, qui s'était sacrifié pour elle, fut bientôt oublié ; et de Villeroy, ainsi que beaucoup d'autres, devinrent ses heureux amants. Le duc méritait du reste de plaire, si sa personne répondait à l'épithète de *charmant*, sous laquelle madame de Sévigné le désigne dans plusieurs de ses lettres : c'était, selon elle, « *le plus joli homme : il n'y avait que lui au monde qui sût aimer ;* » mais si prodigue d'éloges pour l'amant, elle semble ne pas trouver de qualification assez dure pour flétrir sa maîtresse. Elle la traite *de la plus indigne des femmes :* elle l'appelle *la Vieille Médée*[1], et, dans ce jugement, on serait tenté de voir l'expression d'un peu de dépit, de jalousie peut-être, si la vie tout entière de madame de Sévigné[2] n'excluait une pareille pensée et ne nous forçait à chercher le motif de son mépris dans la conduite même de la comtesse de Soissons.

En effet, à cette époque, les soupçons les plus graves tombaient déjà sur elle. Son mari était mort subitement en 1673, et on se disait tout bas qu'elle l'avait empoisonné.

Étrange destinée que celle de l'hôtel de Soissons! Les siècles passent, ses habitants changent, et les mêmes souvenirs pourtant se reproduisent. La comtesse de Soissons ne vient-elle pas ainsi nous rappeler Catherine de Médicis, avec laquelle le hasard lui avait donné en outre quelques points de ressemblance. Toutes deux étaient Italiennes, d'une haute origine : toutes deux avaient le secret de ces poisons subtils qui donnaient la mort sans laisser de traces après eux : toutes deux enfin sont restées dans leur siècle sous le poids de l'accusation de bien des forfaits. Catherine de Médicis seulement était reine, et la justice n'osa point l'atteindre ; elle ne fut pas aussi aveugle ni aussi indulgente pour la comtesse.

Une ordonnance du 11 janvier 1680 institua un tribunal exceptionnel, sous le titre de *Chambre ardente* ou *des Poisons*. Devant lui furent appelés les plus grands noms de la cour, et la comtesse de

---

[1] Lettres des 24 février 1673, — 20 mars 1673, — 29 décembre 1675.
[2] Bussy Rabutin, *Portraits de madame de Sévigné*. — L'abbé Arnauld, *Histoire amoureuse des Gaules*.

Soissons, accusée d'avoir empoisonné son mari, et de s'être servie plusieurs fois de philtres amoureux, aurait peut-être partagé le sort de La Voisin, si le souvenir de l'amour éphémère qu'elle avait inspiré à Louis XIV, ne lui avait pas épargné cette honte.

« Pour madame la comtesse de Soissons (écrit madame de Sévigné, le 26 janvier 1680), elle n'a pu envisager la prison : on a bien voulu lui donner le temps de s'enfuir, si elle est coupable. Elle jouoit à la bassette mercredi : M. de Bouillon entra, il la pria de passer dans son cabinet, et lui dit qu'il falloit partir de France, ou aller à la Bastille : elle ne balança point : elle fit sortir du jeu la marquise d'Alluye : elles ne reparurent plus. L'heure du souper vint ; on dit que madame la Comtesse soupoit en ville : tout le monde s'en alla, persuadé de quelque chose d'extraordinaire. Cependant on fit beaucoup de paquets, on prit de l'argent, des pierreries ; on fit prendre des justaucorps gris aux laquais et aux cochers : on fit mettre huit chevaux au carrosse. Elle fit placer auprès d'elle, dans le fond, la marquise d'Alluye, qu'on dit qui ne vouloit pas aller, et deux femmes de chambre sur le devant. Elle dit à ses gens qu'ils ne se missent point en peine d'elle, qu'elle étoit innocente, mais que ces coquines de femmes [2] avoient pris plaisir à la nommer : elle pleura, passa chez madame de Carignan, et sortit de Paris à trois heures du matin. On dit qu'elle va à Namur : vous croyez qu'on n'a pas dessein de la suivre. On ne laissera pas de faire son procès, ne fût-ce que pour la justifier : il y a bien des noirceurs dans ce que dit La Voisin. Le duc de Villeroi paroit très affligé, ou pour mieux dire ne paroit pas, car il est enfermé dans sa chambre et ne voit personne. »

M. de Bouillon n'avait fait qu'accomplir la volonté de Louis XIV, en protégeant la fuite de la comtesse, dit Bussy-Rabutin dans une lettre du 27 janvier 1680, et la preuve nous en est encore fournie par un autre fragment de madame de Sévigné :

« On a trompetté, dit-elle dans une lettre du 24 janvier 1680, madame la Comtesse à trois briefs jours, c'est-à-dire qu'on va lui faire son procès par contumace. Le roi a dit à madame de Cari-

---

[2] La Vigoureux, La Voisin et autres.

gnan : Madame, j'ai bien voulu que madame la Comtesse se soit sauvée : peut-être en rendrai-je compte un jour à Dieu et à mes peuples. »

Son départ néanmoins équivalait à une condamnation, et la comtesse ne chercha pas du reste à faire oublier hors de France la honte dont elle venait de se couvrir. Accusée, quelques années plus tard, d'avoir empoisonné la reine d'Espagne, elle ne dut encore son salut qu'à la fuite et se retira à Bruxelles.

Malheureusement, ses filles ne faisaient que suivre son exemple : comme leur mère, elles n'ont laissé dans l'histoire que des souvenirs douloureux à rappeler.

En 1698, dit Saint-Simon, « le Roy envoya enlever mademoiselle de Carignan par un lieutenant de ses gardes du corps à l'hôtel de Soissons, qui la mena aux Filles-de-Sainte-Marie... En même temps, l'Electeur de Bavière en fit autant à Bruxelles, où il fit conduire dans un couvent mademoiselle de Soissons, de chez sa mère. Leur conduite estoit depuis longtems tellement indécente et leur débauche si prostituée. »

Louis Thomas de Savoie, comte de Soissons, un de leurs frères, n'avait pas subi l'influence de l'exemple, car il avait été élevé par la princesse de Carignan, son aïeule maternelle. Son sort pourtant n'en fut pas pour cela plus heureux. Il ne put lutter contre l'opinion publique, qui, trop injuste parfois, fait expier aux enfants les fautes de leurs parents, et fut forcé de quitter la France. *Il erra*, suivant l'expression de Saint-Simon, *pour chercher du service et avoir du pain;* mais en Allemagne, à Venise, en Angleterre, partout enfin il fut repoussé, et ce ne fut qu'à la protection alors si puissante de son frère cadet, le prince Eugène, qu'il dut d'entrer au service de l'Empereur. Il lui donna en échange sa vie au siége de Landau (1702).

Six années après, la comtesse de Soissons mourait à Bruxelles, *tandis que son fils, le prince Eugène, la vengeait*, dit Voltaire, *par tant de victoires et triomphait de Louis XIV*[1]. Quelle vengeance la com-

---

[1] Siècle de Louis XIV.

tesse avait-elle donc à exercer? ne s'était-elle pas déclarée coupable en prenant la fuite, et le roi ne l'avait-il pas sauvée du supplice de la Brinvilliers? Voltaire, en historien impartial, aurait dû seulement constater le fait de la mort de la comtesse, sans l'accompagner de ces réflexions qui ne font qu'éveiller de tristes souvenirs. La maison de Savoie-Soissons, issue du sang royal de France, comptait à cette époque parmi ses descendants une empoisonneuse, deux prostituées et un prince traître à sa patrie ; elle allait, du reste, s'éteindre quelques années plus tard par la mort de celui-ci et celle d'Eugène-Jean-François de Savoie, dernier comte de Soissons.

L'hôtel de Soissons, sans avoir cependant passé dans une autre famille, n'appartenait plus alors à la branche Savoie-Soissons : il était devenu la propriété d'un des neveux de la comtesse.

Le prince Victor-Amédée de Savoie-Carignan avait bien des défauts; mais il y en avait un chez lui qui dominait tous les autres. Il était d'une excessive prodigalité, et avait par suite un besoin immodéré d'argent : aussi souvent, pour en obtenir, employait-il des moyens indignes d'un prince. C'était du reste chose passée en usage : les grands seigneurs ne se faisaient là-dessus aucun scrupule, et l'histoire du prince est celle de bien des roués de la Régence, comme sa prodigalité n'est qu'un des nombreux exemples du vice le plus à la mode à cette époque.

Le système du financier Law lui dut sa faveur passagère. Marquis et bourgeois, grands seigneurs et manants, vinrent troquer leur argent contre des valeurs fictives, contre des éventualités ; mais au moyen de l'agio, ces éventualités pouvaient en une heure tripler de valeur, et un hardi spéculateur arriver au gain d'un million par jour. L'hôtel de la rue Quincampoix, par suite de l'affluence des agioteurs, se trouva aussi bientôt encombré, et Law voyant son système réussir au delà de ses espérances, fut obligé de chercher un autre local. Il vint trouver le prince de Carignan et lui offrit d'acheter son hôtel quatorze millions en papier. La vente ne fut pas immédiatement conclue, et quelque temps plus tard le financier ne put donner suite à sa proposition, par suite du discrédit qu'éprouva momentanément sa banque. Elle redevint pourtant en faveur, et ses bureaux s'établirent alors à la place Vendôme. Les agioteurs y accoururent de nouveau en foule, et leur présence continuelle y occasionna tant de bruit et de vacarme, que le chancelier, qui habitait sur la place, alla se plaindre au régent (1720).

— Mais où voulez-vous que j'envoie ces gens-là, demanda le duc d'Orléans.

— Monseigneur, dit le prince de Carignan, qui se trouvait présent lors de la visite du chancelier, si mon hôtel pouvait convenir....

— Certainement, reprit le régent; vous me tirez d'embarras. Je vais donner les ordres nécessaires pour cette nouvelle installation.

La spéculation seule avait déterminé le prince à cette offre spontanée. Il fit bâtir dans son jardin une grande quantité de barraques qu'il loua 2,500 livres par mois; ce qui pouvait lui assurer un revenu d'un demi-million. « On transporta ainsi, dit Saint-Simon, l'agiotage dans le vaste jardin de l'hôtel de Soissons. C'était en effet son lieu

propre. Monsieur et madame de Carignan, qui occupaient l'hôtel de Soissons, tiraient de l'argent de toutes mains, de toutes parts. Des

gains de cent francs, ce qu'on aurait peine à croire, s'il n'était très-reconnu, ne leur semblait pas au-dessous d'eux. Je ne dis pas pour leurs domestiques, mais pour eux-mêmes; et des gains de millions dont ils avaient tiré plusieurs du Mississipi, sans compter d'autres d'ailleurs, ne leur paraissaient pas au-dessus de leur mérite, qu'en effet, ils avaient porté au dernier comble dans la science d'acquérir, avec toutes les bassesses les plus rampantes, les plus viles, les plus continuelles. » Cette spéculation ne fut pourtant pas longtemps heureuse; elle suivit la fortune de Law. Sa banque fit banqueroute, et le prince en éprouva le contre-coup; aussi, ruiné tout à fait, il devint, rapporte Saint-Simon dans ses Mémoires, fermier de l'Opéra et surintendant de ce théâtre, en même temps que sa femme réveillait le souvenir de sa naissance en se faisant l'amie trop complaisante du garde des sceaux Chauvelin [1]. Quelle décadence! Quelle humiliation pour un prince, quand on se reporte à cette époque; il n'eut pas même l'excuse que donne la réussite, car la ferme de l'Opéra ne lui rapporta pas plus que son autre spéculation, et il mourut le 4 avril 1741, accablé de dettes.

L'hôtel de Soissons subit alors le même sort qu'après la mort de Catherine de Médicis et de la duchesse de Bar. Il fut mis en vente, — et ce qui est pénible à rappeler, — il ne se présenta aucun acquéreur pour sauver de la destruction l'asile de tant de souvenirs historiques. Les créanciers se ruèrent sur lui comme des vautours sur leur proie, et le démolirent pierre par pierre pendant les années 1748 et 1749. Devant leur vandalisme, rien ne trouva grâce : ni les lambris, ni les statues, ni les fresques, ni les sculptures, ni les arcades, ne furent épargnés, et de ce magnifique hôtel, il ne nous serait resté aucun vestige sans un ami des arts, nommé Petit de Bachaumont, qui, suivant quelques historiens [2],

[1]. Elle était bâtarde du duc de Savoie, depuis roi de Sardaigne, avec la comtesse de Verne.
[2] M. Leroux de Lincy, dans un *Essai historique sur la Paroisse de l'église Saint-Eustache*, assure avoir eu sous les yeux un acte authentique qui prouve la fausseté de cette assertion : « Au mois de mars 1750, dit-il, le sieur Laurent Destouches, architecte de la ville de Paris, qui avait acheté de Jean Louis Duchenois, adjudicataire des matériaux de l'Hôtel de Soissons, la colonne de Jean Bullant, moyennant 1,800 livres, revendait cette colonne pour la même somme à la ville de Paris. »

arracha à la rage des démolisseurs la colonne de Médicis, en la leur achetant 1,500 livres [1].

Quelques années plus tard, par lettres-patentes de 1755, MM. de Viarmes, prévôt des marchands, de Sartines, lieutenant de police, Oblin, de Varennes, Mercier, de Vannes, échevins de Paris, firent l'acquisition, moyennant 2,800,367 livres 10 sols [2] de l'ancien emplacement de l'hôtel de Soissons, et sous la direction de Lecamus, de Mézières, architecte, on commença en 1762 la construction du vaste édifice qui sert encore aujourd'hui de halle au Blé [3].

Cependant, depuis son achèvement en 1772, cette halle a subi quelques changements. Dans le principe, il y avait au milieu une vaste cour, et on avait eu le dessein d'y transporter au centre la colonne de Médicis; mais ce projet fut de suite abandonné. Après avoir consolidé la base de la colonne, on a placé presque à son sommet un cadran solaire qui marque l'heure à chaque moment de la journée, et qui est de l'invention d'un savant astronome, nommé Pingré; puis du piédestal, on a fait jaillir une fontaine.

Quant à la cour, employée depuis à suppléer à l'insuffisance de l'édifice, elle fut couverte d'une charpente en forme de coupole, et pour en alléger le poids, les architectes Legrand et Molinos, auxquels ce travail fut confié, firent revivre le système de Philibert Delorme, qui consistait à substituer à une charpente pleine, des planches posées de champ. Ils saisirent aussi cette occasion pour rendre hommage au talent du grand artiste en plaçant son médaillon entre ceux de Louis XVI et du lieutenant de police Lenoir,

---

[1] A cette occasion, on publia une caricature qui représentait l'extérieur de la colonne avec sa coupe intérieure et perpendiculaire. Dans un coin du dessin, on voyait l'Ignorance, coiffée d'un bonnet d'âne, commandant à des pionniers de la démolir; auprès de la colonne, au contraire, se trouvaient des sauvages prêts à la défendre.— On publia aussi, plus tard, le portrait de Bachaumont, avec cette inscription : *Stante columnâ quiescit.*

[2] Mémoires de l'Académie des Inscriptions et Belles-Lettres.

[3] « Colbert avait antérieurement résolu de renverser cet hôtel pour y faire une magnifique place dans laquelle on devait élever le plus superbe monument d'Europe. Sa mort vint arrêter ce projet, qui fut abandonné. » GERMAIN BRICE, *Description de Paris.*

qui décoraient autrefois cet édifice, et qui étaient tous les trois dus au ciseau de M. Roland.

La révolution de 89 a brisé le médaillon du roi : les vétérans de la garde parisienne, en 1791, ont démoli celui du lieutenant de police. Celui du grand artiste est seul resté. Le talent et le génie survivent à toutes les révolutions.

En 1802, un incendie causé par la négligence d'un plombier a détruit la coupole en bois, et elle a été depuis remplacée par une couverture en lames de cuivre, et avec des fermes de fer coulé, construite sur les plans de M. Brunet [1].

La colonne de Catherine de Médicis, dans ce désastre, n'a heureusement reçu aucune atteinte. Espérons maintenant que ce dernier vestige de tant de souvenirs n'aura à redouter aucune main sacrilége, et que le temps, cet impitoyable démolisseur, lui épargnera d'ici à bien des années ses injures trop souvent irréparables.

---

[1] Un décret impérial, du 4 septembre 1807, porte ce qui suit : « La Halle aux Bleds de la ville de Paris sera couverte au moyen d'une charpente en fer, dont les arcs verticaux seront de fer fondu. Elle sera couverte en planches de cuivre étamé. »

Signé, NAPOLÉON.

HOTEL DE MLLE GUIMARD.

HOTEL DE Mlle GUIMARD.

HOTEL DE Mlle GUIMARD.

La rue de la Chaussée-d'Antin, au commencement de la seconde période du dix-huitième siècle, ne laissait voir dans toute son étendue que de rares constructions ; mais le temps n'était pas éloigné où elle allait prendre une physionomie plus bruyante et plus animée. Vers l'année 1770 en effet, des grands seigneurs, des financiers, des femmes à la mode, commencèrent à y faire leur résidence ; de somptueuses maisons s'élevèrent pour les recevoir, et parmi les plus élégantes par leur architecture, on admira surtout un charmant petit hôtel bâti presque au coin du boulevard, et baptisé du nom de Terpsichore [1]. Ledoux, architecte du roi, s'était surpassé dans la construction de ce petit palais, dont le porche était décoré « de quatre

---

[1] Dulaure, *Curiosités de Paris*, éd. 1716. — Thierry, *Guide du voyageur à Paris en 1787*. — Cet hôtel portait le numéro 5.

colonnes au-dessus desquelles un charmant groupe isolé représente Terpsichore, couronnée par Apollon. Ces figures en pierres de Conflans, et de six pieds de proportion, sont de M. Le Comte, sculpteur du roi, adjoint à Professeur, — qui a aussi exécuté, dans le cul de four, derrière les colonnes, un délicieux bas-relief de vingt-deux pieds de long sur quatre de haut, où cet artiste habile a représenté le triomphe de la Muse de la Danse. On la voit sur un char traîné par des Amours; des Bacchantes précèdent la marche, et les Grâces inséparables de la danse, accompagnées de la Musique, suivent le char. Deux Faunes, jouant des cymbales, indiquent par leurs mouvements la danse de caractère[1]. »

Mais c'était surtout à l'intérieur que l'art et le talent s'étaient plu à répandre leurs merveilles et leurs richesses. David et Fragonard avaient semé sur les lambris de fraîches et gracieuses peintures ; sur les plafonds, des sujets mythologiques ou des Amours jouant au milieu des fleurs. Boule y faisait admirer ses meubles les plus riches et les plus moelleux ; la Savonnerie, ses plus beaux tapis. Dans ce temple enfin, tout était charmant, et avait pris, suivant l'expression d'un contemporain, *le caractère de la déesse qui l'habitait.*

Cette *déesse* était en effet, à cette époque, ravissante; sa coiffure dite à la grecque, comme c'était la mode alors, c'est-à-dire crêpée et relevée sur le devant de la tête avec deux bouquets de cheveux s'échappant derrière les oreilles[2], encadrait admirablement sa figure toute mignonne, dont chaque contour, chaque trait était une perfection : sa bouche, fort petite, laissait courir sur ses lèvres un sourire presque continuel, et ses yeux exprimaient une douceur communicative, au charme de laquelle on finissait par succomber. Enfin, si la nature n'avait point été avare envers elle en lui refusant de l'ampleur dans les formes, elle eût été un chef-d'œuvre de beauté.

— Cette *déesse* enfin était la célèbre Mademoiselle Guimard, *la belle damnée,* comme l'appelle Marmontel. Elle n'avait alors que 600 livres d'appointements à l'Opéra; mais, en revanche, elle recevait du

---

[1] THIERRY, *Guide du voyageur à Paris en* 1787.
[2] Cette coiffure avait été inventée par le célèbre Léonard, qui de coiffeur devint, en 1817, inspecteur général des pompes funèbres.

Mlle GUIMARD.

plus fou de ses adorateurs, du vieux maréchal de Soubise, *72,000 livres par an, indépendamment des cadeaux particuliers*[1], et son nouvel hôtel était une de ces galanteries !

— Après un brillant succès remporté par la danseuse à l'Opéra, le prince, dans un moment d'enthousiasme, avait mis aux pieds de sa maîtresse une partie de son immense fortune et avait voulu réaliser le désir formé par elle depuis longtemps, de remplacer sa petite maison de Pantin par un magnifique hôtel à Paris; mais au lieu de le faire construire immédiatement, elle avait employé les prodigalités de M. de Soubise à des aumônes.

<blockquote>
O charité ! vertu de l'Évangile,
Quoi ! ton modèle est donc à l'Opéra [2].
</blockquote>

Oui, mademoiselle Guimard, — *cette belle impure*, — pendant l'hiver si rigoureux de 1768, sécha bien des larmes, en allant elle-même, sous de simples vêtements, porter des secours à des malheureux mourant de faim et de froid ; et Marmontel, dans une épître qu'il lui a adressée, nous initie à ses actions charitables. Est-il bien vrai, lui dit-il :

<blockquote>
Que du théâtre embelli par tes pas,
Tu vas chercher dans de froids galetas
L'humanité plaintive, abandonnée;
Que cette main qu'on baise nuit et jour
Verse en secret les tributs de l'amour
Sur l'indigence à languir condamnée.
. . . .
Au lieux des jeux, des amours et des ris,
Qui voltigeaient sous de riches lambris,
Quelle est sa cour ? Des marmots en guenille,
Un bon vieillard, une mère, une fille.
A ses genoux je les vois attendris,
</blockquote>

---

[1] BACHAUMONT. *Mémoires secrets.*
[2] MARMONTEL. Épître à Mademoiselle Guimard sur les aumônes qu'elle avait faites dans les grands froids de l'hiver de 1768.

> Les yeux en pleurs, je les crois tous entendre :
> Béni le ciel qui la fit belle et tendre.
> Tendre ! Oui, Guimard, sans tes jolis péchés,
> Cent malheureux expiraient dans les larmes,
> Et leur salut est le prix de tes charmes.

La charité fit ainsi oublier un instant à la courtisane ses ruineuses folies ; mais l'hiver passa, avec lui disparut la misère la plus affreuse, et mademoiselle Guimard redevint la beauté à la mode. Elle éclipsa toutes ses rivales de l'Opéra par sa somptuosité et son élégance, et nous la retrouvons, dans tout l'éclat de son luxe, à la promenade de Longchamps, de cette même année 1768.

« Les princes, les grands du royaume, dit Bachaumont, s'y sont rendus dans les équipages les plus lestes et les plus magnifiques : les filles y ont brillé à leur ordinaire ; mais mademoiselle Guimard, *la belle damnée*, a attiré tous les regards par un char d'une élégance exquise, très-digne de contenir les grâces de la moderne Terpsichore. Ce qui a surtout fixé l'attention du public, ce sont les armes parlantes qu'a adoptées cette courtisane célèbre. Au milieu de l'écusson se voit un marc d'or, d'où sort un gui de chêne. Les Grâces servent de support, et les Amours couronnent le cartouche. »

N'aurait-elle pas dû faire figurer aussi dans ses armoiries le tonneau des Danaïdes ? Cette addition eût peut-être été trop parlante, mais elle eût produit certes beaucoup d'effet, à cause de son à-propos. Mademoiselle Guimard versait alors dans ses coffres des monceaux d'or et pourtant ils étaient toujours vides.

Le prince de Soubise était immensément riche ; mais parfois il se reprochait ses prodigalités, et l'année suivante[1], il fut sur le point de lui retirer les 2,000 écus qu'il lui donnait par mois. Un sourire, un regard de la séduisante danseuse, suffirent pour le détourner de son projet, et il aima mieux se ruiner que de s'éloigner d'elle. L'instant était propice pour reparler de son futur hôtel ; elle sut en profiter, et le prince, cette fois encore, ne put résister au désir de sa maîtresse.

---

[1] BACHAUMONT, *Mémoires secrets.* « 9 juillet 1769. On assure que M. le maréchal de Soubise lui retira les 2,000 écus par mois dont il la gratifiait. »

Le lendemain, deux autres de ses amants, M. de Jarente, qui était, il faut l'avouer bien bas, évêque d'Orléans, et M. de Laborde, premier valet de chambre du roi, lui avaient promis, l'un de lui faire meubler son futur hôtel, l'autre d'y faire construire un théâtre comme celui qu'elle avait dans sa petite maison de Pantin.

D'où vient donc tout à coup ce bruit dans le quartier de la Chaussée-d'Antin d'ordinaire plus tranquille ? D'où vient cette affluence de carrosses qui se choquent, — de cochers qui se querellent, — de seigneurs qui se menacent, — de femmes qui crient? Regardez l'hôtel de mademoiselle Guimard ; tout cet éclat de lumières n'annonce-t-il pas les apprêts d'une fête à laquelle se rend cette foule impatiente et avide de plaisirs? Ne devinez-vous pas enfin que la reine de la danse rend ce soir-là un nouvel hommage à la mode, — cette autre reine aussi légère et aussi capricieuse qu'elle, — en inaugurant la salle de spectacle de son nouvel hôtel ?

Le duc d'Orléans avait en effet, à cette époque, un théâtre à Bagnolet ; — le prince de Condé, le sien à Chantilly ; le maréchal de Richelieu, les duchesses de Mazarin et de Villeroy, leurs salles de spectacles dans leurs hôtels. Seulement, leurs représentations n'étaient peut-être pas aussi suivies que celles que la danseuse donnait déjà depuis longtemps sur le théâtre de sa petite maison de Pantin. Ailleurs, il est vrai, on n'avait que rarement la primeur des pièces de Collé, de Colardeau, et des proverbes de Carmontelle : ailleurs encore, on ne voyait point d'aussi séduisantes actrices que mademoiselle Grandi, mademoiselle Desmarques et mademoiselle Guimard; car c'était elle, qui, avec ses autres camarades de l'Opéra, se donnait le plaisir de jouer la comédie [1], depuis que le duc de Richelieu avait défendu aux comédiens du roi de paraître sur des théâtres bourgeois. — En outre, l'étiquette dans ces fêtes était toujours bannie, et faisait place à un abandon trop souvent blâmable. Les amies de la danseuse venaient y étaler leurs grâces; et leurs amants, y continuer leurs doux propos d'amour; souvent même, marquises et duchesses ne craignaient pas de déroger, en assistant à ces divertissements défen-

[1] BACHAUMONT. *Mémoires secrets.*

dus par la morale la moins sévère, et en cachant dans le fond de leurs loges grillées quelque galant heureux. Quelquefois, du reste, à côté d'elles, leurs maris usaient de réciprocité; aussi en traçant de pareils tableaux, ne saurait-on assez flétrir l'immoralité d'une semblable époque.

Le soir de son inauguration (8 décembre 1772), la nouvelle salle de spectacle, qui était située au-dessus de la porte d'entrée de l'hôtel, était brillante, animée. Les fresques et les peintures de Fragonard, de Taraval, se mariaient admirablement, sous l'éclat des lumières, avec les riches toilettes des invités, et excitaient l'admiration générale. C'était du reste en petit la salle de spectacle de Versailles ; elle avait des loges ouvertes ou grillées, et pouvait contenir 500 personnes. « *Ce soir-là, l'assemblée*, suivant Bachaumont, *était charmante par la quantité de filles du plus joli minois et radieuses de diamants. En hommes, la compagnie était bien composée. Deux princes du sang, M. le duc de Chartres et M. le comte de la Marche, y assistaient.* »

Le prélude de l'orchestre se fit entendre : le rideau se leva, et l'attention des spectateurs se reporta tout entière sur la scène.

Un prologue de circonstance, intitulé *le Bouquet à Thalie* valut à Collé, son auteur, d'unanimes applaudissements. Puis, la *Partie de chasse d'Henri IV* fut jouée par les acteurs de la Comédie française[1]. Enfin, cette représentation aurait dû être terminée par une autre pièce aussi de Collé, *la Vérité dans le vin ou les Désagrements de la Galanterie;* mais la trop grande susceptibilité de l'archevêque de Paris, qui ne se scandalisait pas de la voir jouer à Choisy devant madame Dubarry, força d'y substituer une farce pantomime, intitulée *Pygmalion*, c'est-à-dire *une parade faisant la parodie de cette pièce*.

Dans son nouvel hôtel, Mademoiselle Guimard continua aussi à donner de ces fins soupers dont la célébrité s'est transmise jusqu'à nous : on y remarquait, entre autres mets fins et délicats, des côtelettes à la Soubise et des coulis à la Guimard, que son chef de cuisine,

---

[1] BACHAUMONT. « En vain M. le maréchal de Richelieu s'est opposé à cet abus. M. le maréchal de Soubise et de Laborde qui ont les oreilles du roi, ont obtenu un ordre du roi de les laisser jouer. 3 décembre 1772. »

digne devancier de Carême, avait créés pour satisfaire la sensualité de ces deux convives habituels, et avait voulu immortaliser en les baptisant de leurs noms.

Cet homme, ou plutôt cet artiste, devait avoir du reste l'imagination féconde; car sa maîtresse donnait trois grands soupers par semaine, et voulait que leur composition variât suivant les personnages qu'elle recevait. Ainsi le souper qui réunissait les seigneurs de la cour et les gens de considération [1], ne devait point ressembler à celui des auteurs et des savants qui venaient amuser cette muse : ni celui-ci, au repas où étaient invitées les femmes les plus séduisantes et les actrices les plus aimables de l'Opéra. Enfin, indépendamment de ces festins d'apparat, il fallait avoir toujours quelque ressource ou réserve pour les petits soupers que la danseuse improvisait quelquefois, à son retour du théâtre.

Malgré son existence de plaisirs, malgré le luxe dont elle était entourée, Mademoiselle Guimard ne se trouva pourtant point heureuse. Les 250,000 livres que lui donnaient ses amants, — les vingt chevaux qu'elle possédait dans son écurie, son hôtel somptueux, ne lui suffirent plus. Elle voulut obtenir de Louis XV une pension, et un jour, elle alla à Choisy-le-Roi demander à Madame Dubarry, — *cette autre damnée*, — sa protection auprès du roi.

La favorite, qui était digne de la comprendre, lui promit son appui; elle fit organiser une fête dans laquelle la Guimard dansa en présence de Louis XV, et sa majesté, après l'avoir applaudie, lui fit remettre un titre de 1,500 livres de pension. *Il y aura de quoi payer le moucheur de chandelles de ses spectacles*, dit le satyrique chroniqueur auquel nous empruntons cette anecdote.

— Quelques années après (1783), un brillant équipage sortait de l'hôtel de la danseuse. La Guimard, légèrement appuyée dans le fond de son carrosse, étalait avec soin une toilette riche et de bon goût, qui révélait une connaissance approfondie de la coquetterie; en se penchant à la portière, elle laissait aussi admirer les grâces de son visage que l'âge n'avait point encore osé flétrir, et ce continuel

---

[1] BACHAUMONT. — *Mémoires secrets.*

sourire qui donnait à sa physionomie une expression de bonheur satisfait. Où allait donc ainsi cette déesse d'Opéra? s'était-elle parée de ses plus beaux atours pour plaire à quelque nouvel amant, à quelque conquête de la veille? Non certes; son équipage aurait pu la trahir, et le prince de Soubise était un trop généreux banquier pour qu'elle s'exposât à perdre ses faveurs. Elle se rendait à Versailles.... à la cour où elle allait, comme elle le disait, *travailler* avec la reine.

Mademoiselle Guimard faisait en effet partie de ce fameux conseil de toilette que présidait Marie-Antoinette et où siégeaient mademoiselle Montausier et mademoiselle Bertin, la célèbre marchande de modes. La séance ce jour-là devait être orageuse. Il s'agissait d'y voter une révolution complète dans les modes. La reine voulait supprimer dans les toilettes les plumes, les fleurs et toutes ces formes de robes appelées *polonaises*, *lévites* ou *circassiennes*, qui dissimulaient dans leurs vastes contours, le défaut des formes, et souvent aussi quelqu'embonpoint illégitime.

Mais les fleurs, les plumes allaient si bien à la Guimard; ces larges robes palliaient si heureusement sa maigreur proverbiale; aussi combattit-elle vivement cette idée de la reine, qui ne se fâchait jamais de la franchise de son auditoire et ne faisait qu'en rire. Chacune d'elles prêchait, du reste, dans son intérêt. La reine, pour son embonpoint; la danseuse, pour l'excès contraire. Marie-Antoinette l'emporta néanmoins et la nouvelle mode fut adoptée.

— Six annnées plus tard, mademoiselle Guimard eut une de ces idées que les femmes, de mœurs faciles et légères caressent une fois au moins au milieu de leur existence de plaisirs, — au moment où leur beauté commence à se faner et où l'abandon vient leur prouver que de tous leurs rêves dorés il ne reste que des regrets, que d'amers souvenirs. Elle voulut, après avoir bu à la coupe des joies éphémères, goûter d'un bonheur inconnu; et, l'amour venant à son aide, elle épousa un chorégraphe distingué, nommé Despréaux. Dès lors la vie de la danseuse changea entièrement: elle quitta l'Opéra avec une pension de 6,000 livres, et voulut racheter par une vie régulière tout un passé de joies et de débauches. Soubise, Laborde,

Jarente et tant d'autres furent par elle complètement oubliés, et même pour se détacher de tout ce qui pouvait les lui rappeler, elle résolut de quitter son hôtel pour un autre plus modeste. Mais, dans cet acte de séparation qui devait être comme le dernier soupir de son existence galante, elle donna encore une preuve de l'excentricité de son caractère. Elle mit son hôtel en loterie (1789).

Après le départ de la danseuse, le reflet de célébrité que sa présence avait fait rejaillir sur cette demeure, disparut un instant, car le nom de mademoiselle Guimard appartenait désormais à l'histoire : mais on parla beaucoup encore de madame Despréaux, pour vanter son amabilité dans les soirées qu'elle se plaisait alors à donner. La Terreur vint ensuite en interrompre le cours; mais elles reprirent sous le Directoire jusqu'au jour (1816) où se termina la vie de cette célèbre danseuse, bizarre mélange de galanterie, de charité et de repentir. — Par une clause expresse de son testament, elle avait légué à l'Opéra son buste en marbre qui orne encore aujourd'hui le foyer de la danse.

Quant à son hôtel, une nouvelle ère de splendeur avait commencé pour lui. Il fut gagné par madame la comtesse Dulau qui n'avait pris qu'un seul billet de 120 livres, et revendu par elle au banquier Perregaux moyennant cinq cent mille francs. M. Laffitte en fut ensuite propriétaire, et le temple de Terpsichore devint alors celui d'une déesse moins légère, la Finance.

Plus tard enfin, cet hôtel fut détruit et sur une partie de son emplacement on a élevé une grande maison occupée par le magasin de nouveautés, qui porte pour enseigne : *A la Chaussée-d'Antin.*

HOTEL DE TOULOUSE.

HOTEL DE TOULOUSE

HÔTEL DE TOULOUSE.

HOTEL DE LA VRILLIÈRE. — HOTEL DE TOULOUSE. — HOTEL DE LA BANQUE DE FRANCE.

Souvent, dans le cours d'une pareille odyssée monumentale et historique, on ne retrouve que des ruines là où s'élevaient jadis des palais, des hôtels, des maisons seigneuriales; souvent aussi la tradition seule vient nous donner quelques détails sur leur construction et sur l'emplacement qu'ils occupaient, *campos ubi Troja fuit*. Parfois cependant, l'on peut juger autrement que d'après le témoignage de l'histoire, de la splendeur de certains édifices de Paris, car quelques uns nous apparaissent encore dans leur état primitif et nous rappellent tout un passé de gloire et de grandeur. De ce nombre est l'hôtel de la Vrillière, aujourd'hui l'hôtel de la Banque de France.

Construit en 1620 par François Mansard, il se composait alors d'un grand bâtiment à double façade. — L'une donnait sur une cour d'honneur dans laquelle avançaient en retour d'équerre du corps de logis principal, deux pavillons en aile formant portique au rez-de chaussée. Un mur couronné par des balustres complétait le quadrilatère; et, au milieu de ce mur se trouvait une large porte, d'une très belle exécution, dont l'entablement orné de triglyphes supportait deux statues assises représentant Mars et Pallas.— L'autre façade, qui avait vue sur un jardin, présentait un plus grand développement; mais il n'y avait de ce côté qu'une aile en retour dont le rez-de-chaussée, disposé en arcades, servait de promenade couverte, et l'étage au-dessus de la galerie de tableaux. Mansard avait rencontré dans la construction de ce bâtiment une grande difficulté, parce que la rue Neuve des Bons-Enfants le coupait en biais à l'une de ses extrémités et détruisait ainsi la régularité de la galerie : mais son talent y avait remédié au moyen d'une *trompe* dont la saillie avançant sur la rue, lui avait donné la largeur nécessaire pour éviter ce défaut de symétrie [1].

Enfin, pour compléter cette description, un grand auvent en pierre, qu'on appelle en terme d'architecture *une loge*, avait été placé à l'autre extrémité de la façade, parallèlement à l'aile en retour, et servait à abriter un balcon ou salon d'été.

Lorsque Mansard eut mis la dernière main à son œuvre, Raymond Phélippeaux, sieur d'Herbaut, du Verger et de la Vrillière, vint habiter ce bel hôtel et le baptisa de ce dernier nom. Dès lors, cette somptueuse demeure devint héréditaire dans la maison des la Vrillière, comme le fut aussi la charge de secrétaire d'État. Seulement la première cessa de lui appartenir en 1705; l'autre, au contraire, se transmit dans cette famille pendant plus d'un siècle et demi, jusqu'en 1775, et le dernier qui l'occupa fut ce fameux comte de Saint-Florentin, qui devint ministre de la maison du roi et duc de la Vrillière, ce seigneur si *généreux* qui avait toujours une lettre de cachet au service de ses ennemis ou de ses amis. Louis XV aurait-il pu du reste blâmer cet abus, lui qui en faisait si souvent usage pour se débarrasser d'un mari trop soucieux de son honneur, ou d'un amant trop jaloux de sa maîtresse.

---

[1] PIGANIOL DE LA FORCE, *Description de Paris*.— Cette trompe existe toujours. Elle fut exécutée par Philippe le Grand.

Comme son petit-fils le comte de Saint-Florentin, Raymond Phélippeaux de la Vrillière, marquis de Châteauneuf, aimait le luxe et l'apparat : il avait des carrosses magnifiques qui s'étalaient, *comme de grands seigneurs*, dans des remises pavées de marbre blanc, des chevaux qui surpassaient en noblesse de race ceux de S. M. Louis XIV. Seulement, toutes les fois que le marquis sortait de l'hôtel de la Vrillière, dont il était propriétaire depuis 1681, il trouvait que ses équipages tournaient avec peine dans la rue de la Vrillière, et que sa demeure princière avait une vue trop bornée. Mais pour obvier à cet inconvénient, il lui aurait fallu acheter les hôtels de Senneterre, d'Emery, plusieurs autres maisons avoisinantes, et percer en face de son hôtel une rue nouvelle, qui, allant se perdre dans la rue des Fossés-Montmartre, aurait servi d'avenue à sa demeure ; puis, en supposant que l'immense fortune du marquis eût pu suffire à ces nombreuses acquisitions, les échevins de Paris auraient-ils voulu se prêter à ce désir de grand seigneur ? Ce projet fut donc, par lui, longtemps abandonné ; mais quand le duc de la Feuillade, *ce courtisan qui a passé tous les courtisans*, dit madame de Sévigné, improvisa la place des Victoires pour y placer la statue de son idole, le marquis entrevit alors la possibilité d'exécuter son plan. Quelques maisons seulement y mettaient obstacle; son argent et son crédit en triomphèrent, et une rue nouvelle fut ouverte en face de son hôtel. Elle se nomma d'abord rue Percée, puis petite rue de la Vrillière ; aujourd'hui c'est la rue de Catinat.

L'hôtel de la Vrillière put ainsi assister à l'inauguration du monument élevé en l'honneur de Louis-le-Grand. — Ce jour-là, 28 mars 1686, la place des Victoires se transforma en un vaste amphithéâtre ; toute la cour y vint prendre place, et quand le Roi parut à un balcon qui avait été construit exprès, une salve d'artillerie annonça le commencement de cette cérémonie courtisanesque. Le voile qui recouvrait l'œuvre de Desjardins [1] fut en ce moment ôté, et la place retentit des cris de *vive le Roi !*

---

[1] Martin Van Den Bogaert, connu sous le nom de Desjardins, sculpteur de l'académie royale.

« Louis XIV, sur un piédestal en marbre blanc, y était représenté en costume du sacre. A ses pieds, il foulait le chien Cerbère qui représentait, par ses trois têtes, la triple alliance formée contre la France. — Derrière lui se tenait la Victoire, un pied sur un globe et le reste du corps suspendu dans les airs : elle mettait d'une main une couronne de laurier sur la tête du roi, et de l'autre tenait un faisceau de palmes et de branches d'olivier. Sur le plinthe et sous les pieds du roi se lisait enfin cette inscription en lettres d'or : VIRO IMMORTALI; et aux quatre angles, on voyait des esclaves enchaînés, qui, par leurs divers costumes, représentaient les nations soumises par Louis XIV. »

Le duc de la Feuillade, — l'ordonnateur de cette fête, — fit alors à la tête de son régiment de gardes-françaises trois fois le tour de la statue, et la salua de son épée. D'autres courtisans s'inclinèrent aussi devant cette idole de bronze, et Saint-Simon, qui assistait à cette cérémonie, prétend que Louis XIV aurait trouvé grand nombre d'adorateurs, *s'il avait voulu la faire adorer*. Il se contenta de voir brûler l'encens à ses pieds.[1]

Ce fut enfin une fête du paganisme renouvelée à la fin du dix-septième siècle, et l'histoire a fait justice de cette vaniteuse condescendance de Louis XIV au désir de son courtisan, — de cet instant de satisfaction donné à son orgueil, qui fut une tache dans le règne de ce grand roi qui portait pour devise : *nec pluribus impar*. Le duc de la Feuillade fut blâmé par tous les historiens de son excès d'adulation : à nos yeux, il a une excellente excuse, il nous a donné la place des Victoires. Quant à Louis XIV, il a trouvé un défenseur dans Voltaire[2]. « On a eu tort, dit-il, d'imputer à Louis XIV le faste de cette statue, et de ne voir que de la vanité et de la flatterie dans la magnanimité du maréchal ». « L'inscription *viro immortali*,

---

[1] Cette statue a été démolie en 1790. — En 93, on éleva à la place une pyramide en bois à la mémoire des morts du 10 août 1792. Le 27 septembre 1800, Bonaparte posa la première pierre d'un monument à la mémoire de Desaix et de Kléber qui ne fut jamais exécuté. En 1806, on en fit un pour Desaix. Enfin en 1815, on lui substitua la statue actuelle qui est l'œuvre de Bosio.

[2] *Siècle de Louis XIV*.

— ajoute-t-il encore plus loin, — a été traitée d'idolâtrie, comme si ce mot signifiait autre chose que l'immortalité de sa gloire. » N'en déplaise au grand écrivain, ne pourrait-on pas supposer qu'en excusant Louis XIV, il voulait que la postérité lui pardonnât aussi plus tard cette inscription qu'il fit mettre sur la chapelle de Ferney : DEO EREXIT VOLTAIRE.

Mais rentrons à l'hôtel de la Vrillière. Quelques années se sont écoulées depuis cette fête, et il n'appartient certes plus au marquis de Châteauneuf, car le luxe princier qu'on y voyait de son temps, l'excès de magnificence dont on le blâmait à juste raison, ont tout à fait disparu. En effet il a changé de propriétaire, et de même que l'idée du marquis était d'embellir son hôtel, celle de son fils, auquel il a pourtant transmis ses immenses richesses, est de devenir duc et pair. Peu lui importe aussi la plus ou moins grande somptuosité de ses appartements, pourvu qu'il puisse ajouter à ses armoiries un nouveau titre de noblesse ! C'est son seul désir, c'est sa seule ambition, ou plutôt c'est celle de sa femme, dont l'amour-propre ne peut concevoir qu'un Phélippeaux de la Vrillière puisse, sans déroger, porter un autre titre que celui de duc. De quelle haute maison est donc sortie cette fière marquise ? De celle de Mailly, — de ce harem où Louis XV devait quelques années plus tard faire plusieurs campagnes amoureuses et jeter quatre fois[1] en vainqueur le mouchoir.

Louis Phélippeaux, dans les premiers temps de son mariage, s'était contenté de ses titres de marquis de la Vrillière et de comte de Saint-Florentin, lorsqu'un jour il prit fantaisie à sa femme de devenir duchesse. Ce que femme veut, Dieu et à plus forte raison un mari doit le vouloir : aussi elle réitéra souvent ses prétentions, les légitima par des services rendus, manœuvra enfin avec une si habile insinuation que le marquis finit par partager ses idées. Il devint ambitieux, et dès lors sa tranquillité fut à jamais troublée, car s'il négligeait de saisir quelque occasion favorable, la marquise était toujours là pour

[1] La comtesse de Mailly et ses trois sœurs, la dame de Vintimille, la duchesse de Lauraguais et la marquise des Tournelles, eurent part, dit-on, aux faveurs de Louis XV.

le blâmer. Aussi dans de pareils moments, dut-il maudire le jour de son mariage et penser avec raison que la femme ambitieuse est la plus terrible des épouses. Bien des années cependant se passèrent ainsi. Louis XIV mourut, et le marquis ne devint pas duc. La Régence allait finir et le marquis ne le serait pas encore. Oh! pour cette fois, la marquise cessa de se contenir : elle accusa son mari d'indifférence, et lui déclara qu'elle saurait bien le faire duc malgré lui.

Il y avait à la cour un agent de l'Angleterre, alors en grande faveur. Il se nommait Schaub. *Ce drôle*, comme l'appelle Saint-Simon, était un charmant cavalier, portant avec une aisance diplomatique son costume tout pailleté d'or, et caressant avec une grâce vraiment française son jabot de dentelles ou le nœud de son épée. *Cet intrigant* enfin *si rusé, si délié, si anglais* (c'est toujours Saint-Simon qui parle), était le courtisan ou plutôt le courtisé des belles, et plusieurs de ses galantes aventures avaient déjà fait les délices de l'OEil-de-Bœuf. Cette réputation n'effraya pourtant pas la marquise ; elle voulut s'attacher ce dangereux protecteur. Schaub était le favori du cardinal Dubois..., il pouvait donc la faire duchesse.

Madame de la Vrillière était encore jolie, et s'était aperçue que le galant diplomate avait jeté souvent sur elle des regards de convoitise. Loin de repousser ses hommages, elle les accueillit au contraire, — avec réserve d'abord, — puis avec empressement, et redoubla enfin de coquetterie. Schaub, *qui n'ignorait pas qu'elle n'avait jamais été cruelle*[1], ne rêva plus alors que la conquête de cette beauté, par trop imprudente. La marquise, de son côté, crut avoir joué son rôle avec tant d'adresse que le diplomate ne pouvait plus avoir rien à lui refuser : mais elle ne pensait certes pas aux suites de cette comédie. Un jour, Schaub se trouva seule avec elle dans son boudoir. Le hasard, ou toute autre circonstance, leur avait ménagé cette occasion ; pour le diplomate, de déclarer son amour ; pour la marquise, de solliciter sa protection. Schaub promit d'en parler au cardinal :

---

[1] SAINT-SIMON (*Mémoires de*).

mais que répondit Madame de la Vrillière aux amoureux propos du diplomate ? Le boudoir fut discret.... : mais le plaisant de cette aventure, c'est que l'objet de tous ses vœux ne se trouva point réalisé. Schaub, qui, comme un manant, s'était probablement fait payer ses services d'avance, ne se pressa point de tenir sa promesse. Le cardinal mourut, et le diplomate perdit toute son influence. Madame de la Vrillière fut donc encore, à son grand dépit, forcée de rester marquise. Heureusement son mari eut pitié d'elle. Il mourut et, peu de temps après, la marquise se consolait en devenant duchesse de la Meilleraye.

— Après le marquis de la Vrillière, son hôtel passa entre les mains de M. Rouillé qui l'acheta en 1705, quatre cent cinquante mille livres. M. Rouillé, qu'on nomme quelquefois M. de Rouillé, n'était lui ni marquis ni comte : il se contentait d'être maître des requêtes et l'un des plus riches fermiers des postes. Plus tard, pourtant, par le crédit du maréchal de Noailles, avec lequel il vivait en liaison intime de plaisirs[1], il devint directeur-général des finances, et déploya dans ces fonctions une rare habileté. Mais, indépendamment de sa grande capacité pour les affaires, M. Rouillé était un homme de beaucoup d'esprit et d'une profonde érudition. Heureux d'être riche pour pouvoir encourager les lettres, il partagea avec M. de Bonrepaux, M. le maréchal de Tallard et plusieurs autres grands personnages de cette époque, l'honneur d'avoir protégé les premiers essais du jeune poète dont Despréaux, malgré sa sévérité, disait déjà : *Ce jeune homme nous effacera tous.* Il parlait de Jean-Baptiste Rousseau, et nous trouvons dans les œuvres de celui-ci un souvenir de la reconnaissance qu'il garda toujours envers M. Rouillé. Un jour, il lui adressa ces vers :

> Myrtes d'amour, pampres du dieu de l'Inde
> Ne sont moissons dont je sois fort chargé ;
> En qualité de citoyen du Pinde
> Le laurier seul est le seul bien que j'ai.

---

[1] SAINT-SIMON (*Mémoires de*)

> Bien qu'en soyez noblement partagé,
> Ne dédaignez pourtant notre guirlande ;
> Car ce laurier dont je vous fais offrande
> Ressemble assez aux faveurs d'une Iris.
> Ce don commun devient de contrebande :
> Mais est-il rare ? il vaut encore son prix.

En 1713, S. A. Monseigneur le comte de Toulouse acheta l'hôtel de La Vrillière, et lui donna son nom ; mais le prince, habitué aux magnificences de Versailles et de Marly, ne retrouva pas dans sa nouvelle demeure l'élégance et le luxe de ces charmants séjours où s'était écoulée sa jeunesse. En effet, elle ne satisfaisait même pas aux nouvelles exigences du bien-être et du confort intérieurs ; car depuis la deuxième période du dix-septième siècle, un grand changement s'était opéré dans la distribution, l'ameublement et la décoration des hôtels. Le luxe, qui avait consisté jusqu'alors dans une longue suite de salons et de galeries, s'était étendu peu à peu aux petits appartements de la vie privée ; des chambres moins spacieuses, de riches boudoirs avaient succédé à quelques unes de ces vastes salles, presque toujours désertes et ne servant que deux ou trois fois par année. La disposition intérieure s'était enfin modifiée, suivant les goûts et les habitudes de la société moderne ; sans nuire à l'éclat des fêtes et des réceptions, elle était devenue plus favorable au commerce de l'intimité, et avait donné naissance à la causerie, — cette gloire toute française, — qui eut pour berceau l'hôtel de Rambouillet, et pour palais les hôtels de la place Royale.

Quand vint donc le dix-huitième siècle, cette révolution dans la distribution des appartements était entièrement accomplie ; aussi, avant de s'installer dans son nouvel hôtel, le comte y fit opérer de grands changements sous la direction de Robert Cotte, premier architecte du roi. Nicolas Coustou, le Lorrain, Vassé, Charpentier, Monteau, l'ornèrent de sculptures ; Oudry peignit, sur le dessus des portes, des groupes d'animaux. D'autres célèbres artistes du temps y prodiguèrent les richesses de leur talent. L'or se maria à toutes les merveilles de l'art; et après cette restauration intérieure le prince vint habiter son hôtel.

Fastueux comme Louis XIV, le comte, son digne fils, avait hérité de ses vertus comme aussi de ses défauts. Brave quelquefois jusqu'à la témérité, il passait pour un des meilleurs amiraux de cette époque, et le hasard seul l'empêcha d'être plus souvent victorieux. Grand aussi, et généreux, il avait toute la politesse et l'affabilité de l'homme de cour : il était enfin *l'honneur, la vertu, la droiture, l'équité même*, dit Saint-Simon, dont le témoignage ne peut être suspect, à cause de la haine qu'il portait aux enfants légitimés de Louis XIV. Pourquoi faut-il qu'un souvenir vienne faire ombre à ce portrait si flatteur!

Quand madame de Montespan mourut, le comte, — comme le duc du Maine, son frère, comme Louis XIV, du reste, — ne lui donna pas une larme de regret. Louis XIV, — s'il avait voulu, par son indifférence, exprimer le mépris que lui inspirait peut-être alors son ancienne maîtresse, — aurait dû cependant, dans un pareil moment, respecter en elle la femme qui avait donné le jour à ses enfants; il était sur le point d'aller à la chasse, quand on vint lui annoncer la nouvelle de cette mort, et il n'en donna pas moins le signal du départ. Quant à la froideur du comte et de son frère, elle est encore plus incompréhensible. Ils auraient dû, surtout dans cette circonstance, se souvenir que la faute de leur naissance avait été effacée par la légitimation, et que, — ne l'eût-elle pas été, — madame de Montespan était avant tout leur mère, ce titre sacré qui impose pardon et respect. Ce jour-là, au contraire, ils la renièrent pour ainsi dire, comme Louis XIV renia la mère de ses enfants.

Le comte de Toulouse, sous le rapport de la galanterie, ne ressemblait guère à son père. Quelques intrigues restées secrètes avaient seules occupé sa jeunesse, et la marquise d'O, *qui lui avait plu beaucoup par ses facilités*, car elle était *amusante, plaisante, complaisante et toute à tous*, à ce que rapporte Saint-Simon, est peut-être l'unique conquête du comte dont le nom nous soit parvenu. Quelle différence entre lui et Louis XIV, dont la guirlande amoureuse s'était composée de tant de gracieuses fleurs dont les plus belles s'appelaient Olympe de Mancini, de La Vallière, Athénaïs de Mortemart et de Fontanges! Le comte, enfin, n'aima qu'une seule femme, celle que Louis XIV avait peut-être le moins aimée. Cette femme... ce fut la sienne.

La marquise de Gondrin, sœur du duc de Noailles, était une des plus jolies femmes que l'imagination puisse rêver. Elle avait *une figure charmante, une physionomie agréable, une gorge fort belle*, dit encore Saint-Simon, et veuve à vingt-quatre ans, le mariage n'avait fait qu'épanouir les grâces de sa personne. A toute sa beauté, se joignaient aussi un esprit d'une finesse extrême, et une gaîté pleine de charmes; en un mot, elle réunissait tout ce qui attire l'admiration, et souvent l'admiration fait naître l'amour. En effet, le comte la vit aux eaux de Bourbon et en devint éperdument épris.

La marquise, par une exception bien rare à cette époque, où l'on jouait si légèrement avec la vertu, n'avait jamais fait parler d'elle [1]; aussi reçut-elle avec froideur les hommages du prince; mais cet échec ne fit qu'augmenter son amour, et bientôt il lui proposa de l'épouser. La belle veuve partageait au fond du cœur les sentiments qu'il éprouvait pour elle; cependant elle crut que le prince n'avait cédé qu'à un moment d'entraînement produit par une passion passagère, et elle mit tout en œuvre pour le dissuader d'un pareil projet. Elle lui représenta les dangers de cette mésalliance, les reproches qu'il pourrait avoir à se faire plus tard de s'être laissé égarer par un premier élan d'amour, ses regrets, enfin, de ne pas s'être allié, comme son frère, le duc du Maine, à une haute et illustre maison. Mais toutes ces considérations produisirent encore un effet contraire. Le comte fut inébranlable dans sa résolution. Un seul aveu manquait à son bonheur. La marquise le laissa longtemps attendre: pourtant, un soir que le prince avait réitéré plus vivement que d'habitude ses instances, la belle veuve oublia la distance qui la séparait du fils de Louis XIV. Elle lui abandonna sa main, et le comte la porta à ses lèvres; ce fut le baiser des fiançailles. En effet, quelque temps après, le 22 février 1723, deux carrosses sans armoiries s'arrêtèrent devant le porche de l'archevêché [2]. Un autel sans aucun apparat reçut les serments du comte et de la marquise; un prêtre bénit leur union, et quand cette cérémonie imposante par sa simplicité fut terminée, les deux carrosses se remirent en route. L'un était vide; l'autre ramenait à leur hôtel le comte et la comtesse de Toulouse. Heureux époux! la cérémonie de leur mariage accomplie au milieu du calme et du silence, devait être l'image de leur union, car jamais le comte ne regretta sa mésalliance. Peut-être le duc du Maine porta-t-il souvent même envie au bonheur de son frère; car le duc, — comme le marquis de la Vrillière, — avait épousé une femme ambitieuse, Louise de Bourbon, la digne fille du grand Condé. Accusé de conspirer quand il n'y pensait guère, le duc avait déjà expié les intrigues de sa femme par une année d'emprisonnement dans une citadelle.

---

[1] SAINT-SIMON (*Mémoires de*).
[2] *Idem.*

Le lendemain de son mariage, le comte de Toulouse partit pour son magnifique château de Rambouillet, et alla dérober à la curiosité de la cour le secret de son union, qui ne devint publique, avec la permission de Louis XV, que le 4 septembre de la même année. Son départ vient du reste fort à propos pour nous permettre de visiter l'intérieur de son hôtel, et d'admirer les merveilles qui s'y trouvent entassées. Piganiol de la Force, le gouverneur des pages du prince, nous servira de cicérone dans cette visite artistique ; seulement, son amitié pour le comte, qui fut, dit-il, *les délices et l'admiration de son siècle*, et sans doute un sentiment de reconnaissance, le font entrer dans des détails trop minutieux sur toutes les richesses de ce véritable palais. Toute description est aride : il faut donc l'abréger autant que possible.

« Le grand escalier, dit Piganiol [1], est dans l'intérieur de l'aile qui est à gauche, et est annoncé par un grand vestibule. De ce vestibule l'on entre dans l'appartement qui est au rez-de-chaussée. L'on trouve d'abord une grande salle qui sert d'antichambre, et dans un coin de laquelle on a ménagé une petite pièce où est la chapelle. Au dessus de la porte par laquelle on entre dans cette salle, est une Bacchanale ou jeu d'enfants, qui est de Nicolo. Sur l'autre porte est un sujet pareil et peint par le même peintre. »

Parmi les appartements auxquels on arrive ensuite, la salle des amiraux et celle des rois ainsi nommées, parce qu'elles contenaient le portrait de tous les amiraux depuis 1720 et de tous les rois de France, méritent seules d'être mentionnées pour leur magnificence et pour leur étendue.

Puis « l'on revient sur ses pas pour se rendre au grand escalier qui est un des plus beaux qu'il y ait à Paris, tant par la largeur et la douceur de ses rampes que par l'étendue de son palier. » De ce palier, on entre d'un côté dans une immense salle à manger simplement ornée de quelques glaces et tableaux, dont un représentait *Orphée et Eurydice*, par Martin de Boulogne. De l'autre côté, on arrive dans deux antichambres qui précèdent les grands appartements.

---

[1] PIGANIOL DE LA FORCE, *Description de Paris*.

Deux riches tapisseries en couvrent les parois : l'une, faite par Behagle, représente quelques victoires de Louis XIV ; l'autre, de velours cramoisi, est ornée de colonnes torses en grosses broderies d'argent. Les cheminées sont décorées avec un goût qui, selon Piganiol, « donne du prix au marbre, aux glaces, aux ciselures en bronze et aux autres ornements qu'on y a employés, » et au-dessus de l'une d'elles, on voit un tableau du Guide, représentant *David tenant la tête de Goliath*. Les portes enfin nous montrent *une Sainte-Famille et la Charité*, par Van Dyck, *Rachel à la fontaine*, par Alexandre Veronèse, et *une Bacchanale d'enfants*.

Les grands appartements du prince viennent ensuite. — La première pièce dans laquelle on entre, sert de salon de réception. Un lit de parade en velours cramoisi et rehaussé de broderies d'or, s'y étale majestueusement sous un dais d'une grande richesse, et six tableaux y révèlent le talent de leurs auteurs : ce sont : *Judith et Holopherne*, *la mort d'Adonis et Jésus au tombeau*, par le Tintoret. — *Une Charité*, du Guerchin. — *Didon sur le bûcher*, d'André Laski. — *Angélique et Médor*, de Paris Bordon. — Une magnifique tapisserie de soie rehaussée d'or et d'argent que madame de Montespan fit exécuter par Behagle, et deux tableaux du Guerchin, *Esther devant Assuérus et Agar dans le désert*, sont les seuls ornements remarquables de la pièce suivante qui sert de grand cabinet. — On arrive après à la chambre à coucher tout éblouissante de dorures ; dans l'alcôve où des rideaux de soie laissent seulement pénétrer un demi-jour, on aperçoit un lit qui est un ouvrage en tableaux de tapisserie à petits points divisés par une broderie d'or, et sur chacune des portes tant feintes que véritables de cette alcôve, on remarque un tableau. Dans l'un, on voit une *Moisson et des moissonneurs prenant leur repas*, par Jacques Bassan; dans l'autre, un paysage avec plusieurs figures, par le même peintre. Au-dessus de l'une de ces portes, est un médaillon représentant *l'Union du dessin et du coloris*. — Au-dessus des autres, se trouvent enfin le *Portrait du marquis del Guasto*, copié d'après le Titien, — *L'Heure du coucher et un Intérieur de cuisine*, par Jacques Bassan.

— Le boudoir, qui se trouve ensuite, ainsi que le cabinet du prince, sont ornés avec le même goût que les autres appartements: ils contiennent surtout un grand nombre de tableaux, dont nous ne citerons que ceux des grands maîtres. Le Caravage y fait admirer *un saint Jean dans le désert, un portrait de Pélerin:* — Le Tintoret, *une Cène*; — Rubens, *une Tête de vieillard;* — Holbein, *les portraits du Titien et du Giorgione;* — Paul Veronèse, *un portrait de femme;* — Léonard de Vinci, *une sainte Véronqiue; une sainte Catherine et le portrait de Louis XI;* — Van Dyck, *un Christ à la croix;* — Le Guide, *une Madeleine:* — Teniers, *la Fuite en Égypte;* — Le Dominiquin, *la Vierge et l'Enfant-Jésus;* — Philippe de Champagne, les portraits de *Louis XIII et du cardinal de Richelieu.*

— La galerie qui, comme la chambre à coucher, communique au grand cabinet, est la plus belle salle de cet hôtel. Elle a cent vingt pieds de longueur sur dix-neuf pieds quatre pouces de largeur, et est éclairée par cinq grandes fenêtres cintrées, correspondant à autant d'arcades remplies de glaces. Vassé y a prodigué des ornements de sculpture et choisi ses sujets dans la marine ou dans la chasse, c'est-à-dire, suivant Piganiol, *dans ce qui faisait l'occupation sérieuse du prince et ce qui lui servait d'amusement.* François Perrier, enfin, en a peint la voûte qu'il a divisée en cinq grands tableaux. Dans celui du milieu, il a représenté *le Soleil précédé par l'Aurore avec de petits Zéphirs occupés à verser la rosée du matin, suivi par son cortége ordinaire. La Nuit est dans un coin du tableau, et elle se réveille à mesure qu'elle sent l'approche du Soleil.* Dans les autres parties de la voûte il a peint les Quatre Éléments sous des figures allégoriques; il a figuré *la Terre,* par *l'Enlèvement de Proserpine par Pluton; le Feu* par *Jupiter armé de la foudre; l'Air* sous les traits *d'Eole déchaînant, à la prière de Junon, tous les vents contre la flotte des Troyens;* et *l'Eau* sous les traits de *Neptune et de Thétis.*

La cheminée qui se trouve dans cette galerie est décorée avec un luxe et un art admirables. « La grille, rapporte Piganiol, est enrichie de deux figures de bronze doré d'or moulu, dont l'une représente l'Océan et l'autre Thétis. »

« Sur le manteau, dans les gorges de cette cheminée, sont deux tritons dorés d'or moulu, groupés avec des coquilles et qui portent des torchères à cinq branches.

« A chaque côté de cette cheminée est une niche ; dans celle qui est à droite, doit être une statue en partie dorée d'or moulu, et en partie de couleur brune. Cette figure représentera *l'Europe* et sera groupée avec les attributs qui lui conviennent. Dans la niche qui est à gauche sera *l'Asie*, traitée dans le même goût que celle de l'Europe.

« Au-dessus de la corniche, est *la Marine* sous la figure d'une femme richement vêtue, et groupée avec une proue de vaisseau chargée de cornes d'abondance, et accompagnée des vents et de trophées convenables au sujet.

« Aux côtés sont des groupes de tritons qui portent les attributs de l'amirauté. »

Quant aux tableaux qui décorent cette galerie, ce sont encore des productions de grands maîtres. Le premier que l'on aperçoit à droite en entrant, représente la *Mort d'Antoine*, par Alex. Veronèse ; et le bas-relief qui est au-dessous, figure *Arion s'élançant dans la mer et trouvant un Dauphin qui était accouru au son de son luth.*

— Le tableau qui se trouve ensuite, est du Guerchin ; il montre *Coriolan relevant Véturie sa mère et Volumnia sa femme prosternées à ses pieds* : il a pour bas-relief *Méléagre présentant à Atalante la hure du sanglier qui ravageait les campagnes du Roi son père.*

— Dans le tableau suivant, Piètre de Cortone a représenté *Faustulus apportant à sa femme Romulus et Rémus* ; et le bas-relief fait voir *Amphitrite sur le bord de la mer.*

— *L'enlèvement d'Hélène par Paris*, du Guide, vient ensuite, et la *Mort du serpent Pithon* sert à ce tableau de bas-relief.

Un *épisode du siège de Phalère*, du Poussin, avec *Neptune sur les flots*, pour bas-relief, termine le côté droit de cette galerie.

De l'autre côté donnant sur le jardin, on remarque :

— *Le Combat des Romains et des Sabins*, par le Guerchin, avec le *Repos de Diane et de ses compagnes*, pour bas-relief.

— *Auguste faisant fermer le temple de Janus et offrant un sacrifice*

226 HOTEL DE TOULOUSE.

à la Paix, par Carlo Maratti, avec l'*Enlèvement d'Europe par Jupiter*, pour bas-relief.

— *Un Seigneur en robe de chambre recevant la visite d'un guerrier*, par Valentin, avec *le Meurtre de Procris par Céphale son époux*, pour bas-relief.

— *Une Sibylle montrant à Auguste une Vierge dans le ciel tenant entre ses bras l'Enfant-Jésus*, par Pietre de Cortone, avec *Galathée se promenant sur la mer*, pour bas-relief.

— *César répudiant Pompéïa et épousant Calpurnia*, avec *Adonis se reposant après la chasse*, pour bas-relief.

« Au-dessus de la porte par laquelle on entre dans cette galerie [1],

[1] Cette galerie qui existe toujours et sert de lieu de réunion pour les séances extraordinaires des actionnaires de la Banque, se trouve dans un état de dégradations

et en face de la cheminée, dit encore Piganiol, est la figure de *Diane suivie de ses compagnes*; elles semblent être agréablement surprises de la beauté et de la magnificence de ce lieu. La joie, l'étonnement et l'admiration se font remarquer sur leurs visages.

« Aux deux côtés de ce groupe, au-dessus de la corniche sont deux groupes de Satyres et des femmes qui badinent avec des oiseaux de proie, des bêtes fauves et des trophées de chasse.

« Aux côtés de cette porte sont deux niches qui doivent être remplies par deux groupes dorés en partie d'or moulu et en partie de couleur brune, dont l'une représente *l'Afrique* et l'autre *l'Amérique* avec leurs attributs. »

Un coup d'œil enfin au charmant jardin de cet hôtel, et cette description qui se fait pardonner sa longueur à cause des détails curieux qu'elle donne sur l'ancienne splendeur de l'hôtel de Toulouse, se trouve terminée. Pourtant que de merveilles n'a-t-il pas fallu passer sous silence pour ne parler que des chefs-d'œuvre !

Malgré toute sa magnificence, cet hôtel n'était cependant pas la résidence favorite du prince ; il lui préférait son château de Rambouillet. Là se tenait sa cour, aussi brillante que celle qui venait s'abriter sous les frais ombrages du parc de Sceaux. L'élite de la noblesse était en effet conviée à toutes les fêtes que le prince se plaisait à y donner, et la pléiade poétique des beaux esprits de cette époque, tels que Voltaire, Lamotte, Fontenelle, Chaulieu, Saint-Aulaire, venait y produire de galants madrigaux ou y improviser des quatrains à Iris. Seulement jamais on n'eût osé y parler des Philippiques de Lagrange-Chancel, car le comte n'était pas plus ambitieux que son frère qui ne l'était, comme on le sait, que par soumission aux idées de sa femme; et la comtesse ne pensait qu'à faire, avec une grâce vraiment charmante, les honneurs de son

---

pénible à voir. Les peintures de Perrier ont été abîmées par des infiltrations d'eau. Les bas-reliefs qui contiennent des détails admirables de sculpture, commencent aussi à se détériorer. Cette galerie enfin demande une restauration complète et immédiate qui serait, au dire de quelques artistes, peu coûteuse. Puisse la Banque de France ne pas reculer devant une dépense aussi utile, et sauver d'une destruction imminente ces souvenirs du passé ; puisse-t-elle s'attirer ainsi la reconnaissance des amis des arts.

château, qu'à se montrer digne enfin des hautes prérogatives que sa Majesté avait laissées à son époux [1].

Louis XV, bien jeune alors, aimait souvent, pendant l'été, à courre un cerf dans les bois de Rambouillet : mais la chasse n'était quelquefois qu'un prétexte pour venir y chercher un autre plaisir. Les yeux de la comtesse pleins d'une douceur communicative avaient pour le jeune roi un charme irrésistible; en les admirant, son sang bouillonnait dans ses veines, son cœur battait avec violence, et une impression inconnue se révélait en lui; il éprouvait enfin près d'elle les premiers symptômes de l'amour. La comtesse, de son côté, avait bien surpris le secret de son trouble lorsqu'il lui adressait la moindre parole : mais l'ingénuité de Sa Majesté, si novice alors en l'art d'aimer, lui fit regarder cette passion enfantine comme un jeu fort innocent; elle l'encouragea même par un peu de coquetterie, et plus d'une fois elle s'amusa de la timidité de son jeune amant qui laissait toujours l'aveu de son amour expirer sur ses lèvres. Du reste, ce ne fut jamais entre le roi et la comtesse de Toulouse, qu'un simple badinage, qu'un commerce de pure galanterie : et à l'époque de la mort du comte (1er décembre 1737) [2], Louis XV avait même cessé de venir au château de Rambouillet, car cet amour platonique n'avait plus alors de charmes pour lui; il l'avait oublié pour toujours en

---

[1] MICHAUD, *Biographie universelle*. Un arrêt avait rendu au comte de Toulouse et au duc du Maine, son frère, tous les droits que leur avait donnés Louis XIV, à l'exception seulement de celui de succession à la couronne de France.

[2] Par son testament des 5 et 11 mars 1735 il avait choisi l'église de Rambouillet pour sa sépulture et avait défendu par un codicille du 8 novembre 1737, qu'on fît aucune cérémonie pour son enterrement que *comme pour le plus simple particulier de Rambouillet*. « Il finit, dit Piganiol, une vie glorieuse par une mort également chrétienne et édifiante. »

Sur la table de marbre qui couvrit son tombeau, on mit l'inscription suivante :

« CI GIST

Très haut, très puissant et très excellent prince, LOUIS ALEXANDRE DE BOURBON, prince légitimé de France, duc de Penthièvre, de Chateauvillain et de Rambouillet, marquis d'Albret, commandeur des ordres du roi, lieutenant général de ses armées, chevalier de la Toison d'or, gouverneur et lieutenant général pour Sa Majesté en Bretagne, pair, amiral et grand veneur de France, décédé en son château de Rambouillet, le premier décembre de l'année 1737, âgé de LIX ans VI mois XXIV jours.

PRIEZ DIEU POUR LUI.

rêvant d'autres plaisirs, et d'autres passions moins chastes, comme celles que surent lui inspirer la comtesse de Mailly et ses trois sœurs.

> J'ai vu La Mailly tout en pleurs
> V'la ce que c'est que d'avoir des sœurs.

disait le commencement d'une chanson burlesque du temps qui reçut son application, toutes les fois que le roi quitta l'une des sœurs pour accorder ses faveurs à une autre.

— Le duc de Penthièvre, seul fils du comte de Toulouse, n'avait que douze ans quand la mort de son père le fit hériter de son immense fortune; et le château de Rambouillet, l'hôtel de Toulouse, virent s'écouler avec la rapidité du bonheur les premières années de sa jeunesse. La guerre l'appela ensuite à la tête des régiments que Louis XV lui avait donnés et qui avaient pris le nom de régiments Penthièvre. A dix-huit ans, il fit ses premières armes à la malheureuse journée de Dettingen, et deux années plus tard, il se signala comme lieutenant-général à la bataille de Fontenoy. Là se termina sa carrière militaire; mais à partir de cette époque, sa vie fut continuellement éprouvée par le malheur. Tant de vertu, de probité, d'honneur, réunis en la personne du duc, auraient pourtant dû lui mériter de ne jamais connaître les rigueurs du sort.

L'hôtel de Toulouse, au contraire, devint alors le muet dépositaire de bien des douleurs, le discret confident de bien des larmes, et le duc de Penthièvre dut en verser d'amères, lors de la mort de son épouse adorée, la belle Marie Thérèse d'Est de Modène.

En 1766 seulement, cette splendide demeure qui s'était encore agrandie par la construction de nouveaux bâtiments et qui allait alors jusqu'à la rue des Bons-Enfants[1], secoua pour ainsi dire sa tristesse

---

[1] Piganiol de la Force, *Description de Paris*. « Depuis le beau portail de cet hôtel jusqu'à la rue des Bons-Enfants, on vient de construire à neuf et avec beaucoup de dépense les logements du commun de cet hôtel. La façade d'un pareil bâtiment qui n'exigeait qu'une simplicité, est trop ornée et fort hors de propos; son encoignure qui

habituelle ; ses appartements prirent un air de fête qu'ils avaient perdu depuis longtemps ; ses salons, ornés de fleurs et de riches tentures, brillèrent de l'éclat de mille lumières ; tout ce que la cour et la finance comptaient enfin de grands personnages et de femmes à la mode, s'y trouva rassemblé comme par enchantement. Quelle était donc la cause de cette complète métamorphose? Le duc de Penthièvre, ce soir-là, donnait une grande fête, à l'occasion du mariage de son fils, le prince de Lamballe avec Madame Louise de Savoie Carignan, célébré le matin même dans la chapelle de l'hôtel de Toulouse, et l'on était d'un accord unanime pour donner des éloges à la beauté de la nouvelle princesse, comme pour porter envie à son heureux époux. Qui eût pu prédire alors qu'avec tant d'attraits, elle ne pourrait fixer le cœur du prince, et que, brisée dans ses affections les plus intimes, elle serait réduite peu de temps après à cacher ses larmes sous de faux sourires.

Compagnon de plaisir du duc de Chartres, le prince de Lamballe se livra en effet à la débauche la plus hideuse : il aurait même, dit-on, poussé le scandale jusqu'à dépouiller sa femme de ses bijoux pour en parer une de ses maîtresses, et celle-ci, par un scrupule qui paraît peu vraisemblable, les aurait rapportés au duc de Penthièvre. Quoi qu'il en soit, le prince usa sa vie dans des orgies presque continuelles et mourut deux années après son mariage. Mais comment, après sa fin déplorable, expliquer l'union [1] de Mademoiselle de Penthièvre avec le duc de Chartres, — de cette jeune fille si belle et si pure avec ce prince au cœur corrompu et blasé, qui était en outre accusé alors d'avoir fait empoisonner par des courtisanes le sang du prince de Lamballe.

L'année même de la mort de ce prince, l'hôtel de Toulouse vit entrer au service du duc de Penthièvre un enfant de treize ans, qui y fut admis en qualité de page. *C'était peut-être alors le seul palais où l'éducation d'un jeune homme eût quelque chose à*

---

donne sur la rue des Bons-Enfants, est d'un plan bizarre, qui n'est ni circulaire ni angulaire, et par là de très mauvais goût. »

[1] Ce mariage eut lieu l'année qui suivit la mort du prince de Lamballe.

gagner, dit Charles Nodier[1], *car il s'en exhalait un parfum de vertu que la calomnie n'osa jamais corrompre.* Ce jeune page avait un esprit vif et un cœur plein de sensibilité ; aussi ces deux nobles qualités lui firent trouver dans le duc un protecteur. Il fut nommé par lui successivement lieutenant, et capitaine dans les dragons-Penthièvre ; puis, plus tard, il échangea ce titre contre celui de gentilhomme ordinaire du duc, et devint son confident, son ami, le dispensateur même de ses bienfaits. Ce jeune page était Florian, et ses églogues, ses idylles, ses fables — si charmantes qu'on les croirait détachées de l'écrin de l'immortel fabuliste, — sont nées dans sa modeste chambre de l'hôtel de Toulouse ou sous les frais ombrages de Sceaux, d'Anet, et des autres châteaux du duc de Penthièvre.

> Laissons (disait-il alors), laissons aller le monde
> Comme il lui plaît, comme il l'entend.
> Vivons caché, libre et content,
> Dans une retraite profonde.
> Là, que faut-il pour le bonheur ?
> La paix, la douce paix du cœur,
> Le désir vrai qu'on nous oublie
> Le travail qui sait éloigner
> Tous les fléaux de notre vie ;
> Assez de bien pour en donner,
> Et pas assez pour faire envie.

Là aussi, Florian composa son églogue de Ruth qui fut couronnée par l'Académie, et qu'il dédia par un sentiment de reconnaissance à son bienfaiteur : là pareillement, dans la contemplation presque journalière de la princesse de Lamballe, il rêva les héroïnes de ses Nouvelles; et il l'avoue lui-même dans la dédicace qu'il lui en a faite :

> Princesse (lui dit-il), pardonnez en lisant cet ouvrage,
> Si vous y retrouvez, crayonnés par ma main
> Les traits charmants de votre visage.
> J'ai voulu de mon livre assurer le destin.

---

[1] Préface des *Fables de Florian*.

> Pour embellir mes héroïnes,
> A l'une, j'ai donné votre aimable candeur,
> A l'autre, ce regard, ce sourire enchanteur,
> Ces grâces à la fois et naïves et fines;
> Ainsi, partageant vos attraits
> Entre ma Célestine, Elvire et Félicie,
> Il a suffi d'un de vos traits
> Pour que chacune fût jolie.

Heureux prince, — heureuse princesse, — si leurs existences eussent pu s'éteindre au milieu des doux chants du fabuliste. Mais déjà avait grondé la tourmente révolutionnaire; le tocsin avait succédé aux accents du poète, et la royauté déchue ne devait sortir de sa prison que pour monter à l'échafaud. Il y eut alors un dévouement sublime, un dévouement vraiment héroïque, — car l'infortune n'a pas ses courtisans, comme la prospérité; — ce fut celui de la noble princesse de Lamballe. Elle avait aimé Marie-Antoinette comme une sœur : elle lui avait confié toutes ses peines, toutes ses douleurs, et la reine les avait partagées. A son tour, elle voulut partager sa captivité : on le lui permit d'abord, puis on vint l'arracher des bras de son amie, et enfin on la jeta dans les cachots de la Force.

Le duc de Penthièvre mit tout en œuvre pour la sauver du tribunal révolutionnaire. Toutes les mesures qu'il avait prises et dont le centre était l'hôtel de Toulouse [1], avaient même réussi; néanmoins, la princesse de Lamballe tomba mutilée sous les coups des assassins, et l'histoire, — *cet éternel pilori des noms infâmes*, comme le dit M. de Lamartine, nous apprend qu'ils s'appelaient Charlot, Grizou, Marmin et Rodi. Sa tête fut mise au haut d'une pique; puis cet infâme cortège s'achemina vers le Temple, passa ensuite devant l'hôtel de Toulouse, et s'arrêta enfin sous les fenêtres du Palais-Royal. Le duc d'Orléans se mit à son balcon, et osa contempler avec calme la dépouille sanglante de sa belle-sœur. En ce moment, s'il avait été doué d'une seconde vue, s'il avait pu lire dans l'avenir,

---

[1] M. de LAMARTINE, *Histoire des Girondins.*

il aurait plutôt reculé d'épouvante, car il aurait aperçu dans cette foule de massacreurs, ceux qui devaient plus tard le mener à l'échafaud.

La nuit seule vint terminer cette sanglante parade, et un inconnu obtint à prix d'or la tête de la princesse, puis l'envoya au duc de Penthièvre. «Grand Dieu,» s'écria le prince, en recevant la dernière dépouille de sa belle-fille bien-aimée, « à quoi servent la jeunesse, « la beauté, toutes les tendresses de la femme, puisqu'elles n'ont pu « trouver grâce devant le peuple. Qu'est-ce donc que le peuple?»...
« Je crois toujours l'entendre, disait-il aussi dans ses derniers entre-
« tiens avec sa fille, je crois toujours la voir assise près de la fenêtre
« dans ce petit cabinet. Vous souvenez-vous, ma fille, avec quelle
« assiduité elle y travaillait du matin au soir à des ouvrages de son
« sexe pour les pauvres ! J'ai passé bien des années avec elle, — je
« n'ai jamais surpris une pensée dans son âme qui ne fût pour la
« reine, pour moi ou pour les malheureux : et voilà l'ange qu'ils
« ont mis en pièces ! Ah ! Je sens que cette idée creuse mon tom-
« beau : il me semble que je suis complice de sa mort, que j'aurais
« dû la forcer à retourner dans sa famille, que c'est son attache-
« ment pour moi qui a causé sa perte. » [1]

Le duc de Penthièvre survécut peu à sa belle-fille. Cette perte, qui avait ravivé en lui le souvenir de celle de son malheureux fils et d'une épouse bien aimée, le vote de la condamnation de Louis XVI par le duc d'Orléans, l'exécution enfin de cet infortuné roi, *pour lequel il avait un attachement fondé sur la plus haute estime*[2], hâtèrent la fin de sa vie. Il succomba à la douleur le 4 mars 1793, et son corps fut jeté dans la fosse commune [3], car les révolutions, plus même que la mort, nivèlent tous les rangs, égalisent tous les hommes [4]. La destinée lui avait du moins épargné une dernière douleur. Il ne connut point le décret de la Convention qui mit sous

---

[1] *Vie du duc de Penthièvre*, Paris, 1803. M. DE LAMARTINE, *Histoire des Girondins*.
[2] *Vie du duc de Penthièvre*, Paris, 1803.
[3] MICHAUD, *Biographie universelle*.
[4] Plus tard, les restes du duc ont été transportés à la chapelle de Dreux que la duchesse douairière d'Orléans fit élever pour servir de sépulture de sa famille.

le séquestre tous les biens de la maison de Bourbon, et tous ses membres en jugement.

L'hôtel de Toulouse passa ainsi entre les mains de la Nation, servit ensuite de local à l'Imprimerie nationale, et devint enfin, quelques années plus tard, l'hôtel de la Banque de France.

Les merveilles que renfermait cet hôtel lors de la mort du duc de Penthièvre, ont depuis disparu, et plusieurs de ses vastes appartements, de ses salons, se sont convertis en bureaux. Mais, au milieu de cette décadence, l'hôtel de la Vrillière, de Toulouse et de Penthièvre, n'a abandonné à la révolution que ses titres et ses blasons; par sa nouvelle destination, il a conservé cette autre noblesse qui ouvrait à Samuel Bernard, *tout vilain qu'il était*, les portes de Versailles et même de Marly; cette noblesse, en un mot, qu'on appelle aujourd'hui la noblesse d'argent. N'est-ce pas là, du reste, une de ces grandes puissances qui survivent à tous les siècles!

HOTEL DES FERMES.

HÔTEL DES FERMES.

HOTEL DES FERMES.

HOTEL DE CONDÉ. — HOTEL DE SOISSONS.
— HOTEL DE MONTPENSIER. — HOTEL DU DUC DE BELLEGARDE
— HOTEL DU CHANCELIER SEGUIER.
— HOTEL DES FERMES DU ROI. — COURS DES FERMES.

L'année qui suivit le massacre de la Saint-Barthélemy, un grand changement s'opéra, comme par enchantement, dans le quartier Saint-Eustache; ses rues où l'on n'entendait naguère que le bruit des métiers et les joyeuses chansons de quelque brodeuse d'aumônière, retentirent jour et nuit du bruit des chevaux et des carrosses; les maisons des bourgeois, les boutiques, les échoppes, firent place à des hôtels somptueux; l'éclat des lumières remplaça la pâle lueur qui s'échappait auparavant de quelque étroite lucarne ; une vie nouvelle enfin commença pour cette partie de la grande cité parisienne. Quelle baguette de fée avait donc opéré une métamorphose aussi subite ? — Un simple caprice ou plutôt une idée superstitieuse de la reine Catherine de Médicis. Elle avait quitté son palais des Tuileries pour l'hôtel qu'elle avait fait construire au centre de ce quartier [1] ; et,

[1] Voir L'HÔTEL DE SOISSONS.

comme faveur oblige, — comme aussi plus on est près de la puissance, plus on ressent le bienfait des rayons qui en émanent, — une nuée de courtisans était venue s'abattre aux alentours de la royale demeure.

Françoise d'Orléans Rothelin, princesse de Condé, avait donné une des premières l'exemple de cette émigration. Elle avait acheté d'Isabelle Gaillard, femme de René Baillet, président au parlement, moyennant trois mille livres de rente sur l'hôtel de ville de Paris, deux maisons situées sur une partie de l'emplacement actuel des cours des Fermes [1]; puis, sur leurs ruines, elle avait fait bâtir une magnifique habitation qui prit le nom d'hôtel de Condé.

La princesse, à cette époque de sa vie, méritait encore cette réputation de beauté que nous a transmise Brantôme.[2] Passant à juste raison pour une des plus jolies femmes de la cour, entourée de nombreux adorateurs, elle dédaignait leurs hommages, par respect pour la mémoire de son malheureux époux [3], dont elle regrettait vivement la perte, s'il faut en croire ces stances d'une complainte du temps qui lui fait dire :

> Dames, dames, je vous prie à mains jointes
> Avecques moy de plorer mes complainctes,
> Car les regrets que j'ay dedans mon cœur
> Me causeront toute ma vie douleur.

> Tout mon attente est maintenant perdue
> Hélas ! faut-il que je perde la veue
> D'un que du tout mon cœur a tant aymé !
> Et maintenant les vers l'ont consommé.

---

[1] Ces cours servent, comme on le sait, de passage entre la rue de Grenelle-Saint-Honoré et la rue du Bouloi.

[2] *Vies des Dames Galantes*, Discours VII. C'est de la princesse de Condé qu'il veut parler, quand il dit : « Or ce prince vint à espouser une fort belle et très honneste « princesse. »

[3] Le prince de Condé fut tué d'un coup de pistolet que le baron de Montesquiou, capitaine des gardes du duc d'Anjou, lui tira dans la tête par derrière. *Mémoires de Sully.*

Las ! j'ai perdu la vraie fleur de noblesse
Jamais mon cœur de larmoyer ne cesse
Car j'ai perdu la veue de mon seigneur
Qui me portoit amitié et honneur [1].

Toutes ses idées enfin s'étaient tournées vers la politique, et son seul désir était d'être parfois initiée aux mystérieux conciliabules qui se tenaient dans les appartements de Catherine de Médicis ; la princesse ne vint même habiter ce quartier, dit Piganiol de la Force[2], que « pour être plus à portée de lui faire sa cour ; » cependant le souvenir d'une ancienne inimitié aurait dû l'éloigner de la nouvelle demeure royale.

En effet, parmi les filles d'honneur de la reine-mère, se trouvait encore dans tout l'éclat de sa beauté mademoiselle Isabelle de la Tour de Turenne, plus connue sous le nom de la charmante Limeuil. — Louis de Bourbon, dans sa jeunesse, l'avait tendrement aimée, mais cette passion avait cessé à l'époque de son mariage. Néanmoins, la princesse était devenue jalouse des grâces de cette jeune fille et de l'amour qu'elle avait su inspirer naguère à son époux. Bien plus, elle avait forcé Louis de Bourbon à manquer de délicatesse envers son ancienne maîtresse, en lui faisant subir une offense qu'une femme pardonne rarement ; elle avait envoyé demander à la pauvre délaissée, de la part du prince, les présents qu'il lui avait faits pendant la durée de leurs amours. « Cette dame, dit Brantôme[3], en eut un grand crèvecœur, mais pourtant elle avoit le cœur si grand et si haut, encore qu'elle ne fust point princesse, mais pourtant d'une des meilleures de France, qu'elle lui renvoya le tout du plus beau et du plus exquis ou estoit un beau miroir avec la peinture du dit prince, » mais avant de le remettre, elle prit de l'encre et figura sur le front de Louis de Bourbon l'emblème des maris trompés ; puis, elle dit au messager : « Tenez, mon amy, portez cela à vostre maistre et que je

---

[1] Leroux de Lincy, *Chants historiques de la France*. « Complaincte de Mme la princesse de Condé contre les Huguenots, 1569. »
[2] *Description de Paris*.
[3] *Vies des Dames Galantes*, Discours VII.

lui envoye tout ainsi qu'il me le donna, et que je ne lui en ai rien osté ni adjouté. » Le dépit avait arraché en outre à mademoiselle Limeuil, d'autres paroles rapportées par Brantôme, qui contiennent d'injurieuses accusations sur la vertu de la mère de la princesse; aussi, à partir de ce jour, ces deux dames s'étaient juré une haine qui devait être implacable, mais en les voyant à cette époque se retrouver souvent dans le même palais et être obligées devant la reine de se parler, de se sourire même, il faut penser que le temps, — ce remède à toutes les douleurs, à toutes les injures, — leur avait fait perdre le souvenir du passé, comme il fit, du reste, oublier à la princesse le culte qu'elle avait un instant voué à la mémoire de son époux.

En effet, son corps *ne se consomma point en pleurs*, comme le prétendait la suite de la *Complainte de la princesse contre les Huguenots*. Au contraire, elle recommença quelques années plus tard une existence continuelle d'intrigues et de plaisirs; elle ne repoussa plus les hommages de ses nombreux adorateurs et elle devint même fort galante. Ainsi, c'est vers cette époque que lui arriva cette anecdote racontée par Tallemant des Réaux :

Un soir, un de ses amants se rend en toute hâte à l'hôtel de Condé, et tout d'abord grand est son désespoir, quand on lui apprend l'absence de la princesse; cependant, il se décide à attendre son retour, et — comme les moments de l'attente, surtout pour un cœur épris, passent avec une lenteur désespérante, — il cherche à les abréger en demandant quelque distraction aux objets qui l'entourent. En cet instant, le luth dont s'accompagne sa maîtresse, lui tombe sous la main, et l'idée lui prend d'y graver ces deux vers qui trahissent l'état de son âme inquiète et impatiente.

> Absent de ma divinité
> Je ne vois rien qui me contente.

La princesse revint presque aussitôt l'œuvre terminée, et se mit à sourire en lisant ce madrigal; mais elle oublia de cacher l'instrument, et le laissa exposé aux regards des curieux. Aussi, quelques jours après, il arriva que Henri IV, en examinant ce luth, y découvrit la galante inscription, se mit à la lire tout haut et la compléta ainsi :

> C'est fort mal connoitre ma tante
> Elle aime trop l'humanité. [1]

Sa Majesté avait raison. La princesse s'occupait peu alors des affaires d'État et ne songeait qu'à plaire ; c'est la seule politique que devraient connaaître les femmes, surtout quand elles ont, comme Madame de Condé, l'esprit et la beauté pour auxiliaires.

— A sa mort, son fils, Charles de Bourbon, comte de Soissons, hérita de l'hôtel de Condé, qui prit par suite le nom d'hôtel de Soissons, et l'amoureux comte se plut à y répandre « sur les vitres, le plafond et les lambris, d'ingénieux emblèmes, de galantes devises et ses chiffres enlacés avec ceux de Catherine de Navarre [2]. » Il voulut que tout dans son hôtel lui parlât de son bonheur, car la princesse partageait son amour [3]. Mais bientôt tous ces symboles d'une passion si vive n'en furent plus que de douloureux souvenirs. La princesse de Navarre était la sœur d'un roi ; elle pouvait donner son cœur, mais non disposer de sa main. Ainsi l'exigeait la politique, et comme l'alliance du comte ne lui profitait nullement, Henri IV refusa d'y consentir. Charles de Bourbon dut alors chercher à oublier cet amour sans espoir : mais il ne put y réussir, et plus tard, après la mort de la princesse, il devait acheter, par un sentiment de pieux souvenir, l'hôtel qu'elle avait habité [4]. Quant à celui de la rue de Grenelle, il fut vendu plusieurs années auparavant 55,000 livres, et devint la propriété d'un autre amant de la belle Catherine de Navarre.

---

[1] Cette anecdote a été aussi mise sur le compte d'une autre tante de Henri IV, de Marguerite de Bourbon, femme de François de Clèves, duc de Nevers.
[2] SAINTE-FOIX, *Essais historiques sur Paris.*
[3] *Voir* l'histoire des *Amours du grand Alcandre*, insérée dans le *Recueil des diverses pièces servant à l'histoire de Henri III*, Cologne, 1663, in-12. La princesse de Navarre y est nommée *Grassinde* et le comte de Soissons *Palamède*.
[4] *Voir* L'HÔTEL DE SOISSONS.

Moins heureux pourtant que le comte de Soissons, — Henri de Bourbon, duc de Montpensier, n'avait jamais pu parvenir à lui plaire. Le duc n'avait du reste en sa personne aucune de ces beautés physiques qui attirent et séduisent le cœur d'une femme. Il était de haute taille; son visage plat et long avait la pâleur d'un fantôme, et ses yeux, perdus dans leur orbite, donnaient à toute sa physionomie une expression sombre en même temps que sinistre; ses manières enfin ne révélaient pas en lui la noblesse de l'origine. Seulement, pour pallier ce portrait peu flatteur, il possédait les plus nobles qualités du cœur, *la bonté* et *la bravoure*; il avait de plus une immense fortune [1].

Henri IV avait jeté les yeux sur lui pour être l'époux de sa sœur; quant à Catherine de Navarre, elle aimait trop alors le comte de Soissons pour consentir à ce mariage. Elle reçut pourtant Henri de Bourbon avec tous les égards dus à un prince du sang; mais la froideur de son accueil fit comprendre au duc qu'il n'avait aucun espoir de triompher de l'ancienne passion de la princesse. Il dut donc se retirer, de peur d'un refus; et cet échec contribua sans doute à augmenter l'inimitié qui existait déjà entre Charles et Henri de Bourbon, par suite de leurs prétentions aux mêmes charges et aux mêmes prérogatives. Sully, comme on le sait [2], fut plus tard chargé d'opérer entre eux une réconciliation, et parvint même, rapporte-t-il dans ses Mémoires, « à faire consentir les deux princes à se voir et à s'embrasser. Mais je ne garantis pas, ajoute t-il, que le cœur ait jamais eu beaucoup de part à cette démarche, et je me donnai bien de garde de discuter l'article de l'amour et du mariage qui demeurant indécis, laissait entre eux la principale semence de division, mais qui me parut un obstacle insurmontable. » Cet obstacle fut levé plus tard. Ni le comte de Soissons, ni le duc de Montpensier, ni le duc de Guise qui vint encore augmenter la liste déjà si nombreuse des prétendants à la main de Madame, ne devint l'époux de la princesse de Navarre. Elle épousa, en 1599, *par nécessité de prendre un état*, dit le même

---

[1] Au sacre d'Henri IV, il avait une suite de cinq cents gentilshommes. *Mémoires de Sully*
[2] *Voir* L'HÔTEL DE SOISSONS.

historien, Henri duc de Bar, et le roi lui donna en dot *trois cent mille escus d'or sol* [1].

Quelque temps après, l'hôtel Montpensier étincelait de lumières; dans ses vastes galeries, l'élite des seigneurs se promenait avec les plus jolies dames de la cour; dans ses salons magnifiquement ornés, la musique mêlait ses mélodieux accords aux bruyantes démonstrations de la joie. Le duc célébrait ce soir-là son mariage avec Henriette-Catherine de Joyeuse, l'unique héritière de cette puissante maison. Mais cette fête brisait l'âme de plusieurs invités. La duchesse de Bar, pendant cette soirée, essuya souvent une larme de regret ou la cacha sous un sourire. Henri IV pourtant s'aperçut de sa tristesse et en devina le motif : peut-être même eut-il envie de lui en faire un reproche, mais il s'abstint de peur qu'elle ne lui répondit, comme dans une autre circonstance, par ce jeu de mots : *vous avez votre compte, Sire, mais pour moi je n'ai pas le mien* [2]. » Mademoiselle de Montafié, devenue comtesse de Soissons, surprit aussi sur le visage de sa rivale, le secret de cette douleur plus éloquente que tous les serments d'amour, et maîtrisa son dépit. Le comte de Soissons sentit enfin se réveiller son ancienne passion; le duc de Montpensier au contraire, au milieu de cette fête, ne pensa qu'à sa jeune épouse; aussi, quand madame de Bar quitta la cour pour se rendre en Lorraine, le duc de Montpensier fut chargé par le Roi de l'accompagner jusqu'à Issoire; quant au comte, il fut retenu à Paris, car il était redevenu plus amoureux que jamais de la nouvelle duchesse.

Neuf années après (1608), ce même hôtel, qui avait été témoin de tant de brillantes fêtes, était muet et silencieux. Le duc de Montpensier venait de rendre le dernier soupir [3], et sa vie s'était éteinte dans une lente agonie qui avait duré deux années, pendant lesquelles il ne s'était nourri que de lait de femme [4]. « Vous avez su, écrit Malherbe [5]

---

[1] MATHIEU, *Histoire de France.* SULLY *(Mémoires).*
[2] TALLEMANT DES RÉAUX, *Historiette I.*
[3] Il était âgé de 35 ans. Il laissait une fille unique qui fut la première femme de Gaston d'Orléans et mère de mademoiselle de Montpensier.
[4] MATHIEU, *Histoire de France.*
Lettre XV, du 25 mars 1609.

à M. de Peiresc, la mort de M. de Montpensier, qui fut le dernier de mai [1]; on lui dressa une effigie de bois au logis où il est décédé; elle fut servie pendant trois jours, qui commencèrent le lundi d'après sa mort. M. le comte de Soissons fit difficulté de la garder, et dit que les princes du sang ne gardoient que les rois, et que Monsieur, frère du roi, n'avoit été gardé que par des gentilshommes. On tint conseil là-dessus, où il fut résolu d'en avoir la volonté du roi, qui étoit alors à Chantilly. Il ordonna que M. de Fervaques, maréchal de France, avec trois chevaliers du Saint-Esprit, le garderoient, ce qui fut fait. MM. de Sordéac, le marquis de Tresnel et un autre dont il ne me souvient plus, y furent députés avec lui (M. de Fervaques). Le mercredi après dîner, sur les trois heures, la reine envoya madame la princesse, de sa part, donner de l'eau bénite au corps qui étoit sous l'effigie. Comme elle fut revenue, elle y retourna de son chef, et quand elle, mesdames les princesses de Conti et de Soissons, madame Le Grand, et quelques autres dames, jusqu'au nombre de sept, en princesses et en tout. Madame de Montpensier s'est retirée à l'hôtel du Bouchage[2], où l'on commença enfin à se consoler ». En 1611, elle épousa en secondes noces Charles de Lorraine, qui avait alors oublié son amour éphémère pour la fille de la belle Châteauneuf de Rieux[3], comme pour tant d'autres maîtresses; aussi, en devenant duchesse de Guise, madame de Montpensier dut suivre son époux dans son hôtel de la rue du Chaume, et vendre, par suite, celui de la rue de Grenelle.

— Jusqu'à présent cette demeure n'a vu que des amoureux tendres et plaintifs, comme l'était Marot soupirant près de Marguerite de Valois, cette charmante reine, qui avait, dit-il :

<blockquote>Corps féminin, cœur d'homme et teste d'ange.</blockquote>

Mais voici venir leur maître à tous en fait de galanterie. Salut en effet au nouveau propriétaire de cet hôtel, salut au dernier rejeton

---

[1] SULLY, dans ses *Mémoires*, date la mort du duc du mois de février 1608.
[2] L'hôtel du Bouchage était la demeure du père de la duchesse de Montpensier.
[3] Elle s'appelait Marcelle. *Voir* L'HÔTEL DE GUISE. *Voir* TALLEMANT DES RÉAUX, *Historiette* XXX.

de la chevalerie, salut enfin à Roger de Saint-Larry, duc de Bellegarde, maréchal et grand-écuyer de France, mais auparavant....... car il eut encore un autre titre, et certes ce n'était pas un titre de noblesse. Nous sommes, il est vrai, bien loin du temps où il avait pour amis St-Mégrin, Quélus, ainsi que tant d'autres, et partageait avec eux la faveur d'être un des mignons d'Henri III; aussi passons presque sous silence les erreurs de sa jeunesse, dont le souvenir n'a pu pourtant se perdre au milieu des nombreuses intrigues de sa carrière galante, et arrivons à l'époque où il acheta, moyennant vingt-quatre mille écus, l'ancienne habitation du duc de Montpensier.

Cet hôtel, qui avait servi de résidence à deux princes du sang, ne parut pas assez pompeux à ce duc magnifique, et il appela pour le reconstruire Androuet du Cerceau, l'un des plus célèbres architectes du temps [1]. Bientôt en effet, on vit sortir de terre un corps de bâtiment en briques liées avec des chaînes de pierre, puis un autre, enfin un hôtel nouveau; et tout, dans cette œuvre, révéla la main de l'artiste habile qui l'avait dirigée. — Dans l'intérieur, un grand escalier d'une construction nouvelle et de l'invention d'un architecte nommé Toussaint Vergier, passa alors pour une merveille: aujourd'hui, dit Piganiol de La Force, il paraîtrait bien lourd et peu comparable à la plupart de ceux des hôtels modernes de Paris: « Il consistait en une grande masse de pierre à quatre noyaux et à trois étages vides dans le milieu, renfermée dans une cage carrée, accompagnée de grands paliers et de marches bordées d'apuys et de balustres de pierre et portées sur des voûtes ou des trompes surbaissées [2]. » Les lambris des appartements, des salons, se perdirent sous le poids des dorures : les antichambres furent ornées de trophées d'armes et d'épées de grand-écuyer. Cette nouvelle demeure se trouva enfin digne de recevoir le duc et la duchesse de Bellegarde, car le duc, après avoir bien longtemps décrié le mariage, a fini par épouser une riche héritière du Berry, la fille du comte de Fontaine. Est-ce à dire

---

[1] On lui doit le Pont-Neuf, une partie des Tuileries, l'hôtel Carnavalet et d'autres monuments très remarquables.
[2] *Description de Paris*.

pour cela que la pensée du duc se fixera exclusivement sur sa femme. Nullement; il aura quelques années plus tard un dernier accès de folie amoureuse qui couronnera, malheureusement d'une manière ridicule, le cours de ses galanteries.

Maintenant que le duc est installé dans son nouvel hôtel, quelle fâcheuse idée tourmente donc son esprit? Ne voit-il pas se réaliser chaque jour les souhaits que forme pour lui le poëte dont il protége la muse :

> Ainsi de tant d'or et de soie
> Ton âge dévide son cours :
> Que tu reçoives tous les jours
> Nouvelles matières de joie [1].

N'est-il pas assez riche pour satisfaire à toutes ses fantaisies, à tous ses caprices? Certes; mais il en est un que tout l'or du monde ne peut payer, c'est celui de vouloir redevenir jeune, et le regard du duc vient de se rencontrer dans une glace de Venise. Trop franche, elle lui a dit que les rides commençaient à sillonner son front, — que sa barbe était grisonnante, — que sa taille perdait de sa souplesse, qu'enfin, il n'était plus l'homme le mieux fait de la cour, mais seulement l'ombre de celui qu'on nommait jadis le beau duc de Bellegarde[2]. Telle est aussi la cause de sa tristesse, car le souvenir, — cette seconde jeunesse, — reporte en ce moment toutes ses pensées vers un autre temps, vers un passé de joies et de bonheur.

Il se souvient de la marquise d'Humières, elle était belle et digne de son amour : pourquoi donc lui retira-t-il aussi vite ses faveurs? Il avait vu la charmante Gabrielle d'Estrées, et son cœur, volage comme le papillon qui butine de fleur en fleur, avait oublié sa première conquête pour en rêver une autre. Gabrielle, le plus beau fleuron de sa

---

[1] MALHERBE, Ode à M. de Bellegarde.
[2] TALLEMANT DES RÉAUX, Historiette V. « Il avoit le port agréable, étoit bien fait et rioit de fort bonne grâce : son abord plaisoit ;... il étoit grand et fort et portoit fort bien ses armes. Je n'ai que faire de dire que sa beauté lui servit fort à faire sa fortune auprès d'Henri III. »

couronne amoureuse ! Gabrielle, son amour le plus constant, sinon le plus fidèle, car une seule intrigue galante ne suffisait pas alors pour occuper les loisirs de M. de Bellegarde. Tout en étant l'amant heureux de Gabrielle, il l'oubliait souvent auprès de Madame ou de Mademoiselle de Guise[1], toutes deux rivales dans ses faveurs : aussi parfois, l'une d'elles l'accusait d'infidélité, mais le duc avait assez de ressources dans l'esprit, assez de persuasion dans la parole, pour s'en tirer toujours à son honneur.

A propos de Madame de Guise, il se rappelle peut-être en ce moment un certain jour où il reçut l'ordre de garder chez lui les arrêts. Quel pouvait être le motif de cette rigueur ? Le duc se perdait en vaines conjectures. Heureusement, on annonça le roi, et sa Majesté tira M. de Bellegarde de son incertitude : il était soupçonné d'avoir des intelligences secrètes avec les principaux chefs de la Ligue. Le duc crut d'abord inutile de se justifier d'une pareille accusation ; son amitié, son dévouement pour le roi, lui paraissaient devoir plaider assez haut en sa faveur contre cette œuvre nouvelle de la calomnie, mais M. de Bellegarde fut effrayé de l'air sérieux de sa Majesté. Il tomba à ses pieds et renouvela l'assurance de sa constante fidélité. Henri IV ne voulut pas continuer plus longtemps la plaisanterie : il releva le duc, et après lui avoir montré les lettres d'amour qu'il avait écrites à Madame de Guise, il l'embrassa, puis lui dit : « Que s'il était coupable de quelque chose, c'était de « lui avoir caché que l'amour l'avait réconcilié avec sa cousine de « Guise. »

Quelque temps après cette aventure, M. de Bellegarde, pour un expert en amour, commit une bien grande faute. Le duc vanta avec exaltation, à Henri IV, les charmes de Gabrielle d'Estrées ; il lui répéta si souvent qu'elle était plus belle que Marie de Beauvilliers[2],

---

[1] TALLEMANT DES RÉAUX, *Historiette VII.* « Lors du siége de Paris, Bellegarde prit un homme qui se sauvoit de Paris. Cet homme lui donna le portrait au crayon de mademoiselle de Guise. Elle n'avoit que quinze ans quand on fit ce portrait. Ce fut par là qu'il commença à en devenir amoureux. »

[2] Cette dame est appelée par quelques historiens Marie de Beauvilliers, par d'autres, au contraire, Claudine de Beauvilliers : ainsi on lit dans la *Description de Paris*, par

la royale maîtresse, que sa Majesté finit par le croire. Pourtant elle voulut s'en assurer par elle-même, et se rendit à Cœuvres, où demeurait Gabrielle. Le portrait fait par le duc n'avait point été flatté, et ressemblait bien à l'original. Aussi Marie de Beauvilliers retourna à son abbaye de Montmartre, et Bellegarde eut à se repentir d'avoir parlé en aussi bons termes de Gabrielle au roi.

Devenue madame de Liancourt, marquise de Monceaux et duchesse de Beaufort, la belle d'Estrées se rappela cependant, dans des entrevues secrètes, le temps où elle n'était que la simple Gabrielle et renoua parfois ses anciennes relations avec le duc. La continuation de leur liaison fut du reste dévoilée au roi[1], et un ordre vint forcer Bellegarde à se retirer dans l'Anjou, avec défense de reparaître à la cour avant d'être marié.

Mais laissons tous ces souvenirs Le passé, M. de Bellegarde, ne vous appartient plus; le présent et l'avenir seuls vous restent. Tentez-donc encore quelque intrigue galante et rappelez-vous ce talent de plaire dont vous connaissiez si bien les mystérieuses finesses : seulement ne laissez pas tomber votre choix sur quelque beauté facile; car, pensez-y bien, ce sera sans doute votre dernière

---

Piganiol de la Force : « Lorsque le roi Henri le Grand assiégea Paris, les plus raisonnables (les religieuses de Montmartre) se retirèrent dans la ville, mais les jeunes restèrent dans leur couvent et se familiarisèrent avec le roi et les seigneurs de sa suite. On dit que ce prince fut touché de la figure et de l'esprit de *Marie de Beauvilliers*, qui en étoit abbesse, et qu'ayant été obligé de lever le siége devant Paris il la mena à Senlis. »

La dénomination de *Marie*, que nous avons adoptée, est la plus généralement suivie par les historiens, et entre autres par l'auteur du *Dictionnaire des Femmes célèbres*, Paris, 1788; par celui de l'*Esprit de Henri IV*.

On trouve l'opinion contraire dans les *Amours du grand Alcandre*; *la Confession de Sancy*; *les nouveaux Mémoires de Bassompierre*; enfin dans DULAURE : « En 1590, dit-il, lorsque Henri IV assiégeait Paris..... l'abbesse de Montmartre elle-même, *Claudine de Beauvilliers*, alors jeune et belle, ne put échapper aux galanteries du roi : elle le suivit à Senlis, lorsqu'il s'y retira, et ce fut dans cette ville qu'elle eut le chagrin de se voir supplantée par Gabrielle d'Estrées. »

[1] TALLEMANT DES RÉAUX, *Historiette Ire*, dit qu'à cette occasion : « Le roi commanda dix fois qu'on le tuât, puis il s'en repentoit, quand il venoit à considérer qu'il la lui avoit ôtée; car Henri voyant danser M. Bellegarde et mademoiselle d'Estrées ensemble, dit : « *Il faut qu'ils soient le serviteur et la maîtresse.* »

conquête. Un roi vous a enlevé votre maîtresse. Pourquoi ne seriez-vous pas à votre tour l'amant d'une reine!

Le duc, en effet, quoique bien vieux alors, osa porter ses regards jusqu'à la belle Anne d'Autriche[1]. La reine s'amusa quelque temps des tendres soupirs de cet *antique* amant ; mais le jour où il osa lui avouer son amour, elle se mit fort en colère et en prévint le roi.

Louis XIII au contraire, ne fit que rire de la flamme du duc et ne cessa pas de lui prodiguer ses faveurs. Le bruit de la défaite du grand écuyer se répandit ensuite à la cour, qui imita le roi, et la reine

[1] Mme DE MOTTEVILLE, *Mémoires pour servir à l'histoire d'Anne d'Autriche*.

elle-même suivit son exemple, car elle se trouvait ainsi vengée de la manière la plus sensible à tout galant homme... par le ridicule.

— La leçon était sévère, et le duc en fit son profit. Il se contenta de vivre dans le passé [1], et de se souvenir qu'il avait été le plus beau cavalier de son temps. Peut-être, alors, entraîné par la force de l'habitude et voyant ses hommages partout repoussés, fit-il la cour à sa femme !

A cette époque, l'hôtel du duc de Bellegarde s'enorgueillissait encore d'avoir pour commensaux habituels deux hommes d'esprit en même temps que deux poètes. En effet, Malherbe venait souvent chez le grand écuyer, qui, pendant plusieurs années [2], lui avait donné *mille livres d'appointements avec la table, et lui avait entretenu un laquais et un cheval* [3]. Quant à Racan, qui était cousin-germain

---

[1] TALLEMANT DES RÉAUX, *Historiette V*. « Je pense que l'amour qu'il eut pour la reine fut sa dernière amour. Il disoit quasi toujours : *Ah ! je suis mort !* On dit qu'un jour, comme il lui demandoit ce qu'elle feroit à un homme qui lui parleroit d'amour : *Je le tuerois*, dit-elle. *Ah ! je suis mort !* s'écria-t-il. Elle ne tua pourtant pas Buckingham, qui fit quitter place à notre courtisan d'Henri III. Voiture en fit un pont breton qui disoit :

> L'astre de Roger
> Ne luit plus au Louvre ;
> Chacun le découvre
> Et dit qu'un berger
> Arrivé de Douvre,
> L'a fait déloger.

[2] RACAN, *Vie de Malherbe*. « A la mort d'Henri le Grand, la reine Marie de Médicis gratifia Malherbe de 500 écus de pension, ce qui lui donna le moyen de n'être plus à charge à M. de Bellegarde. »

[3] TALLEMANT DES RÉAUX, *Historiette XXVII*.— RACAN, *Vie de Malherbe*. « Comme le roi étoit sur le point de partir pour le Limousin, Sa Majesté lui (Malherbe), commanda de faire des vers sur son voyage, qu'il lui présenta à son retour ; c'est cette excellente pièce qui commence

> O Dieu dont les bontés de nos larmes touchées ;
> . . . .

Le roi fut si content de ces vers, que, désirant le retenir à son service, il commanda par avance à M. de Bellegarde de lui donner sa maison, jusqu'à ce qu'il l'eût fait mettre sur l'état de ses pensionnaires. »

de la duchesse¹, et *fut page de la chambre sous M. de Bellegarde*², il demeurait encore chez le duc, et ce fut pendant le séjour de Malherbe dans cet hôtel, que Racan, qui *commençait déjà à rimailler*³, fit sa connaissance et profita de ses leçons. L'élève donna même, dit-on, de la jalousie à son maître, et elle se serait surtout manifestée à l'occasion d'une stance intitulée *la Consolation*, que Racan envoya à M. de Bellegarde, à l'occasion de la mort de M. de Termes, son frère. Elle était ainsi conçue :

> Il voit ce que l'Olympe a de plus merveilleux ;
> Il y voit à ses pieds ces flambeaux orgueilleux
> Qui tournent à leur gré la Fortune et sa roue
> Et voit comme fourmis marcher nos légions
> Dans ce petit amas de poussière et de boue,
> Dont notre vanité fait tant de régions ⁴.

Cette stance, — comme on le voit, — ne méritait pas l'honneur que semblait lui faire Malherbe, en se montrant jaloux de son auteur; elle ne pouvait certes pas soutenir la comparaison avec les diverses productions de ce grand poète, et surtout avec l'ode charmante⁵ qu'il avait adressée quelques années auparavant à son protecteur; on se souvient qu'elle commence ainsi :

> A la fin c'est trop de silence
> En si beau sujet de parler ;
> Le mérite qu'on veut céler
> Souffre une injuste violence.
> Bellegarde, unique support
> Où mes vœux ont trouvé leur port,
> Que tarde ma paresse ingrate
> Que déjà ton bruit non pareil
> Aux bords du Tage et de l'Euphrate
> N'a vu l'un et l'autre soleil ?

---

¹ TALLEMANT DES REAUX, *Historiette LXXXVII*. Il hérita de Mᵐᵉ de Bellegarde de 20,000 livres de rente en fonds de terre.
² TALLEMANT DES REAUX, *Historiette XXVII*.
³ *Idem.*
⁴ RACAN (*Œuvres de*), Paris, 1724.
⁵ MALHERBE (*Œuvres de*), Ode VI, à M. de Bellegarde. Elle porte la date de 1608.

Mais cette jalousie de courte durée n'altéra point l'intimité qui unissait les deux poètes. Racan aimait Malherbe autant qu'un père, et celui-ci vivait avec lui comme avec un fils; « cela donna sujet à Racan, à son retour de Calais, où il fut porter les armes en sortant de page, de lui demander en confidence de quelle sorte il se devait gouverner dans le monde. Il lui proposa quatre ou cinq sortes de vies qu'il pouvait faire [1]. » Malherbe répondit à toutes les propositions de Racan, par un apologue que La Fontaine mit plus tard en vers [2], et le termina par un précepte résumé ainsi par le fabuliste.

> Quant à vous, suivez Mars, ou l'Amour ou le Prince
> Allez, venez, courez, demeurez en province ;
> Prenez femme, abbaye, emploi, gouvernement,
> Les gens en parleront, n'en doutez nullement.

Racan avait déjà suivi *Mars et le Prince* : il suivit aussi l'*Amour*. Il s'éprit d'une folle passion pour madame de Termes, alors veuve, et Malherbe lui écrivit à ce sujet plusieurs lettres, où cette dame est désignée par le nom d'Arthenice [3] : « Vous aimez, — lui dit-il dans l'une d'elles, — une femme qui se moque de vous. Si vous ne vous en apercevez, vous ne voyez pas ce que verrait le plus aveugle qui soit aux Quinze-Vingts ; et si vous vous en apercevez, je ne crois pas qu'au préjudice de l'écrivain de Vaux, vous prétendiez à vous faire empereur des petites maisons. Il est malaisé que je n'aie dit devant vous ce que j'ai dit en toutes les bonnes compagnies de la cour, que je ne trouvais que deux belles choses au monde, les femmes et les roses ; et deux bons morceaux, les femmes et les melons..... Vous pouvez bien penser qu'un homme qui tient ce langage ne trouve pas mauvais que vous soyez amoureux. Il le faut être, ou renoncer à tout ce qu'il y a de doux en la vie ; mais il le faut être en lieu où le

---

[1] RACAN, *Vie de Malherbe*.
[2] C'est la première Fable du Troisième Livre.— *Le Meunier, son Fils et l'Ane*.
[3] C'est l'anagramme de Catherine. Mme de Termes s'appelait Catherine Chabot de Mirebeau.

temps et la peine soient bien employés. On se noie en amour aussi bien qu'en une rivière. Il faut donc sonder le gué de l'un aussi bien que de l'autre, et n'éviter pas moins que le naufrage, la domination de je ne sais quelles suffisantes, qui veulent faire les rieuses à nos dépens. Celle à qui vous en voulez est très belle, très sage, de très bonne grâce et de très bonne maison. Elle a tout cela, je l'avoue ; mais le meilleur y manque. Elle ne vous aime point ; et, sans cette qualité, tout et rien ne valent pas mieux l'un que l'autre [1]. » Malherbe avait raison de donner de pareils conseils à Racan. Cet amoureux était trop aveuglé par la passion, pour s'apercevoir de la liaison de madame de Termes avec le président Vignier [2] ; il finit pourtant par l'oublier, et il se maria avec une fille d'Anjou qu'*on disait être assez riche* [3].

Deux aventures arrivées plus tard à ce poète, eurent enfin l'hôtel de Bellegarde pour théâtre. Il vit ainsi le dénoûment de la plaisanterie jouée par deux amis de Racan, à une vieille fille, nommée mademoiselle de Gournay, qui avait de grandes prétentions au bel esprit.

Cette demoiselle avait composé un ouvrage intitulé l'*Ombre ou les Présents de mademoiselle de Gournay*, et en avait adressé un exemplaire à Racan. Celui-ci pour la remercier, crut devoir lui faire une visite et fit part au chevalier de Bueil et à Yvrande, deux de ses amis, de son intention d'aller ce jour-là chez mademoiselle de Gournay vers les trois heures. L'idée alors vint à ceux-ci de se divertir aux dépens de la vieille fille ; et à une heure, le chevalier se fait annoncer chez elle sous le nom de Racan, et, *comme il avait de l'esprit, il lui fait bien des contes* [4]. Dès qu'il fut sorti, Yvrande se présente à son tour, mais sans se nommer ; il la remercie beaucoup de l'envoi de son ouvrage et lui fait lire des vers qu'il a composés. « Cela est gentil,

---

[1] MALHERBE *(Œuvres de)*, Lettre XX, à M. de Racan.

[2] TALLEMANT, *Historiette VI.* « Cette folle (Mme de Termes), épousa depuis ce fou de président Vignier, premier président au Parlement de Metz, qui est mort lié et gueux. »

[3] MALHERBE *(Œuvres de)*, Lettre IV, à Mme de Termes.

[4] TALLEMANT DES RÉAUX. — Cette anecdote est extraite entièrement de l'*Historiette LXXXVII*.

lui dit-elle ; ici vous *Malherbisez*, ici vous *Colombisez*[1] ; cela est gentil. Mais ne saurais-je point votre nom. — Mademoiselle, je m'appelle Racan. — Monsieur, vous vous moquez de moi. — Moi, Mademoiselle, me moquer de cette héroïne, de la fille d'alliance du grand Montaigne, de cette illustre fille de qui Lipse a dit : *Videamus quid sit paritura ista virgo.* — Bien, bien, dit-elle, celui qui vient de sortir a donc voulu se moquer de moi, ou peut-être vous même, vous en voulez-vous moquer : mais n'importe, la jeunesse peut rire de la vieillesse. Je suis toujours bien aise d'avoir vu deux gentils-hommes si bien faits et si spirituels. » A peine Yvrande fut-il parti que Racan arrive tout essoufflé d'avoir monté trois étages, et s'assied sur le premier siége qu'il rencontre. Après s'être excusé et avoir repris haleine, il lui adresse ses remercîments pour le présent qu'elle lui a fait : « Mais, monsieur, lui dit-elle d'un ton d'impatience, je n'en ai donné qu'à tel et qu'à tel ; qu'à M. de Malherbe, qu'à M. de Racan. — Eh ! Mademoiselle, M. de Racan, c'est moi. — Voyez Jamyn[2], le joli personnage ! Au moins les deux autres étaient-ils plaisants. Mais celui-ci est un méchant plaisant. — Mademoiselle, je suis le véritable Racan. — Je ne sais qui vous êtes, répondit-elle, mais vous êtes le plus sot des trois. *Mordieu !* je n'entends pas qu'on me raille. » Là-dessus mademoiselle de Gournay se met en fureur et crie *au voleur*, et Racan n'a que le temps de s'enfuir. — Le jour même elle apprit la vérité, et le lendemain elle courut de bonne heure trouver Racan chez M. de Bellegarde, où il demeurait. Elle lui fit de nombreuses excuses, et depuis ils furent, dit Tallemant des Réaux, *les meilleurs amis du monde.*

Une autre aventure arrivée à Racan, lors de son séjour à l'hôtel de Bellegarde, nous est encore racontée par le même historien.

« Une après-dînée, dit-il, il fut extrêmement mouillé. Il arrive chez M. de Bellegarde, et entre dans la chambre de madame de Bellegarde, croyant entrer dans la sienne ; il ne vit point madame de

---

[1] Colomby, comme Racan, était un élève de Malherbe.
[2] Fille naturelle d'Amadys Jamyn, page de Ronsard.

Bellegarde et madame des Loges ¹ qui étaient chacune au coin du feu. Elles ne disent rien pour voir ce que ce maître rêveur ferait. Il se fait débotter et dit à son laquais : « Va nettoyer mes bottes ; je ferai sécher ici mes bas. » Il s'approche du feu et met ses bas à bottes bien proprement sur la tête de madame de Bellegarde et de madame des Loges qu'il prenait pour deux chenets : après il se mit à se chauffer. Elles se mordaient les lèvres de peur de rire : enfin elles éclatèrent. »

Après la vente par le duc de Bellegarde de son hôtel, Racan ne pensait guère jamais devoir y revenir : cependant, dans cette demeure qui avait vu les premiers essais de sa muse, il devait recevoir plus tard la noble récompense de son talent, en venant y siéger comme membre de l'Académie française.

— Acheté par le chancelier Séguier, en 1633, cet hôtel reprit alors un peu de gravité et s'appela du nom de son nouveau propriétaire.

A cette époque, la carrière politique du chancelier ne faisait que commencer. Créature et ami du cardinal de Richelieu, il avait seulement pris part à quelques-unes des exécutions tyranniques ² dont ce ministre avait entaché sa mémoire ; aussi avait-il par suite attiré sur lui une partie de l'indignation et de l'horreur qu'elles avaient fait éprouver au peuple. Plus tard, quand éclata la Fronde, le chancelier se trouva mêlé à tous les incidents de cette déplorable guerre et fut fidèle au parti de la cour, dans ce temps, où, comme le dit Voltaire ³, *c'était un mérite de ne l'être pas.*

Ainsi son dévouement à la cause royale n'éclata jamais d'une manière plus manifeste ni plus grande que dans la journée du 27 avril 1648, si connue sous le nom de *Journée des Barricades*. La Ligue avait eu la sienne. La Fronde, qui en fut pour ainsi dire la ridicule parodie, la renouvela le lendemain de l'arrestation du conseiller Broussel.

---

[1] Mme des Loges était une femme d'esprit chez laquelle les savants, les poètes, les beaux esprits enfin se réunissaient.
[2] Voir les registres manuscrits du Parlement.
[3] *Siècle de Louis XIV.*

La nuit avait été calme, mais les esprits étaient en fermentation. Des barricades encombraient les rues, des chaînes entravaient la circulation ; tout faisait présager enfin pour cette journée de nouveaux désordres, si le prisonnier n'était pas remis en liberté. Le chancelier fut néanmoins chargé par la reine d'aller porter au parlement l'ordre de suspendre ses séances. La mission était périlleuse ; mais Pierre Séguier aimait trop la faveur pour penser au danger ; il partit donc de son hôtel à cinq heures du matin [1]. Deux personnes seulement l'accompagnaient : l'évêque de Meaux, son frère, et la duchesse de Sully, sa fille, aussi belle que courageuse. Leur marche s'effectua d'abord sans danger ; mais en arrivant, après bien des détours, au Pont-Neuf, leur carrosse [2] fut reconnu, et on se rua sur lui en redemandant *Broussel*. La foule devint alors menaçante, et le chancelier, craignant d'en être entouré de tous côtés, ordonna à son cocher de passer outre et de se réfugier à l'hôtel de Luynes [3]. Il était temps ; quelques instants après les portes de l'hôtel furent enfoncées, et le peuple furieux envahit les appartements, espérant y trouver le chancelier. *Ce sera prisonnier pour prisonnier*, disait-il, *nous en ferons l'échange avec notre cher protecteur*. Mais ses recherches furent infructueuses. Le chancelier s'était blotti avec les siens dans un endroit obscur où la foule n'alla point le chercher ; cependant, un

---

[1] Mme DE MOTTEVILLE, *Mémoires pour servir à l'histoire d'Anne d'Autriche*

[2] TALLEMANT DES RÉAUX, *Historiette CXXXIV*. « Il a mis (le chancelier Séguier) un manteau et des masses, en forme de bâton de maréchal de France, à ses armes, et son carrosse en est tout historié. »

[3] Le duc de Luynes était alors l'un des principaux chefs des Jansénistes ; aussi, à l'occasion de l'asile que le chancelier, entièrement opposé à leurs opinions, avait trouvé chez le duc, on fit courir les vers suivants :

> Dans ce dernier soulèvement
> (Chose bien digne de notre âge),
> Saint Augustin a vu Pelage
> Dans un étrange abaissement.
> La pauvre grâce suffisante,
> Toute pâle et toute tremblante
> Chez l'efficace eut son recours :
> Elle y fit amende honorable,
> Pour expier l'erreur dont elle était coupable,
> D'avoir cru qu'on se peut sauver sans son secours.

instant il avait cru sa mort si prochaine qu'il s'était confessé à son frère. — Sur ces entrefaites, le maréchal de la Meilleraie arriva à son secours avec deux compagnies de gendarmes et de chevau-légers ; aussi Pierre Séguier put alors sortir de sa cachette, et, sous bonne escorte, il s'achemina à pied vers le Palais-Royal, car son carrosse avait disparu au milieu de tout ce désordre. Par bonheur, à quelques pas de là, il rencontra celui du lieutenant civil, dans lequel il monta avec son frère et sa fille. Mais en passant devant la statue d'Henri IV, une forte décharge atteignit leur voiture et la perça en plusieurs endroits. La duchesse de Sully reçut dans le bras une balle qui, heureusement, avait perdu presque toute sa force, et plusieurs personnes de sa suite furent tuées ou blessées. Enfin, le chancelier arriva au Palais-Royal, où il resta plusieurs jours pour se dérober à la vengeance de la multitude [1]. Le peuple cependant ne devait pas s'arrêter à cette insulte faite à l'autorité royale. Son agitation était au comble. Elle engendra la Fronde.

Après la fin de cette guerre, le chancelier, — comme tous les courtisans, — voulut célébrer le rétablissement de la paix par des fêtes magnifiques, et, à cette occasion, Anne d'Autriche, Louis XIV, le duc d'Anjou, son frère, vinrent plusieurs fois, rapporte Piganiol de La Force [2], *dîner à l'hôtel Séguier ou y danser des bals et des ballets.*

La muse historique de Loret nous donne en effet, à la date du 26 février 1656, la description d'une de ces brillantes fêtes.

> Séguier, oracle de l'Etat
> Interprète du potentat,
> Par mérite et par préséance,
> Le premier officier de France,
> Et quatre fois plus sage encor
> Que n'étoient Caton et Nestor
> Avec des pompes sans égales
> Traita six personnes royales

---

[1] Mᵐᵉ DE MOTTEVILLE.
[2] *Description de Paris.*

Dimanche, à huit heures du soir
Qu'avec cet ordre on fit asseoir.
La reine éclatant de lumière
Occupoit la place première ;
Le roy brilloit à son côté
Et tout contre Sa Majesté
Madame royale d'Orange,
Après, cet autre petit ange
La jeune princesse, sa sœur,
En qui l'on voit tant de douceur.
Puis le duc d'Iorc, leur cher frère
Qu'avec grand sujet je révère
Étant prince, je vous le promets
Généreux s'il en fut jamais.
Monsieur à qui par sa naissance
Est le second rang en France,
Faizant l'honneur de la maison
Et non point par d'autres raizon
(Car on sçait combien il est digne)
Étoit tout au bout de la ligne,
Et tout contre, en un autre rang
Sur un tabouret, chaize ou banc
Cette princesse née à Rome
Que dame de Mercœur on nomme [1]
Je ne vis qu'un peu vers la fin
Ce rare et superbe festin,
Mais de ses nombreuses viandes
On m'a dit des choses si grandes,
Et maint courtisan bien instruit
Me parla si haut de son fruit
Qu'admirant cette chère extresme,
Je conclus soudain en moy mesme
Que le banquet d'Assuérus
Prédécesseur du grand Cyrus
Et ceux que fit à Cléopâtre
Marc Anthoine, son idolâtre
Que l'on a tant exagerez,
Seuls pourroient être comparez
Pour la splendeur, l'ordre et la table,
A ce banquet inimitable
Qui fut précédé, ce dit-on,
Par le très harmonieux ton

---

[1] Mme de Mercœur était une des nièces du cardinal Mazarin. Elle mourut le 8 février 1657.

Et par les douceurs sans pareilles
D'un concert charmant à merveilles.

Quand ce souper fut achevé
Et que le roy se fut levé,
Toutes ces personnes illustres
A la clairté de plusieurs lustres
Portant plus de trois cents flambeaux.
Traversant des endroits fort beaux.
Tant cabinets que galeries.
Où dorures, tapisseries [1]
Et maint autre rare ornement
Éclatoient merveilleuzement
Et qu'en passant ils admirèrent ;
Enfin dans la sale arrivèrent
Ou quarante belles au moins
Au rapport de trois ceus témoin
Toutes en deux rangs séparées
Et fort mignonnement parées
Attendoient ce troupeau royal
Qui soudain commença le bal.

Après sept quarts d'heure de dance
Il arriva quelque pitance
Pour faire la colation
Qui combla d'admiration.
Du grand Séguier les domestiques
Dans vingt fort beaux bassins antiques
D'un fin argent élabouré
Et d'un brillant vermeil doré
(Outre les pains et les bouteilles),
Portoient cent quarante corbeilles
Pleines de parfums précieux,
De mille fruits délicieux,
Du caramel, des orangeades,
Des citrons doux et des grenades
Et tout cela fut présenté
Avec une grande civilité.

---

[1] Cette description donne tort à l'assertion de TALLEMANT DES RÉAUX, dans son *Historiette CXXXIV*. « Personne, dit-il en parlant du chancelier, n'a tant donné à l'extérieur que lui ; il a baptisé sa maison *hôtel*. » Elle méritait certes ce titre, comme on le voit, par le luxe et la richesse de ses appartements.

Non, pourtant, sans quelque désordre
Que des gens afamez de mordre
Ne pouvant durer en repos
Excitèrent mal à propos.
Après la colation faite
Qui, comme est dit, fut très parfaite.
Chaque spectateur se plaça
Et le grand bal commença.
S'il fut beau, s'il fut admirable,
Si mesme il fut incomparable
A l'égard des autres passez
Quantité de gens bien sensez
Qui quelque chose m'en contèrent
Pour tel me le représentèrent :
Car hélas (dont j'avois grand deuil),
Faute de chaize, ou de fauteuil,
De tabouret ou d'escabelle
Auprès de quelques demoizelle
Étant tout debout et pressé,
Incommodé, foulé, poussé,
Je quittay ce lieu d'allégresse,
Et par cette raizon expresse,
Je ne sçaurois d'un si beau bal
Grifonner le procez verbal.
. . . .

Trois jours après, nous apprend aussi Loret, le chancelier donna encore un bal dans son hôtel. Le roi, Monsieur son frère, MM. de Villequier, de Vardes, du Lude, de Villeroy, mesdames de Mercœur, Gourdon, Fouilloux, La Porte, de Comminges *en tous lieux aimée*, de Villeroy, de Bregis, mademoiselle Mancini, et autres dames et seigneurs de la cour, y assistèrent, et

Cette bande belle et royale
Eut encor ce soir pour régale
Une multitude de plats
Où l'on voyoit des cervelas,
Beatilles, langues fumées,
Tourtes et bisques parfumées,
Perdrix ou poulets excellans
Pluviers, bécasseaux, ortolans

Des poires pezans quatre livres
Enfin toutes sortes de vivres,
De confitures et de mets.
. . . .

Le chancelier enfin déploya dans cette fête, comme dans toutes celles qu'il donna du reste, une grande magnificence, et ne mérita guère le reproche que lui a adressé Tallemant des Réaux[1] *d'être avare*. Ce luxe, bien loin de là, semblerait annoncer le défaut contraire, et l'auteur des *Historiettes* aurait fait preuve d'impartialité en avouant que Pierre Séguier dépensait sa fortune d'une manière digne d'un grand seigneur, et surtout d'un noble cœur.

Jusqu'à présent en effet, nous n'avons parlé de lui que comme homme politique ; il dut pourtant sa célébrité à un autre titre. Le chancelier était un homme de beaucoup d'esprit, et aimait passionnément les arts et les lettres. Le Brun fut, par lui et à ses frais, placé chez Vouet, l'un des plus célèbres peintres du temps, puis envoyé à Rome[2]. Pauvre, cet artiste eût sans doute prostitué son talent à des œuvres mercenaires : noblement protégé, son génie prit au contraire son essor et grandit. C'est donc peut-être au chancelier que la France doit d'avoir connu ce grand peintre ; aussi honneur en soit rendu à celui qui a su si dignement honorer le talent.

A Pierre Séguier revient aussi la gloire d'avoir eu la première idée de l'Académie française, comme à Richelieu revient celle de sa fondation[3] ; aussi quand, après la mort du cardinal, l'Académie naissante se trouva sans appui, le choix de tous ses membres[4] se porta

---

[1] *Historiette CXXXIV.*
[2] MICHAUD, *Biographie universelle.*
[3] LEBAS, *Dictionnaire historique.*
[4] Les membres de l'Académie à cette époque, étaient : 1. Nicolas Bourdon, — 2. Perrot d'Ablancourt,— 3. J. Esprit,— 4. Lamothe le Vayer,— 5. Daniel de Priezac, — 6. Olivier Patru, - 7. P. Séguier, — 8. Faret,— 9. Fr. Maynard,—10. Cl. de Malleville, — 11. De Colomby, — 12. Voiture, — 13. Sirmond, — 14. Vaugelas, — 15. B. Baro,— 16. J. Baudoin, —17. Cl. de l'Étoile, —18. De Sérizay, — 19. Balzac, — 20. Laugier de Porchères,— 21. Germain Habert, — 22. Servien, — 23. Colletet, — 24. Saint Amant, — 25. Boissat, — 26. Boisrobert, — 27. Bautru de Seran, — 28. Louis Giry, — 29. De Gombault,— 30. Jean de Silhon,— 31. Cureau de la Chambre,— 32. Racan,—33. D. Hay du Chastelet,— 34. Godeau, — 35. De Bourzeys,—36. Gomberville,— 37. Chapelain,— 38. Conrart, — 39. Desmarets,— 40. Montmaur.
Conrart était alors le secrétaire perpétuel de l'Académie.

sur le chancelier, comme étant le plus digne de remplir la place que son fondateur laissait vacante. Ils se rendirent donc en corps à l'hôtel Séguier, pour la lui offrir.

« Monseigneur, lui dit M. de l'Estoile, directeur de l'Académie, en prenant la parole, au nom de tous, nous faisons assez connoître que toutes les grandes douleurs ne sont pas muettes, puisque celle de la mort de M. le cardinal nous laisse encore assez de voix pour vous supplier de ne nous abandonner pas dans ce malheur : que s'il reste encore à ce grand génie quelque soin des choses d'ici bas, il sera bien aise que vous soyez le support d'une compagnie qu'il aimoit comme son ouvrage. Il vous en prie, Monseigneur, et par l'étroite affection qui vous attachoit à lui, et par celle que vous portez aux lettres. Vous ne l'avez jamais refusé de rien, et c'est ce qui nous fait espérer que la tempête nous jettera d'un port dans un autre, et qu'enfin nous recouvrerons en vous ce que nous avons avons perdu en lui, c'est-à-dire un protecteur, non seulement illustre par sa naissance et par sa dignité, mais aussi par sa vertu. Nous en dirions davantage, et n'en dirions pas encore assez ; mais votre modestie et notre déplaisir ne nous permettent plus de parler que pour assurer Monseigneur qu'une protection si glorieuse que la vôtre est le plus grand de nos désirs, que nous voulons nous faire des loix de vos volontez, et que nous sommes tous, en général et en particulier, vos etc.[1] ».

Le chancelier accepta avec joie, et leur témoigna toute sa gratitude de l'honneur qu'ils venaient de lui faire, en leur offrant son hôtel pour être désormais le lieu de réunion de l'Académie. Bien plus, comme aucun de ses appartements ne lui parut assez convenable, il fit construire deux belles galeries superposées l'une sur l'autre qui allèrent du corps de logis principal jusqu'à la rue du Bouloi[2], et dont les fenêtres donnaient sur les deux jardins de l'hôtel. Dans la galerie basse, Le Brun peignit, sous des figures allégoriques, les actions héroïques de Louis XIII et de Richelieu, et la reconnaissance lui inspira des chefs-d'œuvre. Vouet, son maître, orna la voûte de l'autre

---

[1] PELISSON et D'OLIVET, *Histoire de l'Académie française*.
[2] PIGANIOL DE LA FORCE, *Description de Paris*.

galerie de peintures gracieuses et parfaitement adaptées à l'usage auquel cette salle était destinée.

« Ce qu'il y avoit encore de remarquable dans cette galerie pendant la vie du chancelier, rapporte Germain Brice [1], étoit un grand nombre de porcelaines qui régnoit tout autour sur la corniche, et qui faisoit le plus bel effet du monde...; il y avoit aussi des cabinets qui étoient entre la croisée d'un côté et d'autres au bout de cette galerie ; on entre à main gauche dans une chambre qui étoit richement tapissée, où l'on voyoit plusieurs pièces d'orfèvrerie très-grandes, entre autres une grande bordure fort bien travaillée, où étoit le portrait de feu M. le chancelier, peint par M. Le Brun. On y pouvoit aussi remarquer un cabinet d'ébène enrichi d'agates antiques qui représentoient des têtes d'empereurs, et dans un petit cabinet tout proche, un nombre d'animaux très-considérable en vazes et en tableaux, des meilleurs maîtres d'Italie et de ceux que l'on faisoit à Limoges dans le siècle passé. Madame la chancelière, qui est morte depuis peu, avoit un cabinet de cristaux des plus curieusement taillés, avec un grand nombre de montres et d'orloges enrichies de pierreries. »

Cette galerie renferma plus tard la magnifique bibliothèque du chancelier, où,

Pauvres et riches y vont estudier

nous apprend une pièce du temps [2].

Cette bibliothèque contenait, dit-on, un grand nombre de volumes et d'ouvrages fort curieux, car les livres étaient encore une des passions du chancelier. « *Si vous voulez me séduire*, avouait-il quelquefois, *vous n'avez qu'à m'offrir des livres* [3]. Cette galerie était plus grande que l'autre : aussi l'Académie la choisit alors pour lieu de ses séances.

Le 26 mars 1656, une grande agitation régnait parmi tous les

---

[1] *Description de Paris*, 1re édition.
[2] Elle est intitulée : *Rymaille sur les plus célèbres Bibliotières de Paris*, par le Gyrouargue, simpliste MDCXLIX.
[3] MICHAUD, *Biographie universelle*.

académiciens : ils venaient de recevoir une communication importante. La reine Christine de Suède devait honorer ce jour-là l'Académie de sa présence, et la missive ne précédait que de quelques instants l'arrivée de la princesse, qui avait voulu éviter ainsi une réception d'apparat. Cependant quel cérémonial observer, se demandaient les académiciens, pour recevoir la reine d'une manière digne d'elle et de l'Académie. En effet, ils n'avaient point de précédents à invoquer, car depuis sa fondation, l'Académie n'avait pas été honorée encore d'une aussi noble visite. Au milieu de leur hésitation la reine arriva, et s'approchant du chancelier, lui demanda seulement tout

bas, si les académiciens resteraient assis ou debout devant elle. Pierre Séguier consulta l'Académie sur cette question, et l'un de ses membres se rappela que du temps de Ronsard, il se tenait à Saint-Victor une réunion de gens de lettres où Charles IX allait souvent, et qu'on se tenait assis devant le roi. La question se trouva ainsi résolue. La reine s'assit dans le fauteuil qui lui était destiné; le chancelier se mit à sa gauche; le directeur de l'Académie à sa droite; puis à leur suite, tous les académiciens et les secrétaires de la Compagnie.

Quand chacun fut placé, le directeur se leva et adressa à la reine des remerciements pour la faveur qu'elle avait bien voulu faire à l'Académie, en venant assister à l'une de ses séances. Tous les académiciens, excepté le chancelier, restèrent levés pendant ce discours; mais quand il fut terminé, chacun d'eux s'assit et la séance reprit son cours habituel par la lecture de quelques pièces de poésie et de prose.

Un incident assez plaisant en signala pourtant la fin. Un des secrétaires voulut montrer à la reine un essai du Dictionnaire que l'Académie venait de commencer, et le hasard fit ouvrir le portefeuille qui contenait le manuscrit, au mot JEU. La reine y lut cette définition : *Jeux de prince, jeux qui ne plaisent qu'à ceux qui les font, et qui finissent par fâcher ou blesser quelqu'un.* Tous les académiciens, en entendant lire cette phrase, ne savaient quelle contenance tenir. La reine les tira d'embarras, elle se mit la première à rire [1].

Pendant trente années ainsi, l'Académie française continua à tenir ses séances à l'hôtel Séguier; mais un jour Louis XIV, qui voulait réunir en lui toutes les gloires, se mit à envier au chancelier son titre de protecteur de l'Académie. Il le devint à son tour et l'hôtel Séguier fut abandonné pour le Louvre.

— Comme l'Académie française, l'Académie royale de Peinture et de Sculpture, dont Le Brun fut un des premiers fondateurs, fut aussi protégée par Pierre Séguier. « Ce grand magistrat, qui n'étoit pas moins le protecteur des beaux arts que celui de la justice, dit Piganiol de La Force [2], n'oublioit rien de tout ce qui pouvoit marquer l'intérêt qu'il prenoit à la conservation de l'Académie [3]; il fit

---

[1] PELISSON et D'OLIVET, *Histoire de l'Académie.*
[2] *Description de Paris.*
[3] Elle se composait de : Charles Le Brun, peintre;— Charles Errard, P.— Sébastien

dire au lieutenant civil qu'elle étoit son ouvrage, et qu'il vouloit la protéger : il fit de plus expédier, en 1649, des lettres adressées au parlement de Paris pour qu'il enregistrât les lettres-patentes qui autorisoient l'établissement de l'Académie. » Celle-ci, par reconnaissance, nomma le chancelier *son protecteur*, et l'hôtel Séguier servit, dans plusieurs circonstances, de lieu de réunion aux académiciens; ainsi, dans une de ses galeries, eut lieu la séance où il fut question plus tard, d'après l'avis du chancelier, de prendre Mazarin pour *protecteur*. Cette proposition fut approuvée; le ministre accepta ce titre honorifique, et le chancelier se contenta de celui de *vice-protecteur*, qu'il justifia, du reste, par ses nombreuses libéralités envers l'Académie. Aussi, après la mort de Mazarin, Pierre Séguier reprit sa première dignité, et en cette occasion il réitéra l'assurance de son dévoûment à cette société, en lui disant : *Qu'il prendroit toujours beaucoup de plaisir à lui faire du bien, tant qu'elle seroit sous la conduite de ce bon ami-là*; et en cet instant il frappait sur la tête de Le Brun. — Colbert fut alors nommé vice-protecteur [1].

— L'église Saint-Eustache, le couvent des Carmes déchaussés [2], celui des Pénitents de Nazareth, où il fut inhumé [3], et plusieurs autres établissements [4], eurent aussi grande part dans les libéralités de Pierre Séguier.

En 1661, le procès de Fouquet vint malheureusement ternir un

Bourdon, P. — Paul Laurent de la Hire, P. — J. Sarrasin, P. — J. Michel Corneille, P. — François Perrier, P. — Louis Beaubrun, P. — Eustache Lesueur, P. — Juste d'Egmont, P. — P. Gérard Vanobstat, sculpteur. — Simon Guillin, S. — Louis du Guernier, P. — Vanmol, P. — Ferdinand, le père, P. — Louis Boullongne, P. — Montpercher, P. — Louis Vanderbruge, surnommé Hanse, P. — Louis Tetelin, P. — Gérard Gosin, P. — Thomas Pinage, P. — Bernard, P. — De Sévé, l'aîné, P.

[1] Colbert obtint du roi, en 1665, l'établissement d'une académie à Rome, pour *perfectionner et instruire* les artistes, qui ont remporté des prix à celle de Paris. — Errard fut le premier chargé de l'École de Rome.

[2] Il était situé rue de Vaugirard. C'est aujourd'hui une propriété particulière.

[3] Ce couvent situé rue du Temple est aussi devenu une propriété particulière.

[4] Entre autres établissements, le chancelier Séguier fit bâtir à ses frais, dans la rue Montmartre, la chapelle Saint-Joseph Elle fut illustrée par la sépulture de Molière et de La Fontaine, mais après sa démolition pendant la révolution, les tombeaux de ces deux grands hommes ont été transportés au Musée des Monuments français, puis au Père-Lachaise. Sur l'emplacement de cette chapelle, on a établi un marché.

peu sa réputation comme magistrat. Nommé, à la place de M. de Lamoignon, président de la commission chargée de juger le surintendant, il usa envers lui d'une extrême rigueur, que ne peut justifier le désir du chancelier de faire ainsi sa cour à Colbert, et dont Voltaire, ainsi que tant d'autres l'ont, du reste, blâmé à juste raison [1].
Madame de Sévigné, qui appelait Fouquet *son cher ami*, en faisant dans plusieurs lettres le récit des différentes phases de ce procès, raconte aussi avec un plaisir mêlé d'ironie quelques épisodes qui ne font guère honneur à Pierre Séguier [2]. Mais plus tard, en 1672, quand il vint à mourir, elle lui rendit pourtant justice; et en parlant de la vie entière du chancelier, où ses fautes furent rachetées par bien des vertus, elle trouva sous sa plume de ces phrases pleines d'éloquence et de cœur que l'on est habitué à rencontrer à chaque instant dans ses lettres :

« Pour M. le chancelier, écrivait-elle à madame de Grignan, il est mort très-assurément, mais mort en grand homme : son bel esprit, sa prodigieuse mémoire, sa naturelle éloquence, sa haute piété, se sont rassemblés aux derniers jours de sa vie : la comparaison du flambeau qui redouble sa lumière en finissant, est juste pour lui. Le Mascaron l'assistoit, et se trouvoit confondu par ses réponses et par ses citations; il paraphrasoit le *Miserere* et faisoit pleurer tout le monde : il citoit les Saintes-Écritures et les pères, mieux que les évêques dont il étoit environné; enfin sa mort est

---

[1] VOLTAIRE. *Siècle de Louis XIV.* — *Journal-Manuscrit* du sieur d'Ormesson, pendant la chambre de justice établie en décembre 1661. — Jean Henault fit à cette époque, sur la conduite de Colbert dans ce procès, quelques vers dont voici un fragment :

>   Vois combien des grandeurs le comble est dangereux,
>   Contemple de Fouquet les funestes reliques :
>   Et tandis qu'à sa perte en secret tu t'appliques,
>   Crains qu'on ne te prépare un destin plus affreux.
>   Cesse donc d'animer ton prince à son supplice.
>   Et près d'avoir besoin de toute sa bonté
>   Ne le fais pas user de toute sa justice.

[2] Lettres de Mme de Sévigné du 26 novembre 1664, du 9 décembre 1664.

une des plus belles et des plus extraordinaires choses de ce monde. Ce qui l'est encore plus, c'est qu'il n'a point laissé de grands biens : il étoit aussi riche en entrant à la cour qu'il l'étoit en mourant [1]. »

Louis XIV donna un jour l'explication de cette égalité de fortune dont madame de Sévigné a l'air de tant s'étonner : *J'ai toujours reconnu dans le chancelier*, dit-il, *un esprit intègre, et un cœur dégagé de tout intérêt* [2].

Les lettres et les arts sentirent vivement la perte que cette mort leur faisait éprouver, et vinrent dire un dernier adieu à celui qui avait été leur protecteur. Le Brun, cet artiste aussi noble par le cœur que grand par le talent, dirigea lui-même les apprêts de la cérémonie funèbre, et ce fut son hommage de pieuse reconnaissance envers le chancelier qu'il aimait comme son père. Madame de Sévigné, comme tous les gens d'esprit, y assistait; qu'elle soit donc encore notre narratrice :

« Je fus hier, écrivait-elle à sa fille, à un service de M. le chancelier à l'Oratoire; ce sont les peintres, les sculpteurs, les musiciens et les orateurs qui en ont fait la dépense; en un mot les quatre arts libéraux. C'était la plus belle décoration qu'on puisse imaginer. Le Brun avait fait le dessin : le mausolée touchait à la voûte ornée de mille lumières et de plusieurs figures convenables à celui qu'on voulait louer. Quatre squelettes en bas étaient chargés des marques de sa dignité, comme lui ayant ôté les honneurs avec la vie : l'un portait son mortier, l'autre sa couronne de duc [3], l'autre son ordre, l'autre les masses de chancelier. Les quatre arts étaient éplorés et désolés d'avoir perdu leur protecteur : la Peinture, la Musique, l'Éloquence et la Sculpture. Quatre vertus soutenaient la première représentation : la Force, la Justice, la Tempérance et la Religion. Quatre anges ou quatre génies recevaient au-dessus cette belle âme. Le mausolée était encore orné de plusieurs anges qui soutenaient une chapelle ardente, laquelle tenait à la voûte. Jamais il ne s'est rien

---

[1] Mme de Sévigné, Lettres du 3 février 1672.
[2] MICHAUD, *Biographie universelle*.
[3] Le chancelier était duc de Villemor.

vu de si beau, ni de si bien imaginé ; c'est le chef-d'œuvre de Le Brun. Toute l'église était parée de tableaux, de devises et d'emblèmes qui avaient rapport aux armes ou à la vie du chancelier ; plusieurs actions principales y étaient peintes. Madame de Verneuil [1] voulait acheter toute cette décoration un prix excessif. Ils ont tous résolu en corps d'en parer une galerie, et de laisser cette marque de leur reconnaissance et de leur magnificence à l'éternité. L'assemblée était belle et grande..... Il est venu un jeune prêtre de l'Oratoire pour faire l'oraison funèbre : j'ai dit à M. de Tulle [2] de le faire descendre et de monter à sa place, et que rien ne pouvait soutenir la beauté du spectacle et la perfection de la musique que la force de son éloquence. Ma fille, ce jeune homme a commencé en tremblant, tout le monde tremblait aussi ; il a débuté par un accent provençal ; il est de Marseille ; il s'appelle Lené [3]. Mais en sortant de son trouble, il est entré dans des chemins si lumineux ; il a si bien établi son discours ; il a donné au défunt des louanges si mesurées ; il a passé par tous les endroits avec tant de délicatesse ; il a si bien mis dans tout son jour tout ce qui pouvait être admiré ; il a fait des traits d'éloquence et des coups de maître si à-propos et de si bonne grâce, que tout le monde, je dis tout le monde sans exception, s'en est écrié, et chacun était charmé d'une action si parfaite et si achevée...... Pour la musique, c'est une chose qu'on ne peut expliquer. Baptiste (Lulli) avait fait un dernier effort de toute la musique du roi : ce beau *Miserere* y était encore augmenté ; il y eut un *Libera* où tous les yeux étaient pleins de larmes ; je ne crois point qu'il y ait une autre musique dans le ciel [4]. »

Après ce récit, toute louange est superflue ; car cette splendide cérémonie fait assez l'éloge de celui dont on honorait si dignement la mémoire.

En mourant, le chancelier avait légué à l'abbaye de Saint-Germain

---

[1] Fille du chancelier.
[2] Jules Mascaron, prêtre de l'Oratoire, avait été nommé en 1671, à l'évêché de Tulle.
[3] Félibien écrit Lainé.
[4] Mme de Sévigné, Lettre du 6 mai 1672.

des Prés sa bibliothèque qui était, comme nous l'avons dit, fort belle. Elle fut brûlée au commencement de la révolution (1794). Les manuscrits seulement ont été sauvés; ils sont déposés à la bibliothèque nationale [1].

Quant à son hôtel, il devint la propriété des Fermiers-Généraux, et fut démoli.

Cette administration colossale exigeait en effet un local plus vaste et mieux approprié à ses besoins. Aussi Ledoux, architecte du roi, reconstruisit un autre hôtel sur les ruines de l'ancien, avec deux entrées, l'une sur la rue du Bouloi, l'autre sur la rue de Grenelle. Les jardins se tranformèrent en cours spacieuses où les marchandises arrivant à Paris, furent visitées. Enfin, la grande porte du nouvel hôtel reçut cette inscription en lettres d'or :

HOTEL DES FERMES DU ROI.

Pendant plus d'un siècle, les Fermiers-Généraux y tinrent leurs bureaux et y entassèrent aux dépens du trésor, alors aveugle, des revenus énormes qui expliquent leur luxe pendant tout le dix-huitième siècle. Mais la révolution de 1789 vint ouvrir les yeux sur ces abus. Un décret du 2 décembre de l'année suivante supprima les fermes-générales. La Convention alla même plus loin. Les Fermiers-Généraux furent emprisonnés, et plusieurs d'entre eux ne sortirent de leur cachot que pour paraître devant le tribunal révolutionnaire. Parmi ceux-ci, se trouvait un homme d'une grande érudition, un savant illustre, et un grand citoyen. C'était le célèbre Lavoisier : ni son talent, ni sa renommée, ni les découvertes dont il avait doté son pays, ne purent lui faire trouver grâce devant des juges, qui ne demandaient que des victimes. Il fut condamné, et périt sur l'échafaud le 8 mai 1794.

Les biens des Fermiers-Généraux furent alors mis sous le séquestre, puis vendus; et l'hôtel des Fermes devint une prison, — plus tard on y établit un théâtre appelé *théâtre de l'École dramatique* qui fut

---

[1] MICHAUD, *Biographie universelle*.

fermé en 1807, et occupé en 1820 par la troupe de M. Comte [1];
— enfin, il fit place aux diverses constructions que l'on y voit encore aujourd'hui et qui sont occupées par un bureau de journal d'affiches, par une imprimerie et par plusieurs autres industries; quant aux cours qui ont depuis longtemps remplacé les jardins où se sont jadis promenés Henri IV, Anne d'Autriche, Louis XIV et tant de personnages illustres, elles servent *à laver des diligences!* De toute l'existence passée de cet hôtel, il ne nous reste enfin qu'un vivant souvenir, celui de sa dernière destination que nous rappelle le nom de

COURS DES FERMES.

---

[1] M. Comte quitta vers l'année 1827 la salle de l'hôtel des Fermes pour aller s'établir au passage Choiseul.

HOTEL DE LONGUEVILLE.

HÔTEL DE LONGUEVILLE.

HOTEL DE LONGUEVILLE.

HOTEL DE LA VIEUVILLE. — HOTEL DE LUYNES.
HOTEL DE CHEVREUSE. — HOTEL D'ÉPERNON.
HOTEL DE LONGUEVILLE.

A la fin du seizième siècle, le vaste emplacement situé entre les Tuileries et le Louvre, et qui forme aujourd'hui la place du Carrousel, ne présentait que des terrains vagues, séparés en deux parties par le mur d'enceinte construit sous Charles V. Trois rues principales, — la rue des Tuileries, la rue Saint-Nicaise et la vieille rue Saint-Thomas du Louvre, — le traversaient dans sa longueur. Entre les deux premières, on créa vers l'année 1600 un magnifique jardin qui fut nommé le *jardin de Mademoiselle*[1], quand Mlle de Montpensier vint habiter les Tuileries; entre la rue Saint-Nicaise et l'autre rue, on vit au contraire, s'élever successivement de somptueux hôtels, et la

---

[1] Ce jardin fut détruit en 1635, et Louis XIV choisit, comme on le sait, cet emplacement pour le carrousel de 1662. (Voir L'HOTEL SOUBISE.)

métamorphose que subit alors ce quartier, inspira sans doute à Corneille ces deux vers :

> Toute une ville entière avec pompe bâtie,
> Semble d'un vieux fossé par miracle sortie [1].

A cette époque remonte la construction, dans la rue Saint-Thomas du Louvre, de l'hôtel du marquis de la Vieuville, que Clément Metezeau, l'un des architectes du Louvre, avait disposé suivant le goût du jour entre cour et jardin.

« Le portail, rapporte Sauval [2], est orné de pilastres et de colonnes qui font un très bel effet, et une ordonnance superbe : le dedans est orné de deux ordres de colonnes qui par leur disposition, répondent très bien à la face du logis et rendraient cet hôtel un des plus magnifiques de Paris s'il était achevé. Les entrecolonnes, haut et bas, sont garnies de niches : les chapiteaux en sont travaillés avec bien de la délicatesse. La maison manque beaucoup de grandeur et de majesté ». Mais hardiment placé entre deux palais, et regardant le Louvre en face, cet hôtel semble, par sa position, avoir deviné dès son origine, le rôle qu'il devait jouer quelques années plus tard sous la régence d'Anne d'Autriche.

Le marquis de la Vieuville, son premier propriétaire, en fit rarement sa résidence, par suite des devoirs de sa charge de grand fauconnier de la couronne [3] : aussi, en 1620, il le vendit moyennant

---

[1] Scène V du *Menteur*, représenté pour la première fois en 1642. — Par ces mots : *Une ville entière*, Corneille voulait désigner les alentours du Palais-Cardinal qui avaient reçu à cette époque de nombreuses constructions.

[2] *Antiquités de Paris.*

[3] Il fut ensuite surintendant des finances et subit plusieurs disgrâces. Malherbe lui adressa, l'année qui suivit sa nomination, un charmant sonnet. (Voir dans les œuvres de MALHERBE, sonnet XXVI.) Une pièce de l'année 1624 attribue au marquis la plaisanterie suivante : « Pantalon était allé, il y a quatre mois, trouver le surintendant (de la Vieuville) pour lui faire signer une ordonnance de quelque somme que Votre Majesté avoit donnée à sa Compagnie ; dès que le marquis le vit entrer dans sa chambre, il se mit soudain, et sans crier gare, à faire mille pantalonnades. Le seigneur Pantalon, tout au contraire, se met sur sa bonne mine, et s'approchant de la Vieuville avec un pas plein de gravité, il lui dit : *Seigneur marquis, votre illustrissime seigneurie vient de jouer mon rôle, je la supplie maintenant de jouer le sien, en signant mon ordonnance.* » (*La Voix publique au Roi*, page 52.)

175,000 livres à Charles d'Albert de Luynes, qui, l'année suivante, agrandit cet hôtel en y joignant « une maison tout proche qui lui coûta 8,000 écus, si bien qu'alors il allait jusqu'aux remparts qui terminaient son jardin et que le roi lui avait donné même jusque sur les bords des fossés, à la réserve de quatre toises pour servir de passage [1] ».

Louis XIII en effet, dominé entièrement par le duc, ne savait alors rien lui refuser : il le comblait continuellement de présents, et le peuple répétait, en murmurant, cette chanson faite par un rimeur du temps :

> Le roi, trop simple, donne tout ;
> Monsieur de Luynes ruine tout,
> Et ses deux frères [2] raflent tout :
> Tous leurs parents emportent tout.

Mais chaque épigramme nouvelle n'aboutissait qu'à faire accorder au duc une nouvelle faveur. En 1623, il se fit donner la charge de connétable de France, devenue vacante par la mort du maréchal de Montmorency, et il voulut qu'on observât pour la prise de possession de sa dignité [3] le même cérémonial que sous Charles VI. *Lui qui ne savait seulement pas*, dit Mayenne, *ce que pesait une épée*, reçut de la main du roi et en présence de toute la cour une épée dont la garde et le fourreau étaient enrichis de pierreries valant 30,000 écus. Le même jour, on posa sur la porte de la maison où il demeurait avec ses deux frères, un écriteau sur lequel on lisait cette inscription insolente : *Hôtel des trois Rois* [4].

---

[1] Sauval, *Antiquités de Paris*.
[2] Tallemant des Réaux, *Historiette XXXV* : « L'un se nommoit Brantes et l'autre Cadenet. Ils etoient tous trois beaux garçons. Cadenet, depuis duc de Chaulnes et maréchal de France, avoit la tête belle et portoit une moustache que, de lui, on a depuis appelée une *cadenette*. On disoit qu'à tous trois ils n'avoient eu qu'un bel habit qu'ils prenoient tour à tour pour aller au Louvre, et qu'ils n'avoient aussi qu'un seul bidet. »
[3] Michaud, *Biographie universelle*.
[4] Levassor, *Histoire de Louis XIII*.

La duchesse de Luynes partageait, du reste, les idées ambitieuses de son époux. Fière, comme tous ceux de sa famille [1], elle était heureuse de la domination qu'elle, aussi, avait su prendre sur l'esprit de Louis XIII. *Elle badinait souvent avec lui*, dit Tallemant des Réaux, et rêvait peut-être le titre de favorite. *Elle en valait bien la peine*, ajoute naïvement le même historien : *elle était jolie, friponne, éveillée et qui ne demandait pas mieux*. Mais le roi, en fait de galanterie, n'était point le digne fils de son père ; il laissa innocemment continuer *ce badinage* au grand dépit de toute la cour qui aurait ri de bon cœur en apprenant la nouvelle faveur du connétable. La duchesse, au contraire, sut en profiter pour accroître encore la puissance de son mari ; il fut plus tard nommé garde des sceaux, et la réunion entre ses mains des deux plus hautes dignités de l'État lui donna une autorité qui balançait celle du roi ; son immense fortune, qui s'était accrue de celle du maréchal d'Ancre, dont il avait obtenu la confiscation [2], lui permit aussi de déployer un faste inouï, et alors commença pour l'hôtel de Luynes le prologue de son existence historique.

Chaque jour ses magnifiques salons s'ouvrirent à des fêtes somptueuses, et semblèrent vouloir, par leur luxe, rivaliser avec ceux du palais de Louis XIII. Souvent aussi le bruit des carrosses qui se rendaient à l'hôtel du connétable vint réveiller le roi dans son Louvre, et souvent S. M. résolut de se venger de ce favori par trop insolent ; elle jura même *de faire rendre gorge à Luynes* de ce qu'il avait pris. Mais tous ces projets étaient oubliés lors de l'arrivée du connétable ou de sa femme ; sa colère enfin s'exhalait en plaintes inutiles : aussi ce que n'osait point Louis XIII, la haine publique l'aurait tenté, si la mort du duc, arrivée le 14 décembre 1621, n'avait point prévenu sa chute.

— Sa femme vendit peu de temps après l'hôtel de la rue Saint-Thomas du Louvre à Claude de Lorraine, duc de Chevreuse, moyen-

---

[1] Elle était de la famille de Rohan.
[2] Le duc de Luynes avait ainsi obtenu la propriété d'Ancre, de Lesigny, d'un hôtel au faubourg Saint-Germain, etc., etc. « On y trouva, dit TALLEMANT DES RÉAUX, *Historiette XVIII*, pour 200,000 écus de pierreries. »

nant 180,000 livres; mais plus tard, par son mariage avec le duc, elle se trouva rentrer dans son ancienne demeure qui prit le nom de son nouveau propriétaire.

Le duc de Chevreuse était le second de Messieurs de Guise, et suivant Tallemant de Réaux, « il était le mieux fait des quatre, l'homme de la meilleure mine qu'on pouvait avoir : il avait de l'esprit passablement, et on dit que pour la valeur on n'en a jamais vu une de plus de sang-froid ». Par cette nouvelle alliance, la duchesse de Luynes vit encore sa puissance augmenter à la cour. Son mari fut choisi pour représenter Charles Ier dont il était proche parent, à la cérémonie de son mariage avec Henriette-Marie de France, et par suite, ce fut à l'hôtel de Chevreuse, que descendit le duc de Buckingham envoyé par le roi d'Angleterre pour conclure cette union.

« La ville, dit Sauval[1], fut là le saluer par ordre du roi en pareil ordre : le prévôt et les échevins vêtus de leurs robes et de leurs habits de soie noire ; le greffier, le procureur du roi et le receveur ayant leurs manteaux à manche de taffetas noir et tous leurs chapeaux, allèrent lui faire la révérence.

« Ils étaient en carrosse, suivis de quelques amis, et accompagnés de trente hallebardiers ayant leurs casaques et leurs hallebardes, après avoir envoyé devant leurs sergents.

« Lorsqu'ils arrivèrent, par l'avis de Bonneuil, introducteur des ambassadeurs, le duc les vint recevoir à l'entrée de la grande salle où étant tous tête nue, le prévôt fit la harangue et lui présenta quatre douzaines de flambeaux blancs, autant de boëtes de confitures, autant de dragées et six douzaines de bouteilles de vin. Comme il reconduisait la compagnie, il rencontra le duc de Nemours qui venait lui faire visite, et cependant n'alla à lui qu'à la prière du prévôt et des échevins. »

Confidente à cette époque de l'amour du duc de Buckingham pour la reine, et favorite intime d'Anne d'Autriche, la duchesse de Chevreuse voulut lui persuader de partager cette passion toute chevaleresque, et « la reine, par ses conseils, à ce que rapporte

---

[1] *Antiquités de Paris.*

Madame de Motteville[1], ne put éviter, malgré la pureté de son âme, de se plaire aux agréments de cette passion dont elle recevait en elle-même quelque légère complaisance qui flattait plus sa gloire qu'elle ne choquait sa vertu. »

La duchesse accompagna ensuite Henriette de France en Angleterre, et dans ce voyage, elle céda à l'amour qu'éprouva pour elle le beau comte Holland[2] : mais à son retour en France, elle oublia bien vite cette passagère intrigue et s'attira la colère du cardinal de Richelieu en lui faisant subir plusieurs mystifications à-propos de sa trop vive affection pour la reine[3]. L'inimitié qui en résulta, coûta même la vie à l'un des amants de la duchesse, et l'hôtel de Chevreuse fut témoin de leurs derniers adieux.

Un soir du mois d'août 1626, la duchesse qui avait quitté la cour de bonne heure, fut en effet fort étonnée de voir entrer dans son appartement le prince de Chalais.

— Henri, lui demanda-t-elle aussitôt d'une voix émue, je crains de vous interroger, car minuit vient de sonner à l'église Saint-Thomas du Louvre, et votre présence chez moi, — à cette heure,

---

[1] *Mémoires pour servir à l'histoire d'Anne d'Autriche.*

[2] TALLEMANT DES RÉAUX, *Historiette XXXV*: Mme DE MOTTEVILLE, dans ses Mémoires, écrit ainsi le nom du comte: HOLANT.

[3] BRIENNE *(Mémoires de)* : « La princesse, dit-il, et sa confidente avoient en ce temps l'esprit tourné à la joie pour le moins autant qu'à l'intrigue. Un jour qu'elles causoient ensemble et qu'elles ne pensoient qu'à rire aux dépens de l'amoureux cardinal. « Il est passionément épris, madame, dit la confidente, je ne sache rien qu'il ne fît pour plaire à Votre Majesté. Voulez-vous que je vous l'envoie un soir, dans votre chambre, vêtu en baladin; que je l'oblige à danser ainsi une sarabande; le voulez-vous? il y viendra. — Quelle folie! dit la princesse. Elle étoit jeune, elle étoit femme, elle étoit vive et gaie; l'idée d'un pareil spectacle lui parut divertissante. Elle prit au mot sa confidente, qui fut, du même pas, trouver le cardinal. Ce grand ministre, quoiqu'il eût dans la tête toutes les affaires de l'Europe, ne laissoit pas en même temps de livrer son cœur à l'amour. Il accepta ce singulier rendez-vous : il se croyoit déjà maître de sa conquête; mais il en arriva autrement. Boccau, qui étoit le Baptiste d'alors et jouoit admirablement du violon, fut appelé. On lui recommanda le secret; de tels secrets se gardent-ils? c'est donc de lui qu'on a tout su. Richelieu étoit vêtu d'un pantalon de velours vert : il avoit à ses jarretières des clochettes d'argent; il tenoit en main des castagnettes et dansa la sarabande que joua Boccau. Les spectatrices et le violon étoient cachés, avec Vautier et Beringhen, derrière un paravent d'où l'on voyoit les gestes du danseur. On rioit à gorge déployée, et qui pourroit s'en empêcher, puisqu'après cinquante ans j'en ris encore moi-même. »

— me présage quelque fâcheuse nouvelle. Oh, répondez-moi, je vous en prie, et faites cesser cette incertitude. Le cardinal, car lui seul est notre ennemi à la cour, aurait-il déjà quelque soupçon du complot qui se trame contre lui. Pourtant, il y a deux heures, au moment où je prenais congé de la reine, il m'a salué du plus gracieux sourire.

— Son sourire est faux, ma belle Marie, — répondit son amant, le prince de Chalais, l'un des plus beaux seigneurs de la cour, — et sa figure n'est jamais si radieuse que lorsqu'il médite quelque vengeance. Sa robe rouge ne devrait lui inspirer que des idées de pitié et de clémence; au contraire, il ne rêve que supplices et tortures. Ah! vous aviez raison, Marie, le jour que je jurais à vos genoux de consacrer ma vie à vous aimer, à obeir à tous vos désirs; cet homme que vous haïssiez tant, — parce qu'à son ambition il sacrifiait le bonheur du pays, parce qu'il torturait de son amour insensé notre bien-aimée reine, et se vengeait de ses mépris en lui ôtant jusqu'à son repos; cet homme, — je devais à mon tour le connaître, et juger jusqu'à quel point il méritait votre haine. Entouré d'émissaires qui lui vendent leurs services au poids de l'or et qui rodent partout pour surprendre nos moindres paroles, le cardinal-duc sait tout; ainsi il a découvert aujourd'hui nos projets, et ce sont mes adieux que je viens vous faire, car demain, cette nuit peut-être, nous serons séparés pour toujours.... Mais ne pleurez pas, Marie; le sort qui m'est réservé ne m'effraie point. A vous, à notre reine, j'avais dévoué ma vie, et j'acquitte avec bonheur cette dette, car j'ai la conscience de n'avoir point failli au devoir que je m'étais imposé. Pourtant j'avais rêvé pour notre souveraine une existence heureuse et tranquille, après l'avoir délivrée du cardinal; j'avais rêvé pour nous de longues années d'amour et de joie. Gaston, Vendôme, d'Épernon, vous Marie, et leurs douces amantes, aviez tous formé le même souhait. Un homme infâme, un espion qui a osé vous parler d'amour, et que vous avez méprisé comme il le méritait [1] :

---

[1] Mme DE MOTTEVILLE, *Mémoires pour servir à l'histoire d'Anne d'Autriche*.

— Louvigny, s'écria Madame de Chevreuse !

— Oui, Marie : cet homme s'est vendu à notre ennemi ; il lui a rapporté quelques paroles que nous avions dites imprudemment devant lui, et dont l'esprit de Richelieu a su deviner le véritable sens.

— Henri, mon amour vous a entraîné, dit la duchesse d'une voix entrecoupée de sanglots, et en se jetant aux genoux de Chalais ; — mais Louis XIII, en laissant son ministre usurper l'autorité royale, n'en est pas moins encore le roi ; à lui seul appartient donc le droit de faire grâce. Henri, j'irai me jeter à ses pieds comme je suis aux vôtres ; il verra mes larmes, mon désespoir, et une parole de pardon tombera de ses lèvres. Je vous ai perdu ; il faut que je vous sauve.

— Ne vous accusez pas ainsi, Marie, reprit le prince en relevant sa maîtresse ; j'étais bien jeune quand je vins à la cour, et j'ignorais les intrigues qui s'y tramaient. Pourtant deux partis la divisaient, entre lesquels il me fallait choisir. Votre beauté alors me frappa ; je vous aimai bientôt, et en suivant votre exemple, je ne fis que devancer le moment où je serais devenu l'ennemi du cardinal. Vous m'indiquâtes seulement la route, et je vis de suite que tout homme de cœur ne devait pas en adopter une autre. — Maintenant, j'ignore le châtiment qui m'est réservé ; mais je le subirai sans qu'une plainte s'échappe de mes lèvres, et mon seul chagrin sera d'être séparé de vous et de ma mère.

Le prince n'avait alors que vingt-quatre ans, cet âge où la vie vous apparaît si belle, — où l'avenir vous promet tant de joies et de plaisirs ; cependant il acceptait avec une noble résignation les terribles conséquences de sa conspiration contre le cardinal ; il ne regrettait point l'amour fatal que lui avait inspiré la duchesse de Chevreuse. L'exil, le cachot, la mort même, ne troublaient point son âme, et en ce moment le bonheur qu'il éprouvait près de sa maîtresse, lui faisait tout oublier. Les heures se succédèrent ainsi au milieu des larmes et de nouveaux serments d'amour ; mais lorsque l'aube commença à blanchir l'horizon, Chalais dit adieu à sa maîtresse, et c'était le dernier qu'il devait lui faire.

En effet, le 28 octobre de la même année, tout était préparé sur la place publique de Nantes pour une exécution, et, quelques instants après avoir entendu sonner l'heure fixée pour le supplice, on vit s'avancer à pas lents le condamné. Sa tête était fière, mais sans bravade ; ses yeux, pleins de la vivacité de la jeunesse, regardaient le ciel, et ses traits d'une beauté féminine n'étaient point altérés par l'approche de la mort. Arrivé près du bourreau, il dit quelques mots à voix basse au prêtre qui l'assistait dans ses derniers moments ; puis, il donna un dernier regard à ce monde qu'il avait à peine connu, une dernière pensée à sa maîtresse, une dernière larme à sa mère.

Quelques minutes après, Chalais fut décapité, et dans le procès qu'on avait instruit contre lui, on avait déclaré : « que la reine avait voulu détrôner Louis XIII, faire déclarer son mariage nul pour cause d'impuissance, faire enfermer le roi dans un cloître, épouser ensuite son frère Gaston, duc d'Orléans, et le faire monter sur le trône de France[1] ». Mais toutes ces accusations contre Anne d'Autriche n'avaient été inventées par le cardinal que pour la perdre ; car Chalais, avant de mourir, avait prié son confesseur d'aller dire au roi toute la vérité, et avait juré devant Dieu que la reine n'avait jamais conspiré contre son époux[2] ; ainsi Richelieu avait fait d'un complot contre sa personne, une conspiration contre l'État, et sans doute il aurait voulu voir la reine accusée, puis condamnée, car alors aucun obstacle peut-être n'aurait arrêté ses vues ambitieuses.

La duchesse de Chevreuse, la seule cause de tous ses malheurs[3], fut exilée de la cour et alla passer une partie du temps de sa disgrâce en Lorraine. Là, comme partout ailleurs, sa beauté, son esprit vif et insinuant lui attirèrent de nombreux adorateurs, et Chalais fut bien vite oublié ; mais au milieu de toutes ses passions souvent éphémères, la même pensée, — celle de se faire de nouveaux partisans, et par suite de créer de nouveaux ennemis au cardinal — domina toujours ses actions.

Le duc de Lorraine, Charles IV, subit ainsi l'ascendant de celle qui était venue lui demander l'hospitalité, et en devint éperdument

---

[1] *Anecdotes des Reines et Régentes.*
[2] Mme DE MOTTEVILLE, *Mémoires pour servir à l'histoire d'Anne d'Autriche.*
[3] Mme DE MOTTEVILLE, *Mémoires pour servir à l'histoire d'Anne d'Autriche.*

amoureux [1] ; pour elle, il se jeta dans de nouvelles intrigues contre le cardinal, et saisit avec joie le prétexte de quelques différents à régler avec Louis XIII, pour venir étudier de près l'état des esprits des seigneurs de la cour. Richelieu, qui redoutait l'arrivée du duc, chercha indirectement à le détourner de ce projet; mais il était déjà trop tard. Charles IV était entré incognito dans Paris, et était descendu à l'hôtel de Chevreuse (1628) [2].

Le bruit de son arrivée se répandit bientôt, et le prévôt des marchands, avec tous les échevins, vint faire au duc une visite solennelle,

[1] TALLEMANT DES RÉAUX, *Historiettes* XXXV : « Ce fut elle (Madame de Chevreuse) qui donna commencement au mauvais ménage du duc Charles et de la duchesse sa femme; car le duc étant devenu amoureux d'elle, et lui ayant donné un diamant qui venoit de sa femme, et que sa femme connoissoit fort bien, elle l'envoya le lendemain à la duchesse. »

[2] *Histoire de Louis XIII*, par LEVASSOR.

Le duc de Chevreuse et Bonneuil, introducteur des ambassadeurs, les reçurent, dit Piganiol de la Force [1], dans la cour de l'hôtel, et les conduisirent à l'appartement de Charles IV qui vint au devant d'eux sur le palier. Le prévôt des marchands complimenta le duc sur l'honneur que la ville avait de le recevoir, et lui remit des présents qui consistaient *en trois douzaines de flambeaux blancs musqués, quatre douzaines de boëtes de confitures et de dragées, et en trois douzaines de bouteilles de vin.* Mais ces hommages, ces présents qui paraissent aujourd'hui ridicules, ne s'adressaient sans doute pas au digne descendant des Guise; cette visite, au contraire, en honorant un des ennemis du cardinal, avait un caractère d'opposition à la politique de ce ministre, et annonçait déjà cette fermentation des esprits qui devait, quelques années plus tard, engendrer la Fronde.

Le garde des sceaux, M. de Châteauneuf, devint aussi l'ennemi du cardinal, en devenant amoureux de la belle duchesse. « C'étoit, dit Tallemant des Réaux [2], un homme tout confit en galanterie. Il avoit bien fait des folies avec madame de Puisieux [3]. Il donnoit beaucoup. Il n'en fit pas moins pour madame de Chevreuse. En voyage, on le voyoit à la portière du carrosse de la reine où elle étoit, à cheval en robe de satin et faisant manége. Il n'y avoit rien de plus ridicule. Le cardinal en avoit des jalousies étranges, car il le soupçonnoit d'en vouloir aussi à la reine, et ce fut cela plutôt qu'autre chose qui le fit mener prisonnier à Angoulême, où il ne fut guère mieux traité que son prédécesseur, le garde des sceaux de Marillac. Madame de Chevreuse fut reléguée à Dampierre [4], d'où elle venoit déguisée comme une demoiselle crottée, chez la reine, entre chien et loup. La reine se retiroit dans son oratoire; je pense qu'elles en contoient bien du cardinal et de ses galanteries. Enfin elle en fit tant que M. le Cardinal l'envoya à Tours, où le vieil archevêque Bertrand de Chaux devint amoureux d'elle. »

---

[1] *Description de Paris.*
[2] *Historiette XXXV.*
[3] Son mari fut ministre d'État. (Voir TALLEMANT, *Historiette XLVII*, et les *Lettres de* BUSSY RABUTIN, Paris 1720.)
[4] Propriété de la maison de Chevreuse.

Pendant le cours de la vie aventureuse et galante de sa femme, le duc de son côté menait pareille « jolie petite vie, ajoute aussi Tallemant des Réaux[1] ». Il avait dans son château de Dampierre « un petit sérail ; à Paques quand il falloit se confesser, le même carrosse qui alloit quérir le confesseur, emmenoit les mignonnes et les reprenoit en remenant le confesseur. » Fort prodigue en outre, il commandait quinze carrosses pour choisir celui qui serait le plus doux et forçait enfin la duchesse à demander la séparation de biens d'avec lui. Comme on le voit, le mari était digne de la femme.

— La haine du cardinal la poursuivit jusqu'à Tours et il allait la faire enfermer dans la tour de Loches, lorsqu'elle s'échappa déguisée, ainsi qu'une autre femme, sous des habits d'homme et gagna la frontière d'Espagne. A propos de ce voyage, on fit un couplet de chanson, dans lequel on la faisait parler ainsi à son écuyer :

> La Boissière, dis moi,
> Vas-je pas bien en homme ?
> Vous chevauchez, ma foi,
> Mieux que tant que nous sommes.
>   Elle est
> Au régiment des gardes,
>   Comme un cadet [2].

En Espagne, on lui fit à son arrivée dans Madrid *une entrée solennelle*, et là, comme toujours, sa beauté lui valut un grand nombre d'adorateurs. Le roi lui-même, dit madame de Motteville, *parut un peu attendri pour elle* [3].

La duchesse passa ensuite en Angleterre, puis en Flandre où elle demeura jusqu'à la régence de la reine.

Quatorze années après, Richelieu mourait en effet peu regretté, mais laissant la réputation d'un des plus grands ministres qui aient

---

[1] *Historiette* XXXV.
[2] TALLEMANT DES RÉAUX, *Historiette* XXXV.
[3] *Mémoires pour servir à l'histoire d'Anne d'Autriche.*

gouverné la France : et Louis XIII le suivait de près dans la tombe.

Anne d'Autriche, maîtresse absolue depuis que le parlement avait annulé le testament du roi qui limitait les pouvoirs de la régence, voulut, comme premier acte de sa puissance, rappeler auprès d'elle ses amis. Richelieu les avait tous exilés, par crainte qu'ils ne révélassent à la reine l'état de dépendance dans laquelle il la tenait. Mazarin, son successeur, qui *avait de l'esprit et de l'insinuation* [1], suivit la même politique : seulement il sut agir d'une manière plus habile. Il laissa d'abord la régente s'entourer de tous ses anciens favoris : puis peu à peu, il réussit à les faire éloigner de nouveau.

La duchesse de Chevreuse revint donc habiter son bel hôtel de la rue Saint-Thomas du Louvre : mais sa position à la cour fut tout-à-fait changée. Elle ne trouva dans Anne d'Autriche qu'une reine obéissant au devoir de sa conscience et à un sentiment de reconnaissance, lorsqu'elle espérait revoir au contraire en elle une amie, une confidente, presque une sœur [2]. Cette froideur non méritée fit aussi sur la duchesse une pénible impression ; elle ne put cacher au fond du cœur le chagrin qu'elle en éprouvait, et s'autorisant de son amitié passée, elle osa enfin se plaindre à la reine. Anne d'Autriche la reçut avec froideur et lui fit comprendre qu'il était temps pour elle de se plaire dans la retraite et de penser à l'autre monde. « Elle lui dit qu'elle lui promettait son amitié à cette condition ; mais que si elle voulait troubler la cour, qu'elle la forcerait à s'éloigner et qu'elle ne pouvait lui promettre de grâce plus grande, que celle d'être au moins chassée la dernière [3]. » La duchesse ne crut pas devoir suivre les conseils de la reine ; car peu de jours après cette entrevue, elle reçut l'ordre de se retirer dans une de ses terres près de Tours. Elle y resta quelque temps, puis elle passa en Angleterre et ne revint à Paris que lorsque la Fronde lui offrit un espoir de se venger de Mazarin, le véritable auteur de son nouvel exil.

---

[1] *Mémoires du cardinal de* Retz.
[2] Mme de Motteville. — La Rochefoucauld *(Mémoires de)*. « Bien que madame de Chevreuse fût reçue de la reine avec beaucoup de marques d'amitié, je n'eus pas grand'peine à remarquer la différence qu'il y avait de la joie qu'elle avait de la voir à celle qu'elle avait eue autrefois de m'en parler. »
[3] Mme de Motteville.

— De hautes destinées attendent alors l'hôtel de Chevreuse. Il est le berceau de la guerre civile qui va ensanglanter Paris, et de la politique de ce fameux cardinal de Retz « qui eut, dit Saint-Foix [1], toutes les grandes qualités qu'il voulut avoir et qui ne voulut pas avoir celles d'un évêque, d'un citoyen et d'un honnête homme ». Il est le rendez-vous habituel de ces trois beautés guerrières qui s'appelaient la duchesse de Chevreuse, mademoiselle de Chevreuse et madame de Longueville : la première, toujours jolie malgré son âge, et plus habile en fait d'intrigues que Mazarin lui-même [2]; sa fille qui *avait des yeux capables d'embraser toute la terre* [3]; la charmante duchesse de Longueville enfin, qui fut l'héroïne de la Fronde, comme mademoiselle de Montpensier avait été celle de la Ligue. — Dans les vastes salons de cet hôtel, viennent se réunir en conseil tous les seigneurs qui ont déserté le parti de la cour pour se ranger sous les drapeaux de ces aimables frondeuses. — Dans ses boudoirs parfumés, au milieu des discussions politiques, retentissent souvent de doux propos d'amour, lointains échos de ceux que soupirait Chalais, près de sa maîtresse. Partout enfin dans cette demeure, se retrouve quelque souvenir de la Fronde et de l'existence aventureuse de ces trois femmes. Mais le rôle qu'y jouèrent les deux premières se trouve éclipsé par celui de madame de Longueville; en effet, l'attention se concentre continuellement sur elle, et raconter les épisodes les plus curieux de sa vie politique, c'est aussi faire l'histoire de cet hôtel qui en fut souvent le théâtre, et qui, — après avoir été acheté 400,000 livres, dit Sauval [4], par le duc de Candale pour le duc d'Epernon son père, fut ensuite vendu à la maison d'Orléans Longueville [5].

Anne-Geneviève de Bourbon Condé, fille d'Henri II de Bourbon Condé et de Charlotte-Marguerite de Montmorency, eut pour ber-

---

[1] *Essais sur Paris.*

[2] BRIENNE *(Mémoires de)*: « En fait d'intrigues, dit-il, le cardinal Mazarin (ce que je vais dire est bien fort) a plusieurs fois avoué qu'elle en savait plus que lui. »

[3] Mme DE MOTTEVILLE.

[4] *Antiquités de Paris..*

[5] PIGANIOL DE LA FORCE, *Description de Paris.*

ceau le donjon de Vincennes où son père était prisonnier d'état, et pour premier enseignement à son entrée dans le monde, le souvenir encore vivant de l'exécution de son oncle, le comte de Montmorency Boutteville. Ces deux événements qui avaient marqué son début dans la vie, firent grande impression sur son âme jeune et naturellement sensible; aussi manquèrent-ils de décider de son existence tout entière. Elle voulut chercher un abri contre la vanité des grandeurs que sa haute naissance lui promettait dans l'avenir, et elle ne l'entrevit que dans le silence et la paix d'un cloître. Souvent alors, elle alla se préparer à cette vie nouvelle, en s'enfermant pendant des journées entières, au couvent des Carmélites du faubourg Saint-Jacques; souvent encore, elle désira ne plus quitter ces bonnes religieuses qui étaient devenues ses intimes amies, et qu'elle n'oublia jamais du reste au milieu des agitations de son existence mondaine.

Mais sa naissance l'appelait à la cour; elle y parut pour la première fois dans un bal, et le cilice qu'elle portait, assure-t-on, sous sa parure, ne put la préserver contre la tentation des joies du monde. « Les premiers charmes de son angélique visage qui depuis a eu tant d'éclat, et dont l'éclat a été suivi de tant d'événements facheux et de souffrances salutaires, comme dit madame de Motteville », lui attirèrent l'admiration générale; son esprit élevé, fin et subtil, lui gagna tous les cœurs. La jeune fille s'enivra enfin de tous les éloges qui lui furent prodigués, et oublia ses idées de retraite du monde.

Dès lors, mademoiselle de Bourbon devint la beauté à la mode. L'hôtel de Rambouillet, situé dans la même rue et du même côté que l'hôtel de Chevreuse, lui ouvrit gracieusement ses salons, et l'admit à ses réunions. Elle y trouva, — comme à la cour, — de nombreux adorateurs, mais son esprit, dans la conversation des Précieuses, perdit de sa fraîcheur et de sa grâce naturelle : il devint étudié, comme celui des femmes dont l'exemple était sous ses yeux, et ne rêva plus qu'amours fantastiques, que passions romanesques. Aussi sa déception dut être grande quand elle se trouva mariée avec M. de Longueville. « Le duc, — dit le cardinal de Retz dans ses mémoires, — avait de la vivacité, de l'agrément, de la dépense, de la libéralité, de la grandeur, de la justice, de la valeur », toutes grandes qualités, il est vrai;

mais il avait un défaut que pardonne bien rarement une jeune femme de vingt-trois ans, — M. de Longueville en avait quarante-sept. — Aussi cette disproportion d'âge eut son effet habituel. La duchesse ne put aimer son mari, et celui-ci du reste lui donna le premier l'exemple de l'infidélité. Sa passion pour madame de Montbazon fit même naître entre ces deux femmes une haine sans cesse prête à éclater au moindre motif, et le duel qui quelque temps après coûta la vie à Maurice de Coligny, en est malheureusement la preuve [1].

Deux années après son mariage, M. de Longueville partit comme plénipotentiaire à Munster, laissant sa jeune épouse à Paris.

La duchesse était alors dans tout l'éclat de sa beauté, et la petite vérole qu'elle avait eue l'année même de son mariage, avait glissé sur son visage, sans y laisser de traces, sans en altérer même aucun des charmes. Mais laissons une de ses contemporaines nous tracer son portrait : sans doute il est flatté et peint avec des couleurs trop poétiques, mais il ne peut manquer pourtant de ressemblance. Il faut qu'une femme soit réellement belle, pour être admirée par une autre qui était presque sa rivale en beauté.

« La duchesse, dit madame de Motteville [2], avoit la taille admirable, et l'air de sa personne avoit un agrément dont le pouvoir s'étendoit même sur notre sexe. Il étoit impossible de la voir sans l'aimer et sans désirer de lui plaire. Sa beauté néanmoins consistoit plus dans les couleurs de son visage, que dans la perfection de ses traits. Ses yeux n'étoient pas grands, mais beaux, doux et brillants, et le bleu en étoit admirable : il étoit pareil à celui des turquoises. Les poëtes ne pouvoient jamais que comparer au lys et aux roses, le blanc et l'incarnat qu'on voyoit sur son visage ; et ses cheveux blonds et argentés, et qui accompagnoient tant de choses merveilleuses, faisoient qu'elle ressembloit beaucoup plus à un ange, tel que la foiblesse de notre nature nous les fait imaginer, que non pas à une femme [3]. »

---

[1] Voir L'HOTEL SOUBISE.
[2] *Mémoires pour servir à l'histoire d'Anne d'Autriche.*
[3] Le cardinal DE RETZ, dans ses Mémoires, a fait le portrait suivant de madame de Longueville : « Madame de Longueville a naturellement du feu d'esprit, mais elle en a encore le fini et le tour. Sa capacité, qui n'a pas été aidée par sa paresse, n'est pas

Avec tous ses attraits, la duchesse avait un cœur sensible, qui n'avait encore fait que rêver les joies de l'amour. Tous les seigneurs de la cour lui avaient pourtant apporté le tribut de leurs hommages, et cherché dans un de ses sourires, dans un de ses regards quelque espoir de lui plaire : mais elle n'en avait favorisé aucun, car son cœur avait déjà parlé. Il avait su distinguer celui qu'il devait aimer, qu'il aimait déjà, et cet amant si digne de son choix, était le prince de Marsillac, — depuis duc de la Rochefoucauld [1].

Il avait, au dire de madame de Maintenon, « une physionomie heureuse, l'air grand et noble, et beaucoup d'esprit. » Sa taille était médiocre, libre et bien proportionnée; ses yeux et ses cheveux étaient noirs comme l'ébène, et sa tête pouvait prétendre à être belle [2]. Enfin, pour me servir de l'expression du cardinal de Retz, il y avait dans toute sa personne, *un je ne sais quoi*, auquel il dut sans doute d'être aimé de la belle duchesse.

Cette passion décida du rôle que madame de Longueville allait jouer dans les affaires de l'Etat. Elle ne se contenta plus d'être une des jolies femmes de la cour; elle devint ambitieuse pour son amant; « elle cessa d'aimer le repos pour lui, et pour être sensible à cette affection, elle devint trop insensible à sa propre gloire » [3].

Le bruit de cette intrigue amoureuse se répandit bientôt, et arriva jusqu'au duc qui manda sa femme à Munster. Mais l'absence ne fit qu'augmenter l'amour et les vues ambitieuses de la duchesse; aussi,

allée jusqu'aux affaires dans lesquelles sa haine contre M. le Prince l'a portée, et dans lesquelles la galanterie l'a maintenue. Elle avoit une langueur dans ses manières qui touchoit plus que le brillant de celles même qui étoient plus belles. Elle en avoit une, même dans l'esprit, qui avoit ses charmes, parce qu'elle avoit des réveils lumineux et surprenants. Elle eût eu peu de défauts si la galanterie ne lui en eût donné beaucoup...... »

Le duc de LA ROCHEFOUCAULD nous a aussi laissé un portrait de madame de Longueville : « Cette princesse, nous dit-il dans ses Mémoires, avoit tous les avantages de l'esprit et de la beauté en si haut point et avec tant d'agrément qu'il sembloit que la nature avoit pris plaisir de former un ouvrage parfait et achevé. »

[1] Le prince de Marsillac devint duc de la Rochefoucauld à la mort de son père, et fut l'auteur des *Maximes*.

[2] *Portrait de la Rochefoucauld*, par lui-même, imprimé en 1658.

[3] Mme DE MOTTEVILLE.

à son retour en France, elle entrevit avec bonheur dans l'état de division où se trouvait la cour, une chance de réussite pour ses projets. Elle se fit un parti de tous les seigneurs mécontents, et les salons de son hôtel leur servirent de centre de réunion.

Les événements vinrent alors malheureusement servir ses espérances. La misère et de nouvelles taxes avaient en effet exaspéré le peuple. — Mazarin, par ses dilapidations, s'était rendu de plus en plus odieux. — Le parlement s'était en outre révolté contre l'autorité de la reine [1]. — Anne d'Autriche, enfin, avait cru faire acte de puissance en ordonnant d'emprisonner l'idole du peuple, le conseiller Broussel; mais cette arrestation n'avait fait que lui donner une preuve de la faiblesse du pouvoir royal : elle avait été forcée de le remettre en liberté et de quitter même Paris, où elle ne se trouvait plus en sûreté, pour se retirer avec une partie de la cour à Saint-Germain (6 janvier 1649).

Madame de Longueville restée à Paris sous prétexte de sa grossesse, se dévoile alors tout entière. — Elle se concerte avec le coadjuteur qui la met *en grande joie en lui montrant le parti qu'elle pouvait tirer de l'état des affaires* [2]; et elle écrit au prince de Conti et à son mari de quitter sur le champ Saint-Germain pour venir la rejoindre. Le prince qui aimait beaucoup et trop peu fraternellement [3] sa sœur, n'hésite point à se rendre à ce désir. — Le duc au contraire ne s'y résout pas aussi facilement, et même pendant le voyage essaie encore de ramener son beau-frère au parti de la cour. *Retournons, lui dit-il, auprès du roi et ne mettons pas le feu aux quatre coins de la France, comme il est indubitable que cela arrivera par notre séparation* [4]. Le jeune prince n'écoute pas ce sage conseil; aussi le lendemain ils entrent tous deux dans Paris par la porte Saint-Honoré, et arrivent à l'hôtel de Longueville [5]. La présence d'un prince du sang fait cesser un instant le tumulte; mais il recommence

---

[1] Voir L'HOTEL DES FERMES.
[2] *Mémoires du cardinal de* RETZ.
[3] GROUVELLE (Note de), sur les *Lettres de madame de Sévigné*.
[4] Mme DE MOTTEVILLE.
[5] *Mémoires du cardinal de* RETZ *et de* LA ROCHEFOUCAULD.

quand l'armée royaliste vient bloquer la ville quelques jours après. Les Frondeurs dont le parti s'est accru de tous les mécontents, le duc de Beaufort, le duc d'Elbeuf, le maréchal de la Mothe Houdancourt, le duc de Bouillon, le prince de Marsillac, nomment le prince de Conti *généralissime*. Le coadjuteur forme à ses frais un régiment de cavalerie, qu'il nomme le *régiment de Corinthe*, et sur son habit de prélat, endosse un costume militaire [1]. La duchesse de Longueville de son côté commande son bataillon de *comtesses maréchales de camp*; elle s'installe avec son frère à l'Hôtel-de-Ville, qui devient le centre des opérations militaires; et le peuple assemblé sur la place de Grève, accueille sa présence par des cris de joie quand elle paraît pour la première fois sur le perron. Ce jour-là, la duchesse sent son ambition satisfaite; elle jouit de son triomphe, mais il coûtait cher à la France.

Un autre événement signale aussi son séjour à l'Hôtel-de-Ville. Tout en discutant des affaires politiques, elle se sent prise des douleurs de l'enfantement, et met au monde dans la chambre du conseil un fils qui reçoit le nom de *Charles-Paris*.

La Fronde continue ensuite avec des succès divers, et la première période de cette guerre ridicule se résume en beaucoup de destruction et de pillage, et seulement en quelques escarmouches.

A l'une d'elles, le prince de Marsillac reçut un coup de mousquet à la gorge [2], et il se consola de la souffrance que lui fit éprouver cette grave blessure, en pensant à sa maîtresse. Ce fut aussi, dit-on, en cette circonstance qu'il s'appliqua ces deux vers tirés d'une tragédie de Du Ryer, intitulée *Alcyonnée*.

> Pour mériter son cœur, pour plaire à ses beaux yeux,
> J'ai fait la guerre aux rois, je l'aurais faite aux dieux.

Plus tard, après le combat de la porte Saint-Antoine, où il faillit

---

[1] Le coadjuteur était évêque *in partibus* de Corinthe lorsqu'il se déclara du parti du parlement.
[2] *Mémoires du cardinal de* RETZ.

perdre la vue, l'inconstance de madame de Longueville lui inspira cette variante.

> Pour ce cœur inconstant, qu'enfin je connais mieux,
> J'ai fait la guerre aux rois, j'en ai perdu les yeux.

Le 1ᵉʳ avril 1649, la paix fut enfin conclue, mais elle n'avait aucune chance de durée, car elle ne satisfaisait pas l'ambition de tous ceux qui s'étaient aveuglément jeté dans le parti de la Fronde. Madame de Longueville surtout ne la vit qu'avec regret; elle alla pourtant rendre visite à la reine, et ne voulant pas déroger à sa fierté habituelle, elle la prévint d'avance du jour et de l'heure où elle se rendrait à Saint-Germain. Ce jour-là, elle se fit *encore* attendre; mais la vue de la reine lui ôta toute son assurance. Elle fut même si troublée[1] qu'elle ne prononça distinctement que le mot de *Madame*; quant au reste de la conversation, il fut à peine entendu par la reine qui l'écoutait pourtant avec grande attention. Cette visite, si pénible de part et d'autre, ne fit du reste que réveiller la haine qui existait entre ces deux femmes, et la duchesse de Longueville se retira à Chantilly, quand la cour revint à Paris. Anne d'Autriche et le cardinal y furent reçus avec joie, et quelques jours après, un bal fut donné en leur honneur à l'Hôtel-de-Ville pendant le jour. Toutes les dames de la cour y furent conviées, et les Frondeurs y vinrent oublier pour un instant leurs intrigues. La reine dans cette circonstance sacrifia même son ressentiment aux exigences de la politique; elle ne voulut pas que l'absence de madame de Longueville fût remarquée à cette fête. Elle la fit inviter et, malgré le souvenir de sa royauté éphémère à l'Hôtel-de-Ville, la duchesse y vint faire semblant de soumission à la reine, et y dansa avec le duc de Rohan[2].

Mais toutes ces fêtes ne célébraient qu'une paix passagère. Le

---

[1] Mᵐᵉ DE MOTTEVILLE.
[2] Mᵐᵉ DE MOTTEVILLE.

parlement recommence en effet bientôt les hostilités : le duc de Bouillon, le vicomte de Turenne, le duc de Longueville et plusieurs autres seigneurs emportés par leur ambition, se plaignent de la lenteur du cardinal à exécuter ses promesses. Aussi, de nouveaux troubles

Ce portrait a été dessiné d'après celui de Beaubrun, gravé par Regnesson, qui existe dans la collection Nanteuil (*Cabinet d'estampes de la Bibliothèque nationale*). Au bas de ce portrait se trouvent les vers suivants :

>Peintres, graveurs et toy nature,
>Faites tous vos efforts, formez une figure.
>Qui nous môstre vostre pouvoir,
>Et confessez après que toute votre adresse
>Ne nous sçauroit rien faire voir
>De si beau que cette princesse.

éclatent, de nouvelles intrigues se trament. Le prince de Condé, séduit par sa sœur, quitte enfin le parti de la cour qu'il accuse d'ingratitude et, peu de temps après, est emprisonné avec M. le duc de Longueville à Vincennes (18 janvier 1650) [1].

Madame de Longueville alors devient l'aventurière du parti dont elle avait été un instant l'héroïne. Condamnée, comme coupable de lèse-majesté, elle quitte Paris, et pendant que le duc de La Rochefoucauld, le duc de Bouillon et le vicomte de Turenne se font de leur côté des partisans, elle cherche à conserver au parti des princes la Normandie dont son mari est gouverneur. Intrigues, prières, menaces, elle met tout en œuvre; mais le prestige que lui avaient un instant donné sa puissance à Paris et l'espoir de la réussite, était dissipé. L'autorité royale qui s'était au contraire, par un coup d'état, relevée de son humiliation plus forte et plus respectée, paralysa toutes ses tentatives, et la duchesse fut forcée de se réfugier dans le château de Dieppe, qu'un ordre de la reine vint bientôt lui enjoindre d'abandonner. Trop fière pour obéir, elle attendit quelque temps sans répondre, et ne voulut céder que lorsqu'on menaça d'assiéger sa demeure. La crainte alors la saisit : son orgueil se révolta à l'idée de devenir la prisonnière de la reine, et pliant devant la nécessité, elle sortit du château par une issue secrète, accompagnée seulement de quelques amis dévoués. Après avoir parcouru deux lieues à pied, cette petite troupe gagna un port où elle espérait s'embarquer. Un navire, — le seul refuge que madame de Longueville s'était ménagé dans la prévision de ce qui lui arrivait, — s'apercevait en effet à l'horizon; mais la marée était si forte, — les bourrasques annonçaient d'une manière si certaine une tempête, que les marins lui refusèrent d'abord leurs services. Leurs chaloupes ne pourraient pas tenir la mer, lui disaient-ils, et s'aventurer par

---

[1] Pendant sa captivité, le prince de Condé s'amusa à cultiver les fleurs, et mademoiselle Scudéry accourue, comme tous les Parisiens, pour voir le jardin du héros, composa à ce sujet le madrigal suivant :

> En voyant ces œillets qu'un illustre guerrier,
> Cultiva d'une main qui gagna des batailles,
> Souviens-toi qu'Apollon a bâti des murailles,
> Et ne t'étonne plus que Mars soit jardinier.

un aussi gros temps, c'était courir à une mort certaine. Mais à ce moment, la mort paraissait à madame de Longueville préférable à la captivité, et toutes ces craintes ne purent la détourner de son dessein. Un marin enfin, séduit par elle, hasarda sa vie; mais en la portant dans ses bras pour gagner la chaloupe, une raffale de vent le fit chanceler et abandonner la duchesse qui tomba dans la mer [1]. Madame de Longueville voulut néanmoins tenter encore cette périlleuse traversée : mais le marin qui vit dans cet événement un avertissement de Dieu, fut inflexible. Il fallut donc changer de plan ; car s'arrêter plus longtemps, c'était s'exposer à être rejointe par ceux qu'on avait sans doute mis à sa poursuite. La duchesse monta alors à cheval, et marcha toute la nuit escortée de quelques-unes des femmes de sa suite. Au lever du soleil, elle arriva chez un gentilhomme du pays de Caux qui lui donna l'hospitalité, et quinze jours ainsi, elle erra de demeure en demeure, se cachant et souffrant à son tour toutes les privations auxquelles son parti avait condamné la cour, pendant son exil à Saint-Germain. Alors, un retour sur elle-même aurait dû faire taire pour toujours ses idées ambitieuses ; son cœur au contraire n'appela que de nouveaux troubles, que de nouveaux moyens de vengeance.

Un vaisseau anglais dont elle avait su gagner le capitaine, la prit enfin à son bord, et pendant la traversée, sous des habits d'homme, elle passa pour un gentilhomme qui se rendait en Hollande. Elle y resta en effet quelque temps et revint ensuite à Stenay [2], où commandait M. de Turenne. Comme tant d'autres, il ne put résister aux charmes de la duchesse, et en devint amoureux ; mais cette passion se borna, dit-on, à *un commerce purement militaire*, duquel résultèrent quelques succès pour le parti de la Fronde, et par suite la mise en liberté des princes (1651).

Madame de Longueville, redevenue puissante, ne pensa plus qu'à revenir à Paris, et son retour fut encore la cause de nouveaux mal-

---

[1] *Mémoires de la duchesse de* NEMOURS, et notes, collection PETITOT.—*Vie de madame de Longueville*, par VILLEFORT, Amsterdam, 1739.
[2] Mme DE MOTTEVILLE.

heurs. Ainsi elle détourna le prince de Condé de ses idées de soumission à l'autorité royale, et le força de se liguer avec les Espagnols; mais la victoire l'abandonna, dès qu'il ne commanda plus à des Français, et Turenne, qui avait été un instant l'un de ses plus ardents partisans, le battit plusieurs fois. La paix des Pyrénées fut enfin signée (1659), et Condé, *le grand Condé*, vint alors faire serment de fidélité à Louis XIV, et rendre hommage au cardinal Mazarin : mais aussi celle qui avait été l'âme de toutes ses actions ne le conseillait plus. La duchesse de Longueville était morte pour la politique, et une nouvelle existence avait commencé pour elle. Son cœur avait été chercher dans la solitude du cloître des consolations contre l'oubli de son amant.

Le duc de la Rochefoucauld, dont la passion tendre et constante avait soutenu la duchesse au milieu de toutes les agitations de sa vie, lui avait en effet retiré son amour, quoique au fond du cœur il l'aimât encore; mais les soupçons d'une intrigue de sa maîtresse avec le duc de Nemours [1], lui avaient inspiré des idées de jalousie; — la jalousie et le désespoir avaient fait naître en lui l'indifférence, puis l'ingratitude; et le duc était devenu l'ennemi de celle qui avait tout sacrifié à son affection. Bien plus, son injuste ressentiment devait plus tard lui inspirer cette maxime : *Plus on aime une maîtresse, plus on est prêt de la haïr* [2].

Madame de Longueville éprouva une vive douleur de cette rupture, et de même que l'amour de la Rochefoucauld avait décidé de presque toute sa vie, l'oubli de son amant lui traça la manière dont elle devait la finir. Elle ne voulut plus se fier aux affections humaines et se tourna vers la religion. « Un jour (le 2 août 1654), au milieu
« d'une lecture de piété, dit-elle, il se tira comme un rideau de
« devant les yeux de mon esprit; tous les charmes de la vérité ras-

---

[1] *Dictionnaire des Femmes célèbres*, Paris, Belin, MDCCLXXXVIII. — Mme DE MOTTEVILLE : Ce duc fut tué dans un combat avec M. de Beaufort, et son fils Henri de Savoie, qui hérita de son duché, épousa mademoiselle de Longueville en 1657.

[2] Cette maxime, comme bien d'autres, prouve que la Rochefoucauld les puisait dans les principaux événements de son temps, dans ses propres impressions, et non point toujours dans le cœur de l'homme.

« semblés sous un seul objet se présentèrent devant moi ; la foi qui
« avoit demeuré comme morte et ensevelie sous mes passions, se re-
« nouvela ; je me trouvai, comme une personne, qui après un grand
« sommeil où elle a songé qu'elle étoit grande, heureuse, honorée
« et estimée de tout le monde, se réveille tout-à-coup et se trouve
« chargée de chaînes, percée de plaies, abattue de langueur et ren-
« fermée dans une prison obscure [1]. »

Sa tante, madame de Montmorency, était alors supérieure du couvent des filles Sainte-Marie qu'elle avait fondé à Moulins. Madame de Longueville vint s'y enfermer ; et l'on regarda d'abord sa séparation avec le monde comme passagère et inspirée seulement par le dépit, car la duchesse n'avait que trente-cinq ans et avait conservé tout l'éclat de sa beauté. Les joies d'ici-bas et le désir de plaire, pensait-on, pouvaient donc encore la tenter. Mais sa foi ferme et ardente, — sa dévotion qui prit exemple sur celle de sa tante, détruisirent bientôt de pareilles idées. L'ambition, la gloire, la domination, toutes les passions enfin qui avaient sans cesse agité son cœur, s'étaient anéanties pour faire place à une seule pensée, — celle de Dieu ; à un seul espoir, — celui du pardon, et madame de Motteville rapporte *qu'elle lui avait ouï dire qu'elle ne croyait jamais assez faire, vu ce qu'elle devait à la justice divine pour la part qu'elle avait eue dans la guerre civile.* Son repentir enfin fut sincère ; elle s'imposa toutes les rigueurs de la pénitence, et dans cette expiation des erreurs de sa vie passée, elle éprouva un calme bienfaisant, une tranquillité, qui lui étaient jusqu'alors inconnus. Son âme fermée pour toujours aux idées de ce monde, s'abandonna à cet amour sublime que la religion révèle à ses élus ; et cette nouvelle passion fit luire souvent pour elle des éclairs de la joie céleste et plus tard sécha ses pleurs, en lui prodiguant ses consolations.

En 1663, madame de Longueville perdit son mari, et neuf années plus tard, son fils chéri, le comte de Saint Paul, devenu à cette époque duc de Longueville [2].

---

[1] Lebas. *Dictionnaire historique.* — *Supplément au Nécrologe de Port-Royal.*— *Vie de madame de Longueville,* par Villefort.
[2] Mme de Sévigné, Lettre à madame de Grignan, du 25 février 1671 : « Le comte

Cette douloureuse nouvelle était difficile à lui apprendre, car, sur le jeune duc s'étaient concentrées toutes les affections de sa mère Il était peut-être pour elle le dernier gage, le dernier souvenir d'un amour qui avait été si longtemps le mobile de toutes ses actions[1].

Mademoiselle de Vertus, retournée depuis deux jours seulement à Port-Royal, dit madame de Sévigné, dans une de ses lettres à laquelle nous empruntons ce fragment, se chargea de ce triste message et revint à Paris : « Ce retour si précipité marquait bien quelque chose de funeste. En effet, dès qu'elle parut : Ah ! mademoiselle, comment se porte Monsieur mon frère ? Sa pensée n'osa aller plus loin. — Madame, il se porte bien de sa blessure ; — il y a eu combat. Et mon fils ? On ne lui répondit rien. — Ah ! Mademoiselle, mon fils, mon cher enfant, répondez-moi, est-il mort ? — Madame je n'ai point de paroles pour vous répondre. — Ah ! mon cher fils, est-il mort sur le champ ? N'a-t-il pas eu un seul moment ? Ah mon Dieu ! quel sacrifice ! — Et là-dessus, elle tomba sur un lit, et tout ce que la plus vive douleur peut faire, et par des convulsions, et par des évanouissements, et par un silence mortel, et par des cris étouffés, et par des larmes amères, et par des élans vers le ciel, et par des plaintes tendres et pitoyables, elle a tout éprouvé »[2].

Cette perte enfin fut la plus cruelle épreuve à laquelle le malheur la soumit, et, si elle n'y succomba point, c'est qu'elle l'accepta

---

de Saint-Paul, écrit-elle à sa fille, est présentement M. de Longueville ; son frère lui fit la donation de tout son bien lundi au soir : c'est environ trois cent mille livres de rente, tous ses meubles, toutes ses pierreries, l'*Hôtel de Longueville*; en un mot, c'est le plus grand parti de France. » Il fut tué au passage du Rhin, au moment où il excitait ses soldats contre des ennemis qui demandaient merci, en leur criant : *Point de quartier pour cette canaille !*

[1] Le jeune duc était, à ce qu'on soupçonnait, fils du duc de la Rochefoucauld. — Mme DE SÉVIGNÉ le laisse à penser dans ce passage d'une de ses lettres : « Il y a, —dit-elle, à l'occasion de la mort du duc de Longueville et en voulant désigner M. de la Rochefoucauld, — un homme dans le monde qui n'est guère moins touché; j'ai dans la tête que s'ils s'étoient rencontrés tous deux dans ces premiers moments, et qu'il n'y eût eu personne avec eux, tous les autres sentiments auroient fait place à des cris et à des larmes que l'on auroit redoublés de bon cœur. »

[2] Lettre de Mme DE SÉVIGNÉ, du 24 juin 1672.

comme un châtiment venant de Dieu, et que sa foi lui donna assez de force pour le supporter. Dès lors, madame de Longueville quitta pour toujours son hôtel de la rue Saint-Thomas du Louvre, et alla s'enfermer aux Carmélites du Faubourg Saint-Jacques. L'aspect de ce couvent où s'étaient écoulés heureux et tranquilles les premiers jours de sa jeunesse, rendit le calme à son cœur brisé, et lui fit se demander souvent comment elle avait pu préférer les vains honneurs du monde au bonheur de cette solitude. Sa vie finissait comme elle avait commencé.

Port-Royal des Champs fut aussi pour elle le but de nombreux pèlerinages. Le silence de cette abbaye, son air pur, ses frais ombrages amis de la rêverie et de la prière, la conversation spirituelle et la pureté de mœurs des pieux solitaires qui habitaient cette retraite, la firent s'y arrêter quelquefois pendant des mois entiers : enfin elle prit tant de goût pour cette demeure qu'elle s'y fit construire un corps de logis. Antoine Arnauld, Lemaitre de Sacy, Nicole, Lancelot, devinrent alors ses amis, et dans leur conversation, l'esprit de madame de Longueville puisa une solidité et une profondeur qu'il n'avait pu connaître à l'hôtel de Rambouillet. La tranquillité qu'elle était venue chercher dans cette abbaye, fut malheusement de bien courte durée. La guerre des Molinistes contre les Jansénistes, ancien vestige des querelles du moyen-âge, vint arracher les solitaires de Port-Royal à leur vie de méditation et à leurs fructueux repos. La cour soutint les premiers, car le père Lachaise et les jésuites étaient tout-puissants sur l'esprit de Louis XIV. Madame de Longueville, au contraire, se déclara du parti de ses amis; et dans ce dernier acte de sa vie, il ne faut pas voir, comme le dit Voltaire [1], se réveiller en elle ce besoin incessant d'opposition à l'autorité royale, car la religion avait anéanti dans son cœur ce sentiment qui avait caractérisé toutes ses actions. En prêtant son appui aux Jansénistes, elle ne fit que rendre hommage au talent de Pascal, de Racine et de tant d'autres ; que justement apprécier leurs ouvrages que la moralité la plus sévère

[1] *Siècle de Louis XIV* (du Jansénisme).

ne pouvait critiquer, mais que les menées des jésuites firent pourtant condamner comme remplis d'hérésies.

Peu de temps du reste après le commencement de cette scission, — le 15 avril 1679, — madame de Longueville termina sa carrière. Elle mourut au couvent des Carmélites, dans les sentiments de la religion la plus profonde, et du repentir le plus sincère. « La beauté de sa pénitence qui avait duré 27 ans, surpassa de beaucoup la laideur de ses fautes, nous dit madame de Motteville »[1].

Après madame de Longueville, son hôtel devint la propriété de sa belle-fille, la duchesse de Nemours, restée par la mort de ses deux frères, seule héritière des biens de cette maison. La duchesse était belle, comme madame de Longueville : comme elle, elle avait de l'esprit et du mérite[2], et elle avait déjà seize ans, quand mademoiselle de Bourbon devint à vingt-trois ans sa belle-mère. L'une alors avait toute la fraîcheur de la jeunesse et l'espoir de la beauté ; l'autre en avait déjà tout l'éclat : aussi tous les hommages s'adressèrent-ils d'abord à madame de Longueville. Sa belle-fille en éprouva de la jalousie, et ce sentiment, ainsi qu'une grande différence dans le caractère, la firent souvent embrasser le parti opposé à celui de madame de Longueville. Puis, après l'emprisonnement des princes, quand sa belle-mère voulut l'entraîner dans son existence aventureuse, elle préféra se retirer à Coulommiers que la reine lui assigna

---

[1] *Mémoires pour servir à l'histoire d'Anne d'Autriche.* — *Mémoires du cardinal de* RETZ. « La grâce, dit-il en parlant de madame de Longueville, a rétabli en elle ce que le monde ne pouvoit lui rendre. » Madame DE SÉVIGNÉ écrit aussi à sa fille, le 12 avril 1680, à propos de la mort de la duchesse : « Vraiment, elle (la Providence) voulut hier que monsieur d'Autun fît aux Carmélites l'oraison funèbre de madame de Longueville, avec toute la capacité, toute la grâce et toute l'habileté dont un homme puisse être capable..... C'étoit un prélat de conséquence ; prêchant avec dignité et parcourant toute la vie de cette princesse avec une adresse incroyable, passant tous les endroits délicats, disant et ne disant pas tout ce qu'il falloit dire ou taire. Son texte étoit : *Fallax pulchritudo : mulier timens Deum laudabitur.* Il fit deux points également beaux ; il parla de sa beauté, et de toutes ces guerres passées d'une manière inimitable ; et pour la seconde partie, vous jugez bien qu'une pénitence de vingt-sept ans est un beau champ pour conduire une si belle âme jusque dans le ciel. » — Il nous faut croire madame de Sévigné sur parole, car ce panégyrique n'a jamais été imprimé.

[2] Mme DE MOTTEVILLE, *Mémoires pour servir à l'histoire d'Anne d'Autriche.*

pour résidence; et ce fut là, dans la solitude, qu'elle put se livrer avec bonheur à son goût pour l'étude, et jeter un regard sur les événements qui venaient de s'accomplir. Il en résulta ses Mémoires.

La duchesse de Nemours mourut sans postérité, et donna son hôtel à un de ses cousins-germains, Louis-Henry, légitimé de Bourbon, prince de Neufchâtel, fils naturel de Louis de Bourbon, comte de Soissons. Plus tard, sa fille Louise-Léontine de Bourbon, épousa Charles-Philippe d'Albert de Luynes, et l'hôtel de Longueville, par ce mariage, rentra sans changer de nom dans la famille de Luynes qui l'avait possédé un siècle auparavant. Enfin la duchesse de Luynes, à sa mort, le laissa à son fils Marie-Charles-Louis d'Albert de Luynes.

A cette époque, deux hommes célèbres, Toussaint de Forbin Janson et Melchior de Polignac résidèrent successivement à l'hôtel de Longueville, et leur séjour dans la même demeure établit encore un point d'analogie entre la vie de ces deux prélats. Tous deux, en effet, furent envoyés par Louis XIV comme ambassadeurs en Pologne. L'un aida Sobieski à monter sur le trône de ce pays, — l'autre parvint à y faire nommer roi le prince Louis de Conti, neveu du grand Condé. — Rappelés ensuite en France, ils furent successivement ambassadeurs à Rome et finirent par devenir cardinaux. Mais, si sous le rapport des événements qui signalèrent leur carrière, ces deux prélats eurent entre eux quelque ressemblance, ils n'en avaient guère au point de vue du mérite et du talent. Forbin Janson était seulement insinuant et diplomate; le cardinal de Polignac, au contraire, possédait, avec cette dernière qualité, beaucoup d'érudition et une imagination fort vive. Il était, dit Voltaire, un des plus beaux esprits et des plus éloquents de son siècle, et il parlait le latin avec autant de pureté que sa langue. Il fut admis en 1704 à l'Académie française[1], en 1711 à l'Académie des Sciences, en 1717 à celle des Inscriptions, et au moment de sa mort, il achevait son seul ouvrage qui soit un peu connu, *le poëme de l'anti-Lucrèce*.

Plus tard, en 1749, l'hôtel de Longueville, qui *avait servi de*

---

[1] Il occupa à l'Académie le fauteuil laissé vacant par la mort de Bossuet.

logement, dit Piganiol de la Force [1], *à tant d'illustres princes et seigneurs*, fut vendu aux fermiers-généraux pour en faire un magasin pour le tabac; et ils firent élever à cet usage un bâtiment très considérable dans toute l'étendue du jardin qui s'étendait du côté du palais des Tuileries.

A l'époque de la Révolution, on établit un bal dans les appartements de cet hôtel ; enfin, en l'an IV, Napoléon l'acheta et depuis il est devenu la propriété de la Liste civile.

Après avoir assisté au fameux carrousel de 1662, cette illustre demeure, pendant la dernière période de son existence, vit ainsi sur

la place du Carrousel, danser la *carmagnole* en 93 et la *farandole* en

[1] *Description de Paris.*

1814 ; elle entendit successivement les cris de douleur des victimes de septembre, — les cris de joie du peuple lors de l'arrivée aux Tuileries du Premier Consul que l'explosion de la rue Saint-Nicaise contribua à faire empereur, — les cris d'amour des courtisans de la Restauration, — et le sifflement des balles qui précéda l'avènement de la dynastie de Juillet.

L'hôtel de Longueville, témoin de ces grands événements du passé, vit ensuite sonner pour lui l'heure de la destruction. Au mois de juillet 1832, il fut décidé qu'il serait abattu pour agrandir la place du Carrousel, et par ordre de l'intendant de la Liste civile, il fut dressé un cahier des charges [1] et conditions auxquelles ses matériaux devaient être vendus. Ils furent adjugés peu de temps après, soixante-un mille six cent vingt-six francs, et l'on procéda immédiatement à la démolition de cette noble demeure, où l'on remarquait encore à cette époque des fresques parfaitement conservées et un plafond peint par Mignard, représentant l'Aurore. On nivela ensuite l'emplacement où elle s'élevait jadis, et depuis cette époque, il se trouve faire partie de la place du Carrousel. Aussi, l'existence et la destinée brillante de cet hôtel ne nous sont plus révélées maintenant que par la tradition, cette sauvegarde contre l'oubli ; par elle en effet, le passé ressuscite avec tous ses souvenirs, car elle les a inscrits d'une manière ineffaçable sur ce livre infini qui survit à tous les siècles et qui s'appelle l'HISTOIRE.

[1] Voir les pièces et notes justificatives à la fin du volume. Ce cahier des charges nous donne la désignation de l'Hôtel de Longueville lors de sa démolition.

HOTEL SOUBISE.

I

—Acquisition de l'hôtel de Clichon à Paris, dit depuis l'hôtel de Guise, par Anne d'Est et François de Lorraine duc de Guise son mary de Philbert Babou ev. d'Angoulesme au nom de Philbert Babou, Chl. s. De la Bourdaisière, son père (14 juin 1553).[1]

A tous ceulx qui c. p. l. v. Ant⁰ du Prat Chl baron de Thiert et de Viteaulx sg^r De Nantoillet et de Precy, c^{rr} du Roy n^{tre} sire genthōe ord⁰ de sa Chambre et garde de la prevoté de Paris Salut, scav^r faisons que par dev^t Remon d'Orleans et Guillaume de Netz no^{res} du Roy n^{tre} sg^r au Ch^{let} de Paris furent presents h^{te} et p^{te} princesse mad⁰ Anne D'Eest duchesse de Guise femme et esp. de h^t et p^t Prince Mg^r François de Lorraine duc de Guise Prince de Joynville marquis du Maine per et grand chambelan de France gouverneur et lieut^t gnal pōr le Roy en ses pays de Daulphiné Savoye et Saluces en son nom et com⁰ soy faisant et portant fort en cette partie du d^t s^r duc de Guyse son d^t cp^x promettant luy faire ratiffier et avoir agréable le contenu cy après et le faire obliger avec elle et ung chacun d'eulx seul et pōr le tout sans division et renoncer au benefice de division et ordre de discution au payement du reste et par paye de la somme cy après declarée et en bailler ou envoyer lr̄es d'obligation et

---

[1] Cet acte se rapporte à la page 9 du vol. — *Hôtel Soubise.*

ratification aux personnes cy après nommées ou à l'une d'elles dedans trois mois prochain venant, d'une part, et R. P. en Dieu m^tre Phillebert Babou, evesq^e d'Angoulesme au nom et co^e soy faisant et portant fort en ceste partie de m^re Phillebert Babou Chl^r sg^r de la Bourdaisière son père promettant pareillem^t lui faire ratiffier et avoir agréable le contenu cy après, et le faire obliger à la garantie de ce qui s'en suit et aussi à bailler ou envoyer lr̃es d'obligation et ratification en forme deue authentique et soubs scel royal aux susd^t s^r duc et duchesse de Guise ou à l'un d'eulx aussi en dedans 3 mois proch^nt venant d'autre part lesquelles parties de leurs bons grez et volontez sans contrainte auculne recongnurent et confesserent en la présence et par devant lesd^ts notaires co^e en droit jugement par devant nous avoir faict et par ces p̃n^tes feirent et font ensemble les vente cession transport promesses et obligations qui sensuivent cest assavoir que le d^t m^re Philbert Ev. d'Angoulesme avoir vendu cédé quitté transporté et delaissé et par ces pentes l^tres vend cede quitte transporte et delaisse du tout des maintenant a tousjours promist et par ces dites pñtes l^tres promet au d. nom garantir de livrer et deffendre envers et contre tous en jugement et dehors et partout ailleurs aux despens du d^t s de la Bourdaisiaire toutes et quantes fois que requis en sera de tous troubles dons douaires destes l^tres et obligations ypothèques appleigemens contrepleigemens evictions allienations ensemble de tous autres destourbiers et empeschement quelconques aux dits sg^r duc et duch^e de Guise lad^e d^e ce acceptant por eulx leurs hoirs et aiant cause au temps advenir *une grand maison contenant plusieurs corps d'hostelz estables courts et jardins le lieu ainsi qu'il se poursuit et comporte de fons en comble assis à Paris rue du Chaulme appellée l'hostel de Clichon devant et a l'opposite de la chapelle de Braque aud. s^r de la Bourdaisière appartenant de son conquest* tous les d. lieux tenans d'une part et faisant lung des coins de la rue de....... et d'autre part en faisant l'autre coing de la rue de....... aboutissant d'ung bout par derrière a la vesve et heritière de feu noble ho^e M^e........... Doucet en son vivant ad^ut en la Court de parle^t et d'autre bout par devant sur la d. rue du Chaulme *en la censive du g^d prieur de France à cause de sa comanderie du Temple à Paris en chargée envers elle de 4 solz p^sis* de cens et fons de terre por toutes et sans autres charges ypotheques ne redev^ces quelconques. Pour lesd^ts lieulx dessus declairez leurs d. apparten^ces et deppd^ces joir user et posseder par les d. s^r et d^e duc et duchesse de Guyse leurs d^ts hoirs et ayans cause et en faire et disposer à leur plaisir et voulunté, cetz vente cession et transport faitz à la charge des d. 4 solz p^sis de cens et fons de terre et oultre *moyennant la so^e de seize mil livres tz sur laq^le so^e de 16000# tz* le dit m^tre Phillebert Babou ev^e d'Angoulesme au d. nom confesse avoir eu et recu des d. s^r et d^e duc et duch^e de Guyse la so^e de 8000# tz qui paiez luy ont esté par les mains de nobles ho^es Jehan de la Boissière s^r de Chailly l'un des cent gentilsho^es de la maison du Roy et Francois de Hangest s^r du Mesnil gentilho^e servant de la maison du Roy et m^res dhostel du d. s^r duc de Guyse à ce present en 3478 escuz d'or à 46 solz tz piece que les parties dient estre du prix de l'ordonnance et 12 solz tz monnoie de douzains en la p^nce des d. no^res dont il se tient p^or content et en quicte et promect acquiter et garantir les d. s^r et d^e duc et duchesse de Guise envers le dit s^r de la Bourdaisière et tous autres et le reste d'icelle so^e de 16000 # tz montant le d^t reste à la so^e de 8000# tz la d^e d^e duchesse de Guise esd^ts noms et en chacun d'iceulx p^or le tout sans division renonçant aud. benefice de division et ordre de discution et encores aux benefices du senatus consulte Veleyan et authentique *Si quá mulier* qui luy ont été exprimez et donnez à entendre par les d^ts n^res qui est que femmes ne peuvent obliger ni intercéder pour aultruy mesme por leurs mariz et espoux si expressement elles ne renoncent aux d. benefices et que si elle ne renonçoit elle en pourroit estre relevée et restituée, a quoy elle a renoncé et renonce par ces p^ntes sera tenue promist et gaige a et par sesd^t p^ntes promect et gaige bailler et paier aud. s^r de la Bourdaisière ou au porteur de ces d. p^ntes dedans le mois de mars prochainem^t venant en cedant et transportant par led. s^r vendeur esd. noms auxd. s^r et d^e duc et duchesse de Guise ce acceptant co^e dessus tous droictz de propriété noms raisons actions fons saisine seigneurie possession et tous autres droictz quelzconques qui au d. s^r de la Bourdaisière compecte et appartient à quelque titre raison et moien que ce soit ou puisse estre audit hostel de Clichon ses appartenances et dependances cy dessus déclairé dont il s'est du tout dessaisy demis et devestu es mains desd. n^res co^e en la n^re souveraine pour le Roy n^rd s^re p^or au nom et au proffict desd. s^r et d^e duc et duch^e de Guise et de leurs d. hoirs et ayant cause voulant consentant et expressement accordant que par le bail et obstencion desd. p^ntes sans autre procuration monstrer iceulx sg^r et d^e duc et duch^e de Guise en fussent et soient saisiz vestuz mis et receuz en bonne et suffisante possession et saisine par celuy ou ceulx et ainsi qu'il appartiendra et pour ce faire et consentir estre faict led^t s^r vendeur esd. noms a faict et constitué son procureur g^nal et irrévocable le porteur de cesd. pres^tes auquel il donne plain pouvoir et puissance de ce faire et tout ce que au cas sera requis et necessaire au payement de laquelle somme de huict mil livres tournois demeure lad^te maison et sesd^es appartenances dessus déclairée chargée, obligée et ypothequée et neantmoins a été expressem^t convenu et accordé entre lesd. d^e duchesse de Guise et s^r Reverend esd. noms que ou faute y auroit de payement de lad^e so^e de huict mil livres tz dedant led. mois de mars prochainem^t venant sera et demourra est demourre en l'option dud. R^d aud^t nom de recevoir icelle so^e ou de rendre icelle so^e de huict mil livres tournois qui a esté precedement payé comptant et en ce faisant resoudre le present contract lequel en ce cas des apresent pourlors et deslors co^e apresent sans aultre declaration demourra resoult sans que lad^e d^e duch^e aud. nom puisse pretendre aucun droict en lad^e maison saisine possession ou joissance sinon pour et au nom dud. s^r de la Bourdaisière au nom duquel aud. cas elle s'est constituée possesseresse et joissante Promettant lesd. s^r et d^e duch^e de Guise et m^re Philbert Babou evesque d'Angoulesme esd. noms chacun en droit soy par les foy et serment de leurs corps pour ce eulx baillez lad^e d^e en parole de princesse et led. s^r Reverend en parole de prélat avoir pour bien agréable tenir et entretenir et accomplir atousjours tout le contenu en cesd^es p̄ntes sans jamais y contrevenir en aucune manière ainçois rendre et paier l'une partie a l'autre a plain sans plaid ou procez tous coutz fraiz mises despens domaiges et interretz qui faictz et encouruz seroient par le deffault des choses dessusd^es ou d'aucune d'icelles non faictes tenues entretenues payées et duement accomplies ainsi et par la manière que dict est et en ce pourchassant et requerant soubz l'obligation de tous et chacuns leurs biens et de ceulx de leurs hoirs et ayans cause presens et advenir quilz en ont soubmis et soubzmettent esd. noms chacun en droict soy mesmement lad^e d^e duch^e de Guise esd. noms et en chacun d'iceulx pour le tout sans division à la jurisdiction et contraincte de lad^e prevosté de Paris et de toutes autres justices quelzconques ou trouvées seront et partout ailleurs à leurs despens respectivement et renoncèrent en ce faisant aussi esd^ts noms chacun en droit soy a toutes lettres d'estat de grace reliefz cessions et en spécial icelle d^e duch^e aud^t benefice de division et ordre de discution et encore icelle d^e duch^e aud. benefice de Veleyan et authentique *si qua mulier* qui luy ont esté exprimez et donnez a entendre par lesd. notaires co^e dessus est dict et a tous autres droitz faictz donnez et introduictz pour les femmes et en leur faveur et a toutes autres choses contraires à ces lettres et au droict disant general renonciation non valloir en tesmoing de ce nous a la rellation desd. not^res avons mis le scel delad^e Prevosté de Paris a cesd^es p̄ntes l^tres qui furent faictes et passées doubles — p̄or lesd. s^r et d^e duc et duchesse de Guise *l'an 1553 le mercredy 14 jour de juing.*

(Archives Nationales)

— Ratification de la vente de la maison de Clisson par Philibert Babou, de la Bourdaisière, 19. Juillet 1553.

A tous ceulx q. c. p. l. v. Jehan de Villemar esc' con'' du Roy n'° sire et de la Royne douairière de France duchesse de Touraine sg' de la Mothe et de l'Isle Barbe Bailly du pays et duché de Touraine salut faisons scavoir que en la Cour du Roy n'° sire a Tours en droict et pardevant Geoffroy de l'Ormeau n'° royal aud. Tours fut personnellement estably et ducment soubzmis au pouvoir et jurisdiction de la Cour m'° Philbert Babou Chl' S' de la Bourdaisière demeurant aud. lieu de la Bourdaisière lequel *après avoir veu seu de mot à mot et entendu le contrat de vindicion de la maison et appartences de Clisson située en la ville de Paris faict le quatorzième jour de juing dernier* passé pardevant Raymond d'Orléans et Guill' de Netz n'°° du Roy n'° s'° au Ch¹°¹ de Paris à h¹° et p¹° princesse mad° Anne Deest duchesse de Guyse femme et espouze de h' et p' prince Mg' Françoys de Lorraine duc de Guyse prince de Joynville M¹° du Maine per et g⁴ Chambellan de France gouv' et lieut' g'¹ por le Roy espays de Dauphine Savoie et Saluces en son nom et co° soy faisant et portant fort dud. s' de Guyse son espoux par R. P. en D. M'° Philbert Babou evesque d'Angoulesme au nom et co° soy faisant et portant fort quant au contenu dud' contract d'iceluy s' de la Bourdaisière son père à *icelle vindicion* faicte a lad° D° aud. nom par le d. R. Evesq° d'Angoul° son filz *louée approuvée ratifiée et eue pour agreable* selon les clauses et conventions contenues et déclarées par iceluy contract et au garentaige delaquelle maison et entretenement dud' contract led' s' de la Bourdaisière s'est obligé et oblige par ces pntes avec tous et chacuns ses biens meubles et immeubles pns et advenir la Cour et led' no'° stipullant et acceptant por et au nom dud' Sg° et D° de Guyse promettant par les foy et serment de son corps por ce baillez corporellement en la main dud' no'° de non jamais aller faire ne venir a lencontre de ces presentes dont il a esté jugé de son consentem' par le jugement de lad' Court ce fut faict et passé aud' Tours et jugé à tenir es pnces de honn ho° Nicolas Fromaige secrétaire dud' s' de la Bourdaisière et Mathurin le Ber dem' aud. Tours tesmoings à ce requis et appellez le 19 jōr de juillet l'an 1553 Ainsi signé en la minute de ces pntes G. de Lormeau en tesmoing de verité et a la relation dud' no'° qui a rapporte pour verité soubz son seing manuel le contenu cy dessus estre vray ont esté cest pntes mises en forme par le tabellion royal de Tours et delivrées soubz son seing manuel suivant ledict du Roy et scellées a sa requeste du scel royal establi et dont lon use aux contrats royaux dud^t Tours.

GUERIN.

Et sur le dos au revers de ce pñt acte en parchemin est écrit :
Noble homme Me Anth^e Raucher ad^at en la Cour du Parlement au nom et co^e soy disant procur^r et avoir charge en ceste partie de Me Philbert Babou s^r de la Bourdaisière nomme au blanc confesse que noble personne Me Anth^e le Croier doyen en l'église de Paris co^n ayant charge en ceste partie de Mg^r et D^e les duc et duch^e de Guyse y denommez à ce présent luy a baillé et delivrée la ratification faicte par lesd. s^r duc de Guyse de la vindicion mentionnée d'autre part icelle ratification passée par devant les no^res soubscriptz le 1er jõr de ce pñt mois de juillet pour icelle ratification bailler et delivrer aud. s^r de la Bourdaisière ce qu'il promect faire et en acquiter les ditz s^r duc et duch^e le Croier et tous autres et moyennant ce led^t s^r Raucher aud^t nom a baillé aud^t le Croyer aud^t nom les l^tres de ratification faite par led^t sieur de la Bourdaisière es contract de vindicion declarez de l'autre part. . . . . . les bailler et delivrer aud^t s^r duc de Guyse et ce que iceluy s^r le Croier sera aussi tenu et promect faire et en acquiter led^t s^r de la Bourdaisière et Raucher promettant obligeant esd. noms en droict soy renonçant faict et passé double l'an 1553 le samedy 29 jour de juillet.

(Archives Nationales.)

— Quittance de Philibert Babou d'Angoulesme au nom de son père de so^e de 6900# restant du paym̃t de l'Hostel de Clisson.

A tous ceulx qui ces p. l. v. Anth^ne du Prat Chl. baron de Thiert et de Viteaulx sg^r de Nantouillet et de Precy c^er du Roy n^e s^re gentilh^e ord^re de sa chambre et garde de la p^té de Paris Salut sav^r faisons que pardevant Remon d'Orléans et Guill^e Denetz no^res du Roy n^re d^t sg^r au Chastelet de P^īs fut pñt en sa personne R. P. en D. Mr Phillebert Babon evesq. d'Angoulesme et m^e des req^tes ord^re de l'hostel du Roy au nom et co^e p^r de Me Philbert Babou chl^r sg^r de la Bourdaisière son père suffisam^t fonde de lres de procurõn qui seront transcriptes vers la fin de ces pñtes lequel recognut et confessa avoir eu et receu de h^t et p^t prince monsg^r François de Lorraine duc de Guyse prince de Joynville m^quis du Maine per et grand Chambelan de France Gouver^s neur et L^t G^{al} por le Roy en ses pays de Dauphiné Savoye et Saluces et de h^{te} et p^{te} princesse Mad^{me} Anne Deest son épouse par les mains de nob^e ho^e Me Guill^e de Champaigne s^r de. . . . . tres^{er} et Rev^r gñal des finances dud^t s^r duc à ce pñt la so^e 6900[#] tz sur et tant moins de la so^e de 8000[#] tz faisant le reste et par paye de la so^e de 16000[#] tz que lad^e d^e princesse tant en son nom que dud^t s^r duc son espoux estoit tenue bailler et payer aud^t s^r R^d audit nom dedans ce pñt mois de mars pôr *le transport que icelluy s^r R^d* aud^t nom leur auroit faict *d'une graude maison contenant plusieurs corps d'hostels* estables courtz et jardin lelieu co^e il se comporte assis à Paris rue du Chaulme appellée l'hostel de Clisson ainsi qu'il est plus à plain declairé es l^{res} de lad^e vendition passées par devant lesd. notaires le mercr. 14e jor de ju:. g dern. passé delaquelle so^e de 6900[#] tz qui payé lui a esté en 1960 escuz dor sol à 46 solz tz pièces 1603 escuz pistoletz à 44 solz tz pièce et le reste en moñoye aiant cours led^t s^r R^d se tient por content et en quitte et promect acquiter et garantir lesd. s^r et d^e duc et duchesse de Guyse et de Champaigne envers led. s^r de la Bourdaisière et tous autres sans préjudice du surplus de lad^e so^e de 8000[#] tz montant led^t surplus à 1100[#] tz promettaut icelluy s^r R^d par les foy et serment de son corps pour ce par luy baillez en parolle de prelat avoir pôr bien agréable tenir entretenir et acomplir à toujours tout le contenu en sesd^e pñtes lrēs sans jamais y contrevenir en aucune manière ainçois rendre et payer à plain sans plaid ou procès tout coutz fraiz mises despens domaiges et interestz qui faictz soustenus et encouruz seroient par le deffault des choses dessus d^{es} ou d'aulcunes d'icelles non faictes soustenues et entretenues et duement accomplies ainsi et par la manière que dict est et en ce pourchassant poursuivant et requerant soulz l'obligation de tous et chacuns ses biens meubles et immeubles presens et advenir quil en a soubzmis et soubzmect aud^t nom à la juridiction et contraincte de lad^e Prevoté de Paris et de toutes aultres justices quelzconques ou trouvez seront et partout ailleurs à ses dépens et renonça en ce faisant à toutes l^{res} d'Estat de grace reliefz respitz cessions et à toutes aultres choses contraires à ces l^{res} et au droit disant general renonciation non valloir.

Ensuit la teneur desd. lettres de procuration

Sachent tous pñs et advenir etc.

Faictes et passées l'an 1554 le mercredy 28e jour de mars apres Pasques.

DENETZ.   BOITEAUS.

(Archives Nationales)

II

— Donation de l'hôtel de Laval par Charles C^{al} de Lorraine à François de Lorraine duc de Guise son frère et Anne Dest sa femme au suavivant et après à Henry leur fils aisné et après aux aisnés des aisnés des aisnés. (11 Juin 1556.) [1]

A tous c. q. c. p. l. v. Anthoine Duprat c^{er} du Roy n^{re} sire gentho' ord^{re} de sa chambre et garde de la prev^{té} de Paris salut scavoir faisons que par devant Laurent Haultdessens et Hervé Bergeon no^{res} du Roy n^{tre} sg^r de par luy creest ordonnez et estabilz en son Ch^{let} de Paris fut prés^t en sa personne Mg^r Ill^{me} et R^{me} Charles card^{al} de Lorraine Archevesq^e et Duc de Reims 1er per de France Légat né du St Siége apostolique Sg^r et Duc de Chevreuse lequel de son bon gré pure et franche et liberalle volunté propre mouvement et certaine science sans nulle fraude erreur seduction induction ne contraincte aucune, mais luy sur ce bien conseillé pourveu advisé et deliberé com^e il disoit recogneut et confessa en la p̃nce et par devant lesd. no^{res} co^e en droict jugement par devant nous avoir *donné ceddé quicté transporté et delaissé* du tout des mainten^t et a tousjõrs en pur don vray et irrévocable faict entrevifs sans aucune garentye sinon de ses faictz tant seulem^t et põr toute autre garentye a baillé et delaissé les l^{tres} de don qui faict luy a esté par cydevant des choses cy après declairées à très h^t et très illt̃re Prince François de Lorraine son frère duc de Guise chev^{er} de l'ordre du Roy et à très h^{te} et très ill^{tre} Princesse Mad^{me} Anne Deste son espouse et au survivant d'eulx et après leur décès et trespas à Henry de Lorraine prince de Joinville filz aisné desd. sg^r et dame duc et duchesse de Guise et dela en avant et a toujours *aux aisnez masles des aisnez des aisnez* descendans desd. sg et dame duc et duchesse sans que les frères ou seurs desdits aisnez y puissent avoir ni pretendre aucun droict part ni portion et ou led. filz aisné ou ses enfants masles descendans de luy en loyal mariaige decedderoient sans enfans masles nez en loyal mariaige aud. cas les hostel maison et lieux cy après declairez retourneront au plus

---

[1] Cette Donation se rapporte à la page 9 du volume. — *Hôtel Soubise*.

aisné masles apres led. sg' duc de Guyse pour estre et desmourer a toujiours perpetuelement auplus aisné masle descendant desd sg et dame duc et duchesse de Guyse. Lesd. sg' duc de Guyse et dame duchesse sad. espouse a ce presens stipulans et acceptans pour eulx et leurd. filz aisnez et aisnez des aisnez tout et tel droict nom raison et action que icelluy sg' Ill^me et R^me au moyen et a cause de la donation par luy cy devant faicte par feu Me Jehan Brinon en son vivant sg' de Villaines ou aultrement a et peult avoir et lui compettent et appartieñent et peuvent competter et appartenir en une *maison et hostel* court et jardin *appellé L'hostel de Laval*. Les lieux ainsi quilz se poursuivent et comportent assiz à Paris rue du Chaulme faisant l'un des coingz delad. rue et dela rue de Paradis tenant d'une part alad. rue de Paradis d'autre part à une ruelle estant entre ledit hotel de Laval et lhostel de Guyse aboutissant d'un bout par derrière en partie à Christofle de Reffuge esc' sg' des menuz et en p^tie aux heritiers ou ayant cause de feu M^. Jehan Brisson et en son vivant président des comptes en la censive de la commanderie du Temple à Paris et chargée envers lad. commanderie de 4 solz p̄isis de cens rente et fons de terre pour en joir dutout des maintenant et a tousjours par lesd. sg' et d^e duc et duchesse et leurd. filz aisnez et les aisnez des aisnez — Cestz p̄ns don cession et transport faictz à la charge dud. cens rente et fons de terre et oultre p̄r la bonne et vraye amitié que led. sg' Ill^me et R^me a et porte auxd. sg' duc de Guyse et dame son espouse et aleurd. filz aisné et aussi parceque tel est son plaisir et volonté de ainsi faire transportant par le d. sg' Ill^me et R^me aux d. sg' et dame Duc et duchesse de Guyse et aleur d. filz aisné et aux d. aisnez des aisnez selon et ainsy que dessus respectivement tous les droictz de proprieté fons saisine seig^rie et possession ensemble tous et chacuns les autres droictz noms raisons et actions quel avoit et pouoit avoir pretendre quereller et demander en et sur led. hostel et maison de laval et sur et envers quelconq^s persōnes et biens que ce soient ou puissent estre dans icelluy seig^r Ill^me et R^me donateur s'est dessaisy et desvestu etc. desmis du tout esmains desd. notaires co^e en la souveraine p̄r le Roy m^re sg' p̄r au nom et proufficit desd. sg' et dame duc et duchesse et de leur dict filz aisné et desd. aisnez des aisnez voulant consentant et expressement accordant quilz en fussent et soient saisiz, vestuz mis et receuz en possession et saisine par celluy ou ceulx et ainsy qu'il appartiendra et p̄r ce faire voulloir requerir consentir et accorder estre faict le d. sg' Illustr^me et Re^me feist et constitua et parcesd. p̄ntes l^tres faict et constitue son proc^r g^ual et certain messaiger especial et irrévocable le porteur de cesd. p̄ntes l^res auquel il donna et octroya et par ces d. p̄ntes donne et octroye plain pouvoi puissance auctorité et mandm^t especial de ce faire et de faire en oultre tout ce que au cas appartiendra et que en tel cas est requis et accoustumé estre faict lesquels pñs don cession transport ensemble toutes et chacunes les aultres choses dessusd. et en ces pñtes lettres contenues et escriptes led. sg^r Ill^{me} et R^{me} promist et jura en foy de prince et parolle de prelat avoir agréables les tenir fermes et stables a toujiours sans jamais a nul jour aller venir ou dire ne faire aller venir ne dire contre en quelque manière que ce soit ou puissent estre soyt par voye d'erreur dignorance delesion circonvention ne aultrement ains promist et promect par sesd foy et serment rendre et paier a pur et a plain et sans aucun plaict ou procès tous coustz fraiz, mises despens domaiges et interetz qui faictz euz souffertz soustenuz ou encouruz seroient par deffault des choses dessus dictes ou d'aulcunes d'icelles non faictes tenues entretenues et accomplies par la forme et manière selon et ainsy que dessus est dict et ce pourchassant et requerant soubz l'obligation et ipothecque du revence et temporel et biens immeubles pñs et advenir dud. sg^r Ill^{me} et R^{me} qu'il a soubzmis et soubmect põr ce à la justice jurisdiction et contraincte delad^e prev^{té} de Paris et de toutes autres cours de justices et jurisdictions ou seuz et trouveez seront et pouront estre pour tout le contenu en ces d. pñtes l^{res} entherinées accomplir et mettre a execution deue de poinct en poinct selon leur forme et teneur et renonca en ce faisant expressement icelluy sg^r Ill^{me} et R^{me} par sesd. foy et serment à toutes exceptions de deception, fraudes, cautelles baratz cavillations noms raisons deffenses et oppositions a toutes l^{res} d'estat de grace de relief de respit et autres dispensations et absolut^{ons} quelzconques impetrées ou a impetrer à toutes graces, franchises et libertez données et a donner à tous droictz escript canon et civil et à toutes autres choses geñallement quelzconques que lon pouroit faire dire ou alleguer contre cesd. pñtes leur effect et contenu et au droict disant gñalle renonciation non valloir et ce faict ont lesd. not^{res} notiffié et adverty lesd. sg^r et dame donateur et donatrice de l'edict du Roy sur le faict des insinuations des contractz donations obligations et ampliations faictz sur led. edict adcequilz n'en pretendent cause d'ignorance et por insinuer la pñte donation partout ou mestier sera suiv^t l^e d. edict iceulx sg^r et d^e feisrent et constituent respectiment leur proc^r le d. port^r de ces d. pñtes auquel ilz donnerent et octroyerent donnent et octroyent pouvoir de ce faire et tout ce que au cas apãrtiendra suivant led. edict en tesmoing de ce nous a la relation desd. n^{res} avons faict mettre le scel de lad. pr^{té} de Paris à cesd. pñtes l^{res} qui furent faictes et passées doubles ces pñtes põr lesd. sg^r et d^e duc et duchesse. L'an 1556 le jeudy unze jour de juing

       HAULTZDESSENS   BERGEON.

Et sur le dos est escrit l'acte de l'insinuation du presᵗ contrat de donᵒⁿ.

Le 7 jour de dec. l'an 1556 le pñt contract a esté insinué et enregé au Vᵉ volume du regᵉ des donations du greffe des insinuations des ville et prᵗᵉ de Paris aux IXˣˣ et IXˣˣ VII feuilletz aux charges et suivant lédict du Roy sur ce faict. Ce requerant Julien Pillon pŏr et au nom et coᵉ procʳ fondé coᵉ portʳ dud. contract de hᵗ et pᵗ prince Mgʳ Illᵐᵉ et Rᵐᵉ Charles cardˡ de Lorraine archevesqᵉ et duc de Reims 1ᵉʳ pair de Fr. legat nay du Saint Siége apostolique sgʳ et duc de Chevreuse donateur de haᵗˢ et ptˢ prince et princesse duc et duchesse de Guyse donataires denomez de l'autre part qui esdits noms ademandé acte deladicte insinuation auquel a esté octroyé le pñt par moy soubzsigné commis a l'exercice du dit greffe les jōr mois et an que dessus.

HERVÉ.

(Archives Nationales.)

III

— Acquisition de l'Hotel de la Rocheguyon à Paris rue Barbete aboutissᵗ à l'Hotel de Guise par Franç. de Lorraine duc de Guise et Louis de Rohan comte de Montbazon et Eleonore de Rohan son espouse. (1560. 15 Janv.) [1]

A tous ceulx qui c. pl. v. Anthᵉ de Prat Chlʳ Barõ dethiert et de Viteaulx seigʳ de Nanthoillet et de Rozay, cᵉʳ du Roy nᵗʳᵉ sire gentilhoᵉ ordʳᵉ de sa chambre et garde de la prevᵗᵉ de Paris salut scavoir faisons que par devᵗ Charles Maheut et Herve Bergeon nʳᵉˢ du Roy nʳᵉ d. seigʳ de par luy créez ordōnez et establiz en son chˡᵉᵗ de Paris furent pñs en leurs personnes Mʳᵉ Lois Guillart evesqᵉ de Senlis au nom et coᵐ fonde de procuralion spécialle de très hᵗ et très pᵗ prince francois de Loraine duc de Guise pair gᵈ mᵉ et grand chambellan de France et soy faisant fort de por ledᵗ seigʳ tant en nom propre et privé dud. sgʳ que coᵉ ledᵗ sgʳ soy faisant et portant fort de Pierre Lefeuvre demourant à Joinville subrogue au lieu

---

[1] Cet acte se rapporte à la page 9 du vol.

de feu Jacque de Rynel curateur aux biens vacans de def[te] dame Ph[les] de Gueldres en son vivant Royne de Jerusalē et de Sicile duch[e] douairière de Lorraine promectant led[t] sg[r] Guillart faire ratiffier aud. sg[r] esd. noms le contenu en ces pn̄tes dedans le jour de karesme prenant prochainsm[t] venant et en fournir let[res] en sa maison en ceste ville de Paris a peine de tous coutz despens domaiges et interestz, d'une part, et noble ho[r] Christofle de Launay sg[r] de Lechigne m[r] d'hostel et procureur spécialem[t] fondé de l[tres] de procuration cy apres inserées de Me Loys de Rohan comte de Mont Bazon et sg[r] de Guememe et de dame Léonor de Rohan espouse dud[t] sg[r] autorisée en ceste partie par justice au reffuz diceluy sg[r] son mary fille et heritiere principale de deff[t] Mre François de Rohan en son vivant Ch[ler] de l'ordre du Roy sg[r] de Gye et ausquelz et chascun d'eulx ledict De Launay sera tenu de faire ratiffier ces presentes effectuelem[t] et en apporter l[res] de ratiffication aud. sg[r] evesque de Senlis dedans led[t] jour de karesme prenant prochainement venant en la maison dud. sg[r] evesque a peine de tous despens domaiges et interetstz dautres disant led[es] partyes que co[e] plusieurs procez feussent meuz entre lesd. sg[r] duc de Guise et curat[r] d'une part et led[t] deff[t] seig[r] de Gyé et lad[e] dame Léonor de Rohan poursuivie en reprinse de la qualité que dessus de proces au lieu dud[t] deffunt sg[r] de Gyé d'autre mesmes entre led[t] curateur demandeur en execution de deux arrestz l'un en date du 22e jōr de may 1556 l'autre du 9e jōr de juillet 1558 pour raison de la so[e] de 45000 # aud[t] sg[r] duc de Guise et curateur adjugez par lesd.2 arrestz de lad[e] Cour a l'encontre dud[t] deff[t] sg[r] de Gyé co[e] heritier on bienstenans de deffunctz Jehan et Loïs Marg[te] Charlotte Darmaignacz d'une part et led[t] deff[t] et lad[e] d[r] sa fille successivement d'autre encore entre led. sg[r] duc co[e] ayant reprins le procez au lieu de ses predecesseurs demd[r] en matière de restitution domaiges et interestz pour raison de plusieurs degradations et demolitions de bois faictz et communs es bois et foretz du duché de Guise ch[lnie] de Nouyon et Herisson chasteaulx et edifices d'iceulx d'une part et lesd. deffunctz de Rohan et lad[e] dame aussi successivement demandeurs en matière de liquidation du fruictz de 9 années du duché de Guyse a eulx adjugez par arrest de l'an 1512 et de 23 année de la chastellenie de Herisson d'une part led. sg[r] duc et curateur deffend[r] en lad[e] matière d'autre encores entre lesdits deff[ts] de Rohan et lad[e] d[e] demandeurs en recours de garantye et led. sg[r] duc deffend[r] encores entre led. deff[t] et lad[e] dame successivem[t] demand[rs] en matière de repetition de payement des debtes et sōme par eux paiées a cause des successions desd. deff[ts] Jean Lois Margueritte et Charlotte Darmegnacz et led[t] sg[r] duc deffd[r] d'autre et plus[rs] autres procez meuz ou esperez a mouvoir entre lesd[es] partyes pōr raison et a cause des biens delaissez par lesdits Darmaignacz et droictz et actions tant actifz que passifz et qui en dependent *pōr tous lesquelz assoupir et mettre et nourrir paix* entre elles ont cheuy composé et accordé en la forme et manière qui sensuyt c'est assavoir que *led¹ Guillart* aud¹ nom de procᵣ dud¹ sgʳ duc esd. noms et en chacun diceulx seul et pōr le tout *acquicté et quitté et promis* acquiter et rendre indempne envers et contre tous lad° dame Léonor de Rohan *de laditte somme de* 45000 ᵗᶻ adjugez par lesditz arretz pōr les causes contenues en iceulx et aussi de toutes restitution domaiges et interrestz qui se eussent peu ou pourroient pretendre a cause et pōr les demolitions et degradations de bois pretendues faictes par led. deffunt sgʳ de Rohan esd. bois de Guise et chalnie de Nouyon pōr raison de quoy lesd. partyes estoient en procès ensemble tous despens diceulx proces adjugez et non adjugez et ce moyennant que led. Delaunay aud¹ nom de procᵣ de lad. d° autorisée coᵉ dessus *acquitté et quicte* led¹ sgʳ et curateur et promis acquitter et rendre indempne envers et contre tous desd. *fruictz* a eulx adjugez et pretenduz desd. duché de Guyse et chᵉⁿⁱᵉ de Herisson ensemble dud. recours en garentye payemᵗˢ des debtes et generallement de toutes choses quelzconques quelle ou ses predecesseurs eussent peu ou pourroient demander aud. sgʳ et curateur et autres de la maison de Lorraine coᵉ heritiers ou bienstenans desd. Darmegnacz pour quelques cause ou occasion que ce soit et oultre moyennant que le *d. Delaunay* aud. nom de procᵣ dud¹ sgʳ de Rohan conte de Montbazon que aussi de lad. dame autorisée par justice et aussi par led¹ sgʳ pour cest effect seulemᵗ *a ceddé quicté et transporté* et par ces pntes cedde quicte et transporte et delaisse promist et promect garentir à chacun d'iceulx noms seul. et pōr le tout sans division ni discution renonçant ledict Delaunay aud. nom aud. benefice de division et ordre de discution mesment partant et en tant que besoing seroit au benefice de Velleyan qui a esté declaire estre combien que femme soblige responde ou intercedde pōr aultruy telle obligation ne vault et n'en peult etre tenue ne vallablement poursuyvye ni contraincte si elle ne renonce audict benefice de Velleyan auquel et à tous autres droictz faictz mis donnez et introduictz pōr les femmes et en leur faveur ledict Delaunay aud. nom a renoncé et renonce par ces pñtes a peine de tous despens domaiges et interrestz *audict seigʳ duc* absent ce acceptant par led. sgʳ Guillart *la maison et hostel appellé communement la maison ou hostel de la Rocheguyon qui se consiste en plusieurs corps dhostel cours estables jardins granges entrées yssues et autres ses aisances et appartenᶜᵉˢ séant en cette ville de Paris rue Barbette* aboutissant par devant a ladᵉ rue et par derrière a la maison dud. sgʳ duc tenant d'un coté a   d'autre a   et generalement ainsy que ladᵉ maison se comporte et que ladᵉ dame et ses predecesseurs en ont joy ycelle maison chargée du cens et charges foncières envers le commdʳ du Temple et sans autres charges quelzconques franche et quitte des arreraiges desd. cens et rentes jusqu'a ce jour lesqlz cens et charges foncières lesd⁰˙ˢ partyes esd. noms ont dict juré affirmé ne scavoir et lesquelz led. sgʳ duc sera tenu de paier doresnavant et en acquiter ladᵉ dame ses hoirs et ayant cause et partant et moiennant ce led. Delaunay esd. noms a ceddé et transporté cedde et transporte aud. sgʳ duc de Guise led. sgʳ Rᵈ evesque de Senlis ce acceptant pour luy tous et chacun les droictz de proprieté de possession fons saisine noms misons et actions tant rescindentes que rescisoires mixtes et autres que led. Delaunay esd. noms avoit et pouvoit avoir p̄or raison a cause des choses dessusd. sur et envers quelques personnes et biens que ce soient et d'icculx s'en est dessaisy desmis et devestu se dessaisist denest et demest du tout et es mains desdits noʳᵉˢ coᵉ en la nostre souveraine pour le Roy nʳᵉ d. sgʳ p̄or et au nom et au prouffict dud. sgʳ duc de Guise ses hoirs et ayant cause voullant consentant et expressemᵗ accordᵗ que par le bail et ostancion de ces p̄ntes led. sgʳ duc de Guise en feust et soit saisy vestu mis et reçu en bonne et suffisante saisine et possession par les sgʳˢ celluy ou ceulx de qui et ainsy qu'il appartiendra et p̄or ce faire requerir consentir et accorder estre faict led. Delaunay aud. nom feist nomma créa constitua ordonna et establist et par ces p̄ntes faict creé nōme ordonne constitue et establist son procʳ gñal et certain messager espécial le porteur de ces lʳʳᵉˢ auquel il a donné et donne plein pouvoir et puissance de ce faire et tout ce que au cas appartiendra et sera necessaire et selon que en tel cas est requis et accoustumé estre faict en laquelle maison toutefois led. sgʳ duc ne pourra entrer jusqu'au jour et feste de Chandeleur prochainement venant et parlant et moyenant ce se sont lesd. partyes esd. noms desisté et desistent de tous lesd. proces debatz et différens dessus mentionnez sans despens domaiges et interrestz d'une part et d'autre promirent oultre icelles parties esdits noms rendre bailler et paier l'une d'elles à l'autre a pur et a plain et sans aucun plait ou procès tous coustz frais mises despens domaiges et interrestz qui faictz eus souffertz soustenuz et encourruz seroient par deffault des choses dessusd. ou des aucunes dicelles non faictes tenues entretenues et non deument accomplies par la forme et manière que dict est et en ce pourchassant et requerant soubz l'obligation et ypoteque de tous et chacuns les biens meubles et immeubles p̄ns et advenir desd. sgʳ duc de Guise conte de Montbazon et daᵉ Léonor de Rohan et de ceulx de leurs hoirs et ayant cause que icelles partyes esd. noms chacune d'elles en droict soymesmes led. Delaunay esd. noms et en chacun d'iceulx seul et p̄or le tout sans discussion ny division et ont soubmis et soubzmectent, p̄or ce du tout à la justice jurisdiction et contraincte de lad. prevosté de Paris et de toutes autres justices et jurisdictions ou sceux ou trouvels seront et pourront estre pour tous le contenu cydessus accomplir et renoncerent en ce faisant expressement jcelles partyes esd. noms a toutes choses à ces l^{tres} contraires mesmes led. Delaunay auxd. benefices de division et ordre de discution et au droict disant gñal renonciation non valloir et ont lesdits n^{res} advertis lesd partyes esd noms de l'edict du roy sur le faict des insinuations des contracts et obligations faicts et ampliations faictes sur led. edict à ce qu'elles n'en prétendent cause d'ignorance et pōr ce faire ont lesd. partyes esd. noms respectivement faict et constitué leur proc^r le porteur de ces pñtes auquel ilz ont donné et donnnent pouvoir de ce faire et tout ce que au cas appartiendra en tesmoing de ce nous a la relation desd. no^{res} avons faict mettre le scel de lad. prevosté de Paris à ces l^{ttes} qui furent faictes et passées doubles ces pñtes pour servir aud. sg^r duc de Guise *l'an 1560, le merc^i 15 jour de janvier.*

ENSUYCT la teneur desd. l^{tres} de procuration dud. sg^r duc de Guise et d'auctorisation de lad^e d^e Léonor de Rohan. Les originaux desquelles l^{tres} de procuration et d'auctorisation sont demourez par devers et en la possession dud. s^r R^d evesque de Senlis FRANÇOIS DE LORRAINE duc de Guise pair grand maistre et g^d chambellan de France a n^{re} tres cher et tres amé Me Lois Guillart evesque de Senlis salut et dilection Pour ce que la dame de Guemené nous a puys naguères faict entendre le desir et affection quelle a dewyder et paciffier avec nous certain differend pieça pend^t entre nous a quoy den^{re} part nous ne voullons reculer mais par tous les meilleurs et plus honnestes moiens qu'il nous sera possible en sortir co^r il est bien raisōnable estant besoing à ceste cause de commestre et depputer proc^r de par nous qui puisse pōr nous et en n^{re} nom cheuir accorder et composer avec lad. dame ou proc^r pour elle suffisament fondé en cest endroict de tous les differendz cydessus ne pouant y entendre nous mesme en personne pōr les occupations continuelles ou nous sommes maintenant detenu de par deça pour le service du Roy. A ces causes sachant de ny pouvoir faire election de personaīge a nous plus seur et agreable que de vous mettre l'expérience que nous avons eue jusques ici en tant de sortes de vostre bonne volunté et confians aplain de vostre sens integrité suffisance et loyautté et bonne dilligence vous avons par ces presentes commis ordonné et estably commettons ordonnons et establissons n^{re} proc^r gñal et messaiger spécial et irrévocable pour en n^{re} nom et pour nous comme dit est cheoir composer convenir et accorder avec la dame de Guemené ou proc^r pour elle de tous nosd. differands soit en acceptant pour nous d'icelle dame pour cet effect la maison de la Roche-Guyon située et assise en la ville de Paris dont elle nous a faict offre ou par toutes autres voies et manieres que vous jugerez deues et raisonables et de tout en contracter avec elle et luy en passer en v^{re} d. nom telle ou telle quittance que au cas eschera et gñallement de faire en cet endroict leurs circonstances et depḋances tout ainsi et ct en la propre forme et manière coᵉ nous même ferions et faire pourrions si present en personne y estions. Façoit qu'il y eust cas qui requist mandement plus spécial promectans en bonne foy et parole de prince avoir tout ce que par vous sera faict procuré convenu et accordé en ce que dessus pour ferme stable et agrèable sans jamais y contrevenir en quelque façon que ce soit et de ratiffier et aprouver le tout si mestier en est en tesmoing de ce nous avons signées ces pñtes de nʳᵉ main et à ycelles faict mettre le scel de nos armes à Orléans le Xᵉ jour de janvier l'an 1560 ainsy signé. Françoys et plus par mgʳ Bonacorsy et scellées en placart de cire rouge. Aujourd'huy XIᵉ jour de mars l'an 1559 c'est comparu par devant nous Mᵉ André Bataille proc' de dame Eléonor de Rohan femme de hᵗ et pᵗ Lois de Rohan sgʳ de Guemene conte de Montbazon Sᵗ Maur et Noastre. Lequel nous a dit et exposé pour la ditte dame que depuis trois mois en ca seroit deceddé Mʳᵉ François de Rohan en son vivant chᶦᵉʳ de l'ordre du Roy sgʳ de Cyé et père de ladᵉ dame qui auroit délaissé plusieurs biens meubles et immeubles droicts et actions en laquelle succession ladᵉ dᵉ coᵉ fille aisné du dict deffunct etoit la principale heritierē et pour ce que led. sgʳ de Guemene son mary n'auroit tenu compte de soy immiscer esd. biens et succession ny faict diligence de couvrir les fiefz ny faict autre poursuicte des biens et droictz concernans lad. succession ne pareillement touchant les biens noms raisons et actions qui appartiendra a ladᵉ dame a cause de dᵘᵉ Catherine de Silly sa mère en manière que lad. dame y avoit eu perte et dommaiges et plus pourroit avoir si elle ny pourvoioit Auroit icellᵉ dame prié et requis led. sgʳ de Guemené son mary voulloit aprehender lesd. successions et faire ce qui estoit requis pour la conservation desd. biens. Ce qu'il auroit refusé faire au moyen de quoy icelle dame auroit supplié led. sgʳ de Guemene son mary la vouloir autoriser a tout ce que dessus et qni en depend ce que pareillement il auroit reffusé faire. Partant auroit lad. dame fait appeller a huy pardevant nous le d. sgʳ de Guemené son mary pōr l'auctoriser ou en son reffus quelle feust par nous et justice auctorisée lequel sgʳ de Guemené comparent par Mᵉ Michel Retailleur son procʳ especial quant à ce en vertu des lettres de procuration passées en la court royal à Tours par devᵗ Jaques Conches noʳᵉ en ycelle le 9ᵉ jōr du présᵗ mois et an dont il a informé et qui est demeurée esmains dud. Retailleur auroict dict et declare que touchant lesdᵉˢ successions echues et advenues a la d. dame il n'a entendu et n'entend pōr le présent quant a luy les prendre recueillir ny aprehender parce qu'il na cognoissance dicelles successions et aussi n'entend se immicer esd. successions ou y faire acte d'heritier pour le present et n'entend auctoriser lad. dame de Rohan son espouse a prendre et recueillir lesd. successions et par ce veu le reffuz dud. sg^r de Guemené de auctoriser lad. dame Leonor de Rohan avons ycelle autorisée et autorisons à prendre et recueillir lesd. biens et successions de ses père et mère pōr d'iceulx biens joir couvrir les fiefz ou faire les foy et homaige reprendre les procès et faire tous autres actes et poursuictes pour raison des d. biens, droictz, noms, raisons et actions et de tout ce qu'en depend ainsi quelle verra estre à faire dont avons jugé le d Retailleur aud. nom pōr la déclaration cydessus par lui faite et de ce que dessus delivré a lad. dame ce present acte pour luy servir ainsi que de raison. Donné à Tours par nous Adrian Jumart es^{er} con^{er} du Roy n^{re} sire lieutenant gñal en Touraine et siege presidial de Tours soubz le scel royal ordonné aux causes dud. siege les ans et jours dessusd. signé Lontonan et scellé sous simple queue de cire rouge. ENSUIT la teneur des procuration passées par led. sg^r conte de Montbazon et dame Leonor de Rohan audit sg^r de Launay SACHENT tous pñs et advenir que en n^{tre} Court royal du Mans en droict par devant nous Guill^e Dubier not^e de lad^e Court personnellement hault et p^t seg^r Loys de Rohan gentilho^e de la chambre du Roy conte de Montbazon Noatre et St Maur sg^r de Guemené et d^e Leonor de Rohan son épouse de luy suffisament autorisée quant à ce lesquelz de leurs liberalles voluntez ont faict constitué estably et ordonné et par ces pñtes font constituent establissent et ordonnent Christofle de Launay esc^r sg^r de Cheuron gentilho^e de leur maison leur proc^r gñal et certain messager especial auquel les d. sg^r et d^e constituans ont donné et donnent par ces pñtes plain pōvoir puiss^{ce} auctorité et mandem^t special de vendre ceder delaisser soit par pure et simple vendition eschange bail a rente ou autrement ainsi que led. de Launay verra estre a faire pōr et au nom desd. sg^r et d^e constituans a tres h^t et puissant prince m^{re} FRANCOIS DE LORRAINE duc de Guise une maison et appartenances scise en la ville de Paris, ainsi qu'elle se poursuit et comporte tant en maison, courtz, jardins estables entrées issues que autres choses dependans d'icelle située et assise joignant la maison de mond. sg^r le prince de Guise d'un coté et d'autre coté a la rue Barbette lad. maison nommée de tout temps et ancieneté L'HOSTEL DE LA ROCHEGUYON. Icelle maison franche et quitte de toutes choses fors des cens rentes et debvoirs anciens et accoustumez deubz sur lad. maison et des obeyissances feodalles et ce en faveur de l'accord faict et accordé verballement entre mond. sg^r le prince duc de Guise en son nom et co^e soy faisant for de curateur aux biens vacans de deffuncte d'une part et la d^e Leonor de Rohan comme fille aisnée et principale heritière de deffunct h^t et puiss^t sg^r m^{re} François de Rohan luy vivant ch^{ler} de l'ordre du Roy et son lieuten^t g^{al} en Bretaigne s^r de Gyé d'autre part ou stipulant pour eulx pour raison de certains procez et differentz meuz et pendans entre eulx en la Court de Parlement a Paris ou ailleurs ou au garentaige de lad. maison, court, entrées, yssues, jardins et autres choses qui en dépendent y obliger tous et chacuns les biens desd. s^r et d^e constituans presens et advenir et ès circonstances et deppendances y faire tout ainsy que led. Delaunay esc^r verra bon estre a faire et que yceulx sg^r et dame constituans pourroient faire si presens en personnes y estoient promectans en bonne foy et soubz lypotheque et obligation de tous et chacun leurs biens presens et advenir avoir agréable tenir ferme et stable a jamais tout ce que led. Delaunay esc^r leur proc^r sera faict et procuré soit pour eulx ou contre eulx et ont promis paier le juge ou les juges si mestier est dont nous les avons jugez par le jugement de n^{re} d^e Court le 3e jour de decembre l'an 1560 en p̃n^{ces} de Charles Pinart esc^r sg^r des Roches et honneste homme et saige Me Jehan Gohin licentiés esdroictz con^{er} du Roy n^{re} sire au siege presidial d'Angiers tesmoĩ. Ainsi signez en la minute avec nous Leonor de Rohan et Pinart et Gohin p̃r present. Signé Dubier et signé sur double queue de cire vert. SACHENT tous present et advenir qu'en la Court du Roy n^{re} sire à Tours par dev^t Jacques Conche no^{re} juré en ycelle a esté presente et personnellement establie et duement soubmise h^{te} et p^{te} dame Leonor de Rohan femme de h^t et p^t sg^r Loys de Rohan sg^r de Guemené conte de Montbazon Ste Maure et Noastre autorisée par justice pour le reffus dud. sg^r son mary et lad^e dame fille aisnée et principalle héritière de h^t et p^t François de Rohan en son vivant sg^r de Gyé demourant au lieu et chastel de Montbazon pais de Tourraine lequel a faict et constitué son procureur noble ho^e Cristofle de Launay sg^r dud. lieu seul et pour le tout pour transiger paciffier et accorder de tous les differentz et pendans en la Cour de Parlement à Paris et ailleurs entre m^{re} le duc de Guise pair et grand chambellan de France et curateur aux biens vacans de de f^{te} dame Ph^{les} de Gueldres en son vivant Royne de Jherusalem et de Cecile et duchesse douairière de Lorraine d'une part et led. feu sg^r de Gyé d'autre et en ce faisant compenser les sommes de deniers que lesd. parties se peuvent devoir les ungs aux autres jusques à la valleur et concurrence de leur deu recevoir le reliqua si mestier est et sil y en a passer condemnation du relicqua des parties adverses si aucun leur est deu, de quicter et remettre recours de garentye que lad. dame constituante pourrait avoir et prétendre contre mond. s^r de Guise et curateur susd. sans préjudice d'autre recours de garentye que lad^e dame present tant contre le Roy que autres heritiers mediatz ou immediatz des deffunctes dames Margueritte et Charlotte Darmagnac et circonstances et circonstances et dependances et de ce que dessus faire et procurer p̃r lad. dame co^e fille aisnée et principale heritière susd. dud. feu s^r de Gyé son père co^e si p̃te en personne y estoit promettant lad. dame constituante de bonne foy et soubz l'obligation et ypothecque de tous et chacuns ses biens p̄ns et advenir avoir tenir ferme et stable et agréable tout ce que par sond. proc^r sera faict et procuré touchant et concernant les choses susd. Ce fut fait et jugé a tenir par le jugem^t de lad. Court laditte dame constituante p̄nte et consentant qui a promis et juré par la foy et serment de son corps de non jamais aller et venir encontre et scellé à sa requeste du scel royal establly dont l'on use au contractz de lad. Court. Faict au chateau dud. Montbazon le 13e jour de l'an 1559 p̄ns nobles hommes Georges Beaudet sg^r de Varennes René de Betz s^r de Rolay et Me Louis Dufoussé secret^e dud. sg^r conte tesmoings à ce appelez. Ainsy signé en la minute Leonor de Rohan. G. Beaudet pour p̄nt R. de Betz p̄or p̄nt et L. Dufoussé pour present. Signé Conche et scellé sur double queue de cire vert.

MAHEUT.   BERGEON.

Suit la ratiffication de François de Lorraine duc de Guise.

Nous Francois de Lorraine duc de Guise pair de France, gouvern^r et lieuten^t ḡnal pour le Roy en ses pays de Dauphiné et Saluces après avoir veu et leu de mot a mot le contenu au contract cy devant transcrip^t faict par Mre Loys Guillart evesque de Senlis no^{re} proc^r sp̄al suffisam^t fondé de lettres de procuration quant à ce de l'acquisition cession et transport de la maison de la Rocheguyon ainsi qu'elle se poursuit et comporte et qu'il est plus au long contenu par led. contract passé par devant Charles Maheut et Hervé Bergeon n^{res} royaulx au ch^{let} de Paris le 15e jour de janvier dernier passé avons iceluy loué approuvé et ratiffié louons approuvons et rattiffions soubz obligation et ypotheque de tous et chacun nos biens promettant en bonne foy et parolle de prince de naller ne venir ne faire jamais aller ne venir au contraire en tesmoing de quoy nous avons signé ceste p̄nte ratiffication de n^{re} main et fait contresigner à l'unz de nos secrétaires. Faict à Fontainebleau le 8e jour de février l'an 1560. Ainsi signé de sa main en l'original.

FRANCOYS.   MYRON.

(Archives Nationales.)

IV

Monsieur de Soubise a acheté l'hotel de Guise par contrat de 1700 pour la somme de 326 mil livres avec les lots et ventes de 20000 # que M. le cardinal de Bouillon avoit donné à M. le grand prieur lorsqu'il avoit le dessein d'acheter cet hostel.

M. de Soubise y est venu loger à ceste St Jean dernière : trois semaines après le bruit a couru que l'on le vouloit retirer et enfin en août M. le duc d'Elbeuf en a parlé et a mesme dit à M. de Rohan fils de M. de Soubise quil songeoit à le retirer.[1]

(Archives Nationales.)

---

[1] Cette note se rapporte à la page 23 du vol. — *Hôtel Soubise.*

HOTEL BARBETTE.

I

Les comptes de dépenses relatifs à la maison d'Isabeau de Bavière et qui prouvent sa grande prodigalité, sont très nombreux, soit à la Bibliothèque nationale, soit aux Archives nationales ou ailleurs.

Nous ne ferons qu'indiquer ceux qui, par la date de l'époque à laquelle ils ont été dressés, peuvent se rapporter à l'hôtel Barbette.

1403. 1407. Cinq comptes de l'argentier de la Reine, depuis le 1er février 1402 jusqu'au dernier septembre 1407, rendus par Jehan le Blanc, registre mutilé contenant 198 feuillets. (Archives nationales K, registre 43.)

1403. 1406. Comptes des dépenses de l'hôtel de la Reine, du 1er juillet 1403 à décembre 1406, rendus par Pierre Floriot, maître de la chambre aux deniers de ladite dame. (Archives nationales K, registre 46.)

1408. 1409. Registre des recettes et dépenses d'Isabeau de Bavière pour les années 1408-1409. (Archives nationales K, registre 48.) [1]

---

[1] Cette note se rapporte à la page 55. — *Hôtel Barbette*.

HOTEL DE BOURGOGNE.

I

— Permission du Roy pour vendre les Maisons de Bourgogne, Arthois, Flandres et autres.[1]

20 SEPTEMBRE 1543.

Françoys par la grace de Dieu, Roy de France, a tous ceulx qui ces presentes lettres verront, salut, nous avons esté bien deuement advertiz et informez mesmement par noz receveur et controlleur de nostre domaine en noz ville prevosté et viconté de Paris pour le deu de leurs offices que en nostre dicte ville de Paris y a noz hostelz de Bourgongne, Arthois, etc. . . . .
. . . .
qui a present sont faictz inutiles, inhabitez et delaissez en ruyne ou décadence et n'en tirons aucun ou bien peu de profict ne commodité mais ne servent que de encombrer empescher et diformer grandement nostre dicte ville de Paris . . . .
. . . .
scavoir faisons que nous désirons singulièrement la décoration de nostre ville de Paris capitale de nostre royaume et subvenir à la commodité utilité et soulagement du peuple résident en icelle ayant aussi en recommandation et affection le bien augmentation et conservation de nostre

---

[1] Cette pièce se rapporte à la page 51. — *Hôtel de Bourgogne.*

domaine duquel pour nous ayder et subvenir à la nécessité de nos dites affaires nous avons esté et sommes contrainctz a nostre tres grant regret interest et dommage vendre et aliener certaines portions . . . . . .
. . . .
pour ces causes. . . . . . avons par advis et déliberation des gens de nostre conseil dict, déclaré, voulu et ordonné, disons, declarons, voulons et ordonnons. . . . . . . que nos dits hostelz maisons etc. . . . . soient venduz baillez et délivrez aux plus offrans et derniers enchérisseurs . . . .

Donné a Ste Menehoust le XXe jour de septembre l'an de grace mil v^c xliii et de nostre regne le XXIXe Ainsi signé soubz le reply François et dessus le dict reply par le Roy en son Conseil Bayard.

Lecta publicata et registrata audito procuratore generali regis hoc requirente, absque prejudicio oppositionum formatorum actum Parisiis in Parlamento undecimà die octobris anno Domini millesimo quingentesimo quadragesimo tercio.

Sic signatum BERRUYER.

Archives Nationales. Extrait du Registre N ordonnances de François 1 X 8603 section Legislative Judiciaire.

II

— Lettres qui permettent aux Confrères de la Passion de representer les pièces de theatre appelées Mystères. [1]

Paris Decembre 1402.

Charles, etc. Savoir faisons à tous presens et avenir, nous avoir receu l'umble supplication de noz bien amez et confrères les maistres et gouverneurs de la Confrarie de la Passion et Ressurreccion nostre Seigneur,

---

[1] Cette note se rapporte à la page 52 du vol. — *Hôtel de Bourgogne*.

fondée en l'église de la Trinité de Paris, contenant comme pour le fait d'aucuns misterres tant de saincts comme de sainctes, et mesmement du misterre de la Passion qu'ilz derrenierement ont commanciée est prest pour faire devant vous, comme autrefoiz avoient fait, et lesquelz ilz n'ont peu bonnement continuer pour ce que nous n'y avons peu estre lors presens ; auquel fait et misterre la dicte Confrarie a moult frayé et despendu du sien, et aussi ont les confreres un chascun proportionnablement ; disans en outre que se ilz jouoient publiquement et en commun, que ce seroit le proufit d'icelle Confrarie que faire ne povoient bonnement sans nostre congié et licence, requerans sur ce nostre gracieuse provision..

Nous qui voulons et desirons le bien, proufit et utilité de la dicte Confrarie et les droiz et revenues d'icelle estre par nous accreuz et augmentéz de graces et privilèges, afin que un chascun par devocion se puisse et doye adjoindre et mettre en leur compagnie, à yceulx maistres, gouverneurs et confreres d'icelle Confrarie de la Passion de nostre dict Seigneur, avons donné et octroyé DONNONS et OCTROYONS de grace espécial, plaine puissance et auctorité royal, ceste foiz pour toutes et à tous jours perpetuellement par la teneur de ces presentes, lettres, auctorité, congié et licence.

De faire et jouer quelque misterre que ce soit, soit de ladicte Passion et Resureccion, ou autre quelconque tant de saincts comme de sainctes, que ilz vouldront eslire et mettre sus, toutes et quantefoiz qu'il leur plaira, soit devant nous, devant nostre commun ou ailleurs tant en recors comme autrement, et de eulx convoquer et communiquer et assembler en quelxconques lieu et place licite à ce faire, qu'ilz porront trouver, tant en nostre ville de Paris comme en la prevosté et vicomté ou banlieue d'icelle, presens à ce troiz, deux ou l'un d'eulx quilz vouldront eslire de nos officiers, sans pour ce commettre offense envers nous et justice.

Et lesquels maistres, gouverneurs et confreres dessusdiz et un chascun d'eulx, durant les jours esquelx le dit misterre qu'ilz joueront se fera, soit devant nous ou ailleurs, tant en recors comme autrement, ainsi et par la manière que dit est, puissent aler, venir, passer et repasser paisiblement, vestuz, abilliez et ordonnez un chacun d'eulx, en tel estat que le cas le desire et comme il appartendra selon l'ordenance dudit misterre, sans destourbier ou empeschment.

Et a gregneur confirmacion et sureté, nous iceulx confreres, gouverneurs et maistres, de notre plus habundant grace, avons mis en nostre protection et sauvegarde durant le recours d'iceulx jeux, et tant comme ilz joueront seulement, sanz pour ce leur meffaire ne a aucun d'iceulx à ceste occasion ne autrement comment que ce soit au contraire.

Si donnons en mandement au prevost de Paris et a tous noz autres justiciers et officiers, presens et avenir, ou a leurs lieuxtenants, et à chascun d'eulx, si comme à lui appartendra, que lesdiz maistres, gouverneurs et confreres, et un chascun d'eulx, facent, seuffrent et laissent joir et user plainement et paisiblement de nostre presente grace, congié licence, don et octroy dessusdiz, sans les molester, faire ne souffrir empeschier ores ne pour le temps avenir, comment que ce soit au contraire.

Et pour ce que ce soit ferme chose et estable à toujours, etc.

III

— Extinction de la Confrairie de la Passion.

Janvier 1677.

Louis, par la grâce de Dieu, Roy de France et de Navarre, a tous présens et advenir salut, nous aurions par arrest de nostre Conseil d'Estat, nous y estant, du quatorzième avril mil six cens soixante et seize et lettres patentes expédiées sur iceluy au mois de décembre de la dicte année pour les causes et considérations y contenues, joint et uny tous les biens et revenus de la Confrairie et Resurrection de nostre Seigneur Jesus Christ cy devant establye en nostre bonne ville de Paris qui estoient employés aux representations des dits misteres aux biens et revenus de l'Hospital général de nostre dicte ville pour estre iceux administrés conjointement et par les memes administrateurs et employés (les charges du service divin deduites et satisfaites) à la nourriture et entretien des pauvres de l'Hospital des enfans trouvés et en conséquence aurions déchargé les soy disans maistres gouverneurs de ladite Confrairie de l'administration pour l'advenir desdits

[1] Cette pièce se rapporte à la page 94. — *Hôtel de Bourgogne*.

biens et revenus, le tout à la charge par lesdits administrateurs de l'Hospital général de faire célébrer le service divin et de payer aux créanciers légitimes de la dite Confrairie les rentes et debtes dont elle se trouvera chargée et sans derroger aux priviléges et hypotéques desdits créanciers, mais d'autant que par nos dits arrests et lettres patentes il auroit esté obmis d'employer la suppression et extinction de la dicte Confrairie et de déclarer sur nostre intention; A ces causes apres avoir fait voir a nostre Conseil le dit arrest et lettres pattentes le tout cy attaché soubs le contrescel de nostre Chancellerie de l'advis d'iceluy et de nostre certaine science plaine puissance et authorité royalle nous avons par ces présentes signées de nostre main esteint et supprimé esteignons et supprimons la dite Confrairie de la Passion et Resurrection de Nostre Seigneur Jésus Christ cy devant establie en nostre dicte bonne ville de Paris sans que les prétendus maistres et administrateurs d'icelle ny autres puissent cy apres s'ingerer pour quelque cause et soubs quelque pretexte que ce soit d'en faire aucune fonction et au surplus sera le dict arrest de nostre Conseil et lettres patentes sur icelluy executées selon leur forme et teneur. Sy donnons en mandement a nos amez et féaux les gens tenans nostre Cour de Parlement et Chambre des Comptes de Paris de faire registrer le dit arrest, les dictes lettres et ces presentes et de l'effect et contenu en iceux faire jouir et user le dit Hospital général plainement paisiblement et perpetuellement sans souffrir qu'il y soit contrevenu en aucune sorte et manière que ce soit, cessant et faisant cesser tous troubles et empeschement au contraires car tel est nostre plaisir. En tesmoin de quoi nous avons fait mettre notre scel à ces dites présentes, Données a St Germain en Laye au mois de Janvier l'an de grace mil six cens soixante et dix sept et de nostre règne le trente quatrième. Signé Louis et sur le reply par le Roy Colbert et scellées et a costé est ecrit : Visa d'Aligre et au-dessous pour l'extinction de la Confrerie de la Passion signé Colbert et plus bas registrées Ouy le procureur général du Roy pour estre éxécutées selon leur forme et teneur suivant l'arrest de ce jour, à Paris, en Parlement le quatrieme febvrier mil six cens soixante dix sept.

Archives Nationales. Section Legislative Judiciaire
Registre 4 D Ordonnances de Louis XIV-X 8662.

IV

— Ordonnance pour l'union des deux troupes des comédiens françois [1].

Versailles, 21 octobre 1680.

S. M. ayant estimé à propos de reunir les deux troupes de comediens etablis à l'hotel de Bourgogne et à l'hotel Guenegaud à Paris, pour n'en faire à l'avenir qu'une seule, afin de rendre à l'avenir les representations de comedies plus parfaites, par le moyen des acteurs et actrices auxquels elle a donné place dans la dite troupe, S. M. a ordonné et ordonne qu'a l'avenir les dites deux troupes de comediens francois seront reunies pour ne faire qu'une seule et même troupe et sera composée des acteurs et actrices dont la liste sera arretée par S. M. et pour leur donner moyen de se perfectionner de plus en plus, S. M. veut que la seule dite troupe puisse representer les comedies dans Paris, faisant defense a tous autres comediens francois de s'etablir dans ladite ville et faubourgs, sans ordre exprès de S. M.; enjoint S. M. au sieur de La Reynie lieutenant general de police, de tenir la main à l'exécution de la presente ordonnance.

V

— Lettres de Reglement en faveur des Comédiens italiens [2].

1 mai 1780.

Louis, par la grace de Dieu, roi de France et de Navarre a tous ceux qui ces présentes lettres verront, Salut. La nécessité des spectacles dans

[1] Renvoi de la page 94 du vol. — *Hôtel de Bourgogne*.
[2] Ces lettres se rapportent à la page 150 du vol. — *Hôtel de Bourgogne*.

les grandes villes de notre royaume et principalement dans notre bonne ville de Paris est un objet qui a de tout temps attiré l'attention des rois nos prédécesseurs parce qu'ils ont regardé le theatre comme l'occupation la plus tranquile pour les gens oisifs et le delassement le plus honnête pour les personnes occupées; c'est dans cette vue que indépendamment de ses Comédiens François ordinaires le feu roi notre très honoré seigneur et ayeul avoit permis en 1716 l'établissement d'une troupe de Comédiens Italiens, mais malgré le talent et le zèle des acteurs qui la composoient, ils n'eurent qu'une foible réussite et ce spectacle ne s'est jamais soutenu que par des moyens étrangers et toujours insuffisants jusqu'au moment où, en 1762, on y a réuni l'Opera Comique; si depuis cette époque ce theatre a été fréquenté toutes les fois qu'on y donnoit des operas bouffons et autres pièces de chant, d'un autre coté le public montroit si peu d'empressement pour voir les comédiens (sic) en langue italienne que, quand on les représentoit le produit de la recette ne suffisoit pas même pour payer la moitié des frais journaliers; d'ailleurs comme les tentatives réiterées qu'on a fait pour faire venir a grands frais des acteurs d'Italie, n'ont produit aucun effet et qu'il ne reste plus d'espoir de remplacer les bons acteurs morts et ceux que leurs longs services mettent dans le cas de se retirer, nous nous sommes vus forcés de supprimer entièrement le genre italien et nous avons pourvu au traitement des acteurs et actrices qui le representoient en leur accordant des pensions de retraites et des gratifications convenables; mais désirant conserver dans notre bonne ville de Paris un spectacle qui puisse contribuer a l'amusement du public, nous avons établi une nouvelle troupe qui sous le titre ancien de Comediens Italiens representera des comedies françoises, des opéras bouffons, pièces de chant, soit a vaudevilles, soit a ariettes et parodies et en consequence nous avons permis aux administrateurs de notre Académie de Musique de faire a la dite nouvelle troupe un bail pour trente années du privilège de l'Opéra Comique. Nous nous sommes déterminés a cet arrangement d'autant plus volontiers que, par le compte que nous nous sommes fait rendre de l'état de ce spectacle depuis 1762, nous avons remarqué que le genre des pièces de chant y avoit fait des progrès aussi rapides qu'étonnants. La musique françoise qui jadis étoit l'objet du mépris ou de l'indifférence des étrangers est repandue aujourd'hui dans toute l'Europe, puisqu'on exécute les operas bouffons françois dans toutes les cours du Nord et même en Italie ou les plus grands musiciens de Rome et de Naples applaudissent aux talens de nos compositeurs françois : ce sont les ouvrages de ce genre qui ont formé le gout en France, qui ont accoutumé les oreilles a une musique plus savante et plus expressive et qui ont enfin préparé la revolution arrivée sur le théatre meme de notre Académie de

Musique ou l'on voit applaudir aujourd'hui des chef-dœuvre, dont on n'auroit ni connu ni gouté le mérite si on les y avoit joués vingt ans plus tot. On ne peut donc pas douter que cette révolution ne soit le fruit des operas bouffons composés pour la Comedie Italienne et des efforts continuels des acteurs qui les ont exécutés, parce que consultant le gout du public et cherchant à le perfectionner comme a le satisfaire ils sont parvenus a rendre leurs spectacles infiniment agréables a la nation et même aux étrangers. Si donc il est possible de faire encore des progrès dans ce genre on doit les attendre des mêmes compositeurs et des mêmes acteurs qui encouragés par des premiers succès mettront leur gloire et leur interèt a porter cet art aussi loin qu'il peut aller; d'après cela nous avons pensé que nous ne pouvions mieux témoigner à ces mêmes acteurs la satisfaction que nous avons de leurs services, qu'en leur donnant une consistance solide et légale, à l'instar de celle de nos Comédiens François ordinaires; par la nous contribuerons a augmenter le gout et les progrès de la musique, a entretenir l'émulation parmi les acteurs et les gens de lettres et a assurer par la même voie, non seulement l'état et les fonds des acteurs et actrices, mais aussi leurs pensions de retraite; mais en accordant ces faveurs a nos Comédiens Italiens nous sommes bien éloignés de vouloir donner la moindre atteinte aux privileges que nos augustes predecesseurs ont daigné accorder a nos Comediens François ordinaires et singulierement au droit de pouvoir seuls representer des tragédies, nous esperons même que ces deux théatres, loin de se nuire pourront se prêter un mutuel secours et qu'ils ne disputeront entre eux que d'efforts et de zèle pour mériter de plus en plus nos bontés et contribuer a l'amusement du public. Ces causes et autres à ce nous mouvant, de l'avis de notre conseil et de notre certaine science, pleine puissance et autorité royale, nous avons par ces présentes signées de notre main dit, déclaré et ordonné, disons, déclarons et ordonnons, voulons et nous plait ce quil suit.

ARTICLE 1er.

Nous avons créé et établi, créons et établissons une troupe de comédiens qui demeureront attachés à notre service sous le titre de nos Comédiens Italiens ordinaires avec faculté de se qualifier nos pensionnaires; en conséquence nous avons agréé et confirmé, agréons et confirmons le traité de société passé entre lesdits comédiens devant Lepot d'Auteuil et son confrère notaires à Paris le six mars de la présente année. Voulons que le dit traité de société soit obligatoire non seulement pour ceux et celles qui l'ont signé mais encore pour tous les acteurs et actrices qui seront admis à l'avenir dans ladite société, et ce a compter du jour de leur reception ; duquel traité de société expédition en bonne forme demeurera attachée sous le contre scel des présentes, pour etre le tout exécuté suivant sa forme et teneur.

ART. 2.

Permettons à nos dits Comédiens Italiens a compter du trois avril de la présente année de representer a Paris sur leur théatre de l'hotel de Bourgogne sis rue Françoise, ou sur tel autre théatre qui sera pour eux construit par la suite, toutes les comédies françoises, pièces de chant soit a ariettes, soit a vaudevilles composant le fond de la Comédie Italienne ou de l'Opera Comique, ainsi que toutes les pièces du même genre qui pourroient leur etre présentées par la suite.

Suivent dix autres articles reglementaires.

Si donnons en mandement a nos amés et féaux conseillers les gens tenant notre cour de parlement a Paris que ces présentes ils ayent a faire registrer et le contenu en icelles exécuter selon sa forme et teneur ; cessant et faisant cesser tous troubles et empechements et nonobstant toutes choses a ce contraires, car tel est notre plaisir ; en temoin de quoi nous avons fait mettre notre scel a ces dites présentes, données à Versailles le trente un jour du mois de mars, l'an de grace mil sept cent quatre vingt et de notre règne le sixième. Signé Louis. Par le Roi, Amelot et scellées du grand sceau de cire jaune.

Registrées, ce consentant le procureur général du Roi pour jouir par les impetrants de leur effet contenu et etre executées selon leur forme et teneur suivant l'arrêt de ce jour ; a Paris en parlement le premier mai mil sept cent quatre vingt. Signé Ysabeau.

Archives nationales, Section Législative Judiciaire.
Registre 10 Y. — Ordonnances de Louis XVI — X 8818.

HOTEL DE SOISSONS.

1

— Charte par laquelle Jean de Nesle et sa femme font don a Louis IX roi de France de leur maison de Paris.

1232.

Ego Johannes dominus de Nigella et ego Eustachia uxor ejus notum facimus universis tam presentibus quam futuris quod nos excellentissimo domino nostro Ludovico dei gratiâ regi Francorum illustri et excellentissime domine nostre B. Francorum regine matri sue [1] dedimus domum nostram de Parisiis cum toto porprisio sicut eam tenebamus jure hereditario imperpetuum possidendam. Quam quitavimus eis et guerpivimus imperpetuum, fide interposita firmiter promittentes quod in dicta domo sive porprisio nichil juris de cetero reclamabimus et creantavimus eis facere omnia que ipsi super hoc ordinaverint nos esse facturos. Quod ut ratum permaneat in futurum, presentes litteras sigillorum nostrorum munimine duximus roborandas; actum anno domini millesimo ducentesimo tricesimo secundo.

> Cette Charte est scellée de deux sceaux, en cire verte pendants sur lacs de soie rouge; l'un équestre est celui de Jean de Nesle, l'autre celui de sa femme.

Archives Nationales, Section historique, J 234 n° 1.

[1] Cette Charte nous permet de rectifier une erreur que nous avons commise dans notre histoire de l'hôtel de Soissons, page 160. — Jean II, comme cette pièce nous l'apprend, donna sa maison à Louis IX *et a Blanche de Castille*. Saint Louis, par lettres de Melun, ne fit donc à sa mère qu'abandon de ses droits de copropriété sur l'hôtel de Nesle.

II

— Acte par lequel Philippe comte de Valois et d'Anjou, cède à Jean de Boheme sa maison de Nesle.

FÉVRIER 1327.

Philippe cuens de Valois et d'Anjou regens les royaumes de France et de Navarre, faisons savoir a touz presens et avenir que nous de nostre pure libéralité avons donné et donnons a noble prince nostre tres chier et feal Jehan Roy de Bohaigne et a ses hoirs nez et a naistre descendanz de droite ligne de son propre cors heritablement et perpetuelment nostre maison qui est dite de Neelle seent a Paris entre la porte Saint Honoré et la porte Montmartre ensemble touz noz jardins et les autres appartenances tenens a la dite maison senz riens retenir a nous en possession ne en proprieté excepté la justice et la souveraineté laquele nous reservons et retenons par devers nous; et que pour ce que ce soit ferme chose et estable nous avons fait mettre en ces presentes lettres nostre seel duquel nous usiens avant que le gouvernement des diz royaumes nous venist sauf en toutes choses le droit d'autrui. Ce fu fait au Louvre lez Paris. L'an de grace mil trois cenz vint et sept ou mois de fevrier.

> Cette Charte est scellée du sceau, en cire verte pendant sur lacs de soie verte et rouge, de Philippe comte de Valois et d'Anjou.

Archives Nationales, Section historique. J 432 n° 1.

[1] Cet acte se rapporte à la page 162. — *Hôtel de Soissons*.

III

— Acte de donation de l'Hotel de Behaingne à Louis alors duc de Touraine, et plus tard duc d'Orléans [1].

Charles, par la grace de Dieu, roy de France. Scavoir faisons a tous presens et avenir, que nous aians desir et affeccion que nostre tres chier et tres amé frère le duc de Touraine, comte de Valoiz et de Beaumont sur Oise, soit pourveu de bonne maison pour la demourance de lui et ses genz en nostre ville de Paris, qui soit en bon lieu et pres de nostre chastel du Louvre, ou nous nous tenons le plus souvent quant nous sommes en nostre dicte ville de Paris, afin que promptement et aisément il puisse venir devers nous et rettourner en son hostel toutesfoiz qu'il y venra a plaisir, considerans que la maison de Behaingne assise en la dicte ville, en la rue vulgaument nommée la rue de Neelle, laquelle nous avons nouvellement acquise de nostre tres chière et tres amée tante la royne et notre tres cher et tres amé cousin le roy de Jerusalem et de Secille son fils, est assez pres de nostre dict chastel et bien aisée et convenable pour nostre dict frère, avons icelle maison etc donné. . . . .

Donné à la noble maison de Saint Ouyn en mois de juing l'an de grace mil CCC IIII^{xx} huit et le VIII de nostre regne.

    Par le Roy.

 Presens Messrs les ducx de Berry et de Bourgogne.

        (Signé). CHARITÉ.

(Archives Nationales.)

[1] Renvoi de la page 162. — *Hôtel de Soissons.*

IV

— Inventoire fait en l'ostel de Bahaigne des tappis chambres et autres choses estans en la garde de Guillaume Ligier, concierge de l'ostel [1].　　　　　　　　　　　　　Paris, 1407.

Premierement une chambre de drap d'or a roses bordé de veluau vermeil c'est assavoir ciel, dossier et couverture. et sont les cortines a presens en la chambre ou feu Monseigneur le duc d'Orléans gisoit si comme relate le dit Jehan Billy lesquelles sont de satin vermeil et granie. — Porté a Yevres le chastel avecques les cortines.

Item la chambre qui fu feu Monseigneur de Bourgogne, de drap d'or à Moulins c'est assavoir ciel, dossier et couverture. — Vendu a Pillot.

Item deux carreaux de mesmes.

Item une autre chambre qui fu du dit feu Monseigneur de Bourgogne a colz de malart et VI serges palées de vert et de blanc.

Item VI tappiz a boucherons des neufz et derrenierement faiz à une couverture de lit de mesmes. — Porté a Yevres.

Item un autre tappiz des vielz et premiers faiz à pareille façon. — Dont les sont ou teryer de la tapisserie des Tournelles.

Item X tappiz a fleurs de liz a or de haulte lice. — Porté a Yevres.

Item le tappiz de Gaude de VII Vices et VII Vertus. — Porté a Yevres.

Item le grant tappiz de l'istoire Charlemaigne.

Item un aultre tappiz de saint Loys. — Porté comme dessus.

Item une vieille chambre de bateure aux armes de Monseigneur et de Madame contenant VI pièces et autres menues pièces qui en dépendent.

[1] Renvoi de la page 163. — *Hôtel de Soissons*.

Item un viel tappiz a or de l'arbre de vie.	Porté a Yevres.
Item un petit dosseret a enfanz de haute lice.	Porté comme dessus.
Item un autre dosseret viel qui fu feu Madame d'Orleans dernièrement trespassée, de drap d'or fin, champ bleu.	Porté comme dessus.
Item VI serges vermeilles ou il a escussons aux armes de Monseigneur pour tenir les grans jours.	
Item un couvertouer d'ermines bordé de drap d'or assis sur un drap d'écarlate vermeille.	Vendu a Pillot.
Item XIIII petits tappiz veluz a chaize.	
Item IIII cuirs d'Arragon a mectre en chambre par terre en esté.	
Item un pavillon de soye d'Arraz en manière d'un esprevier enttaillé de blanc et de rouge.	Vendu a Cony.
Item XXIIIJ quarreaux de cuir d'Arragon vermeil.	Porté a Yevres.
Item une courtepointe blanche de soye blanche toute rayée d'or.	
Item VI quarreaux de drap blanc de soye vielz.	
Item un materat couvert de cendal vermeil.	
Item IIIJ quarreaux vielz armoyez aux armes de feu Monseigneur.	
Item X serges vermeilles de IIIJ et de V rayes.	
Item VJ quarreaux vviz de drap d'or sur champ vermeil.	
Item une saillie de leton pour servir a la fontaine dudit hostel.	
Item un couvertoer de Tane forré de menu veir.	

Toutes les chambres et tapisseries qui sont croisies en ce roule ont esté porteez a Braye Conte Robert.

HOTEL DE LONGUEVILLE.

I

— Note relative à la démolition de Longueville [1], extraite du cahier des charges du 31 juillet 1832 [2].

L'adjudication des matériaux a été divisée en trois lots.

Le *premier* se composait :

1° D'un corps de bâtiment donnant sur la place du Carrousel, composé d'un rez-de-chaussée élevé sur caves, d'un premier étage sous le comble et d'un grenier ;

2° De deux pavillons perpendiculaires au bâtiment précédent, ayant chacun un rez-de-chaussée, un étage en mansardes et un grenier ;

3° De deux autres pavillons semblables aux précédents ;

4° D'un bâtiment en retour au fond de la deuxième cour, composé d'un rez-de-chaussée, d'un passage couvert et d'une petite écurie, d'un premier étage en mansardes et d'un grenier ;

[1] Renvoi de la page 505. *Hôtel de Longueville.*
[2] Archives de l'ancien domaine privé du roi Louis-Philippe.

5° D'un grand bâtiment au fond de la deuxième cour et adossé au mur des maisons de la rue de Chartres.

Ce lot a été adjugé à M. Londou, entrepreneur, moyennant 31,525 fr.

Le *deuxième* lot comprenait :

1° Un appentis tenant au mur des maisons de la rue de Chartres ;
2° Un bâtiment à la suite ;
3° Un pavillon adossé au mur des écuries de la rue de Chartres ;
4° Un autre faisant hache sur les écuries ;
5° Deux hangars ;
6° Deux cours pavées.

Ce lot a été adjugé à M. Guichard, moyennant 13,000 fr.

Le *troisième* lot se composait :

1° D'un bâtiment donnant sur la cour dont l'entrée est rue Saint-Thomas du Louvre ;
2° D'un bâtiment en aile, adossé aux écuries de la rue de Chartres ;
3° D'un pavillon en retour sur la rue Saint-Thomas du Louvre ;
4° Du pavillon du portier ;
5° D'un appentis ;
6° Et d'un hangar.

Ce lot a été adjugé à M. Georges, moyennant 17,101 fr.

FIN DES NOTES ET PIÈCES JUSTIFICATIVES.

TABLE DES MATIÈRES.

	Pages
Avant-Propos..	VII
De l'Architecture des anciens Hôtels de Paris............................	XI
Hôtel Soubise (Hôtel de Clisson. — Hôtel de Guise. — Hôtel Soubise. — Hôtel des Archives nationales)....................................	1
Hôtel Barbette..	31
Hôtel de Bourgogne (Hôtel d'Artois. — Hôtel de Bourgogne)...............	47
Hôtel de Soissons (Hôtel de Nesle. — Hôtel de Bahaigne, Behaigne, Behagne ou Behaingne. — Hôtel d'Orléans. — Hôtel de la Reine. — Hôtel des Princesses. — Hôtel de Soissons. — La Halle au Blé)........................	157
Hôtel de Mlle Guimard...	197
Hôtel de Toulouse (Hôtel de la Vrillière. — Hôtel de Toulouse. — Hôtel de Penthièvre. — Hôtel de la Banque de France)..........................	209
Hôtel des Fermes (Hôtel de Condé. — Hôtel de Soissons. — Hôtel de Montpensier. — Hôtel du duc de Bellegarde. — Hôtel Seguier. — Hôtel des Fermes du Roi. — Cours des Fermes.)..	255
Hôtel de Longueville (Hôtel de la Vieuville. — Hôtel de Luynes. — Hôtel de Chevreuse. — Hôtel d'Epernon. — Hôtel de Longueville)..................	273
Notes et pièces justificatives..	507

FIN DE LA TABLE.

www.ingramcontent.com/pod-product-compliance
Lightning Source LLC
Chambersburg PA
CBHW060617170426
43201CB00009B/1045